Les auteurs remercient Victor Pelpel
qui a assuré la coordination scientifique de la présente édition.

Avant-propos

Un monde paisible et entièrement pacifié relève encore malheureusement plus de l'espérance que de la réalité. Le monde contemporain reste marqué par des crises et des conflits et à nouveau, depuis le début du XXIe siècle, par des tensions globales qui font la une de l'actualité quasiment au quotidien.

Dans l'*Atlas du monde global*, publié chez le même éditeur, nous décrivons les fondements, les ressorts et les différentes interprétations du monde. Dans l'ouvrage que vous avez entre les mains, nous avons recensé les crises et conflits qui agitent la planète. Nous n'avons pas traité des affrontements internes sans intervention de puissances ou d'éléments étrangers, mais des crises ou conflits déclenchés ou aggravés par des influences étrangères ou qui ont des implications et des répercussions internationales.

Dans une première partie, nous avons essayé de mettre en évidence les différentes causes des crises. Dans la deuxième, nous passons en revue les crises en cours, leurs origines, les enjeux, la situation actuelle, les évolutions possibles. Enfin, dans une troisième partie, nous examinons les mécanismes possibles de solution des conflits.

Nous ne portons pas de jugement, nous donnons des clés pour comprendre, pour décrypter. Si lorsque les projecteurs seront braqués sur une crise ou un conflit nous aurons permis à nos lecteurs de les mettre en perspective, d'en comprendre les ressorts et d'en anticiper l'évolution, nous aurons rempli notre objectif.

Pascal Boniface
et Hubert Védrine

Sommaire

Les scénarios d'avenir 139

Les causes

L'illusion d'un monde de paix

Mis à part dans des moments de furie nationaliste collective ou de peur panique, les peuples, si ce n'est les dirigeants, ont sans aucun doute toujours espéré vivre en paix et en sécurité. Espérance rarement réalisée, hormis dans quelques pays, pour une partie de la population et pendant de courtes périodes, comme depuis des décennies en Europe.

Le projet de paix perpétuelle d'Emmanuel Kant ne remonte qu'à 1795. Avant lui, Montesquieu voit la paix découler du « doux commerce » entre les nations. Mais les choses ne sont pas si simples.

En 1914, au terme de plusieurs décennies de mondialisation britannique, économique, commerciale et monétaire, George Orwell, en général mieux inspiré, juge la guerre « impossible ». Beaucoup estiment alors que les économies britanniques et allemandes sont trop interdépendantes pour qu'une guerre puisse opposer les deux pays. La boucherie de la Première Guerre mondiale est présentée comme la « der des ders ».

Pourtant, il n'y a pas vraiment eu ensuite, en dépit des espérances utopiques du président Wilson et malgré la SDN, de « société » des nations, ni de nations réellement « unies » après 1945 et les abominations de la Seconde Guerre mondiale. Dans le sigle ONU, le « U » est optimiste. Après ce conflit, le clivage Est-Ouest n'a pas permis la mise en place d'une véritable sécurité collective sous l'égide des Nations unies. Les vainqueurs trouvent plus sûr de bâtir leur sécurité autour d'alliances militaires. La dissuasion et l'équilibre des forces empêchent la guerre de ressurgir entre les deux blocs au cours de la période de guerre froide (requalifiée à tort « d'après-guerre »). Mais, sur les autres continents, dans ce que l'on appelle alors le « tiers monde », on comptera plus de 160 conflits, notamment des guerres de décolonisation et 40 millions de morts.

La fin de la guerre froide et la disparition du clivage Est-Ouest, à la suite de l'effondrement de l'URSS fin 1991, ne débouchent pas, malgré la proclamation américaine, sur un « nouvel ordre mondial », et encore moins sur l'établissement d'une véritable sécurité collective, toujours à définir. Pendant la décennie 1990, les États-Unis apparaissent plus puissants que jamais, hyperpuissants, ils se heurtent ensuite à des limites du fait de leur excès d'intervention. Malgré tout, aucune autre puissance n'est au même niveau militaire, stratégique, économique, technologique et d'influence (*soft power*), pas même la Chine, pour le moment, même si ses puissances militaires, économiques et technologiques croissent rapidement.

En 2019, sur le plan des mentalités et des peuples, le monde est bien loin encore de former une « communauté internationale », ou d'être soumis à un ordre global.

Même « mondialisé » et apparemment homogénéisé par le marché, le monde reste profondément divisé, en dépit de la mise en avant, jusqu'à Donald Trump, dans les sommets, de valeurs partagées. Les peuples n'ont pas les mêmes mémoires, les mêmes inquiétudes, les mêmes phobies ni les mêmes espérances. Les désordres et les fractures restent visibles et multiples entre l'Occident et le monde russe, chinois ou musulman ; comme au sein de l'Islam, entre Chinois et autres Asiatiques, entre les Russes et leurs voisins, entre Occidentaux, etc. Certains s'atténuent quand d'autres s'aggravent. Les clivages idéologiques ont muté mais n'ont pas disparu, tout comme les identités historiques, culturelles ou religieuses, et les antagonismes nationaux. Au contraire. L'Histoire poursuit sa marche, souvent de façon brutale ou tragique, et les conflits sont là pour en témoigner.

Il n'est malheureusement jamais superflu de remettre à jour un atlas des conflits !

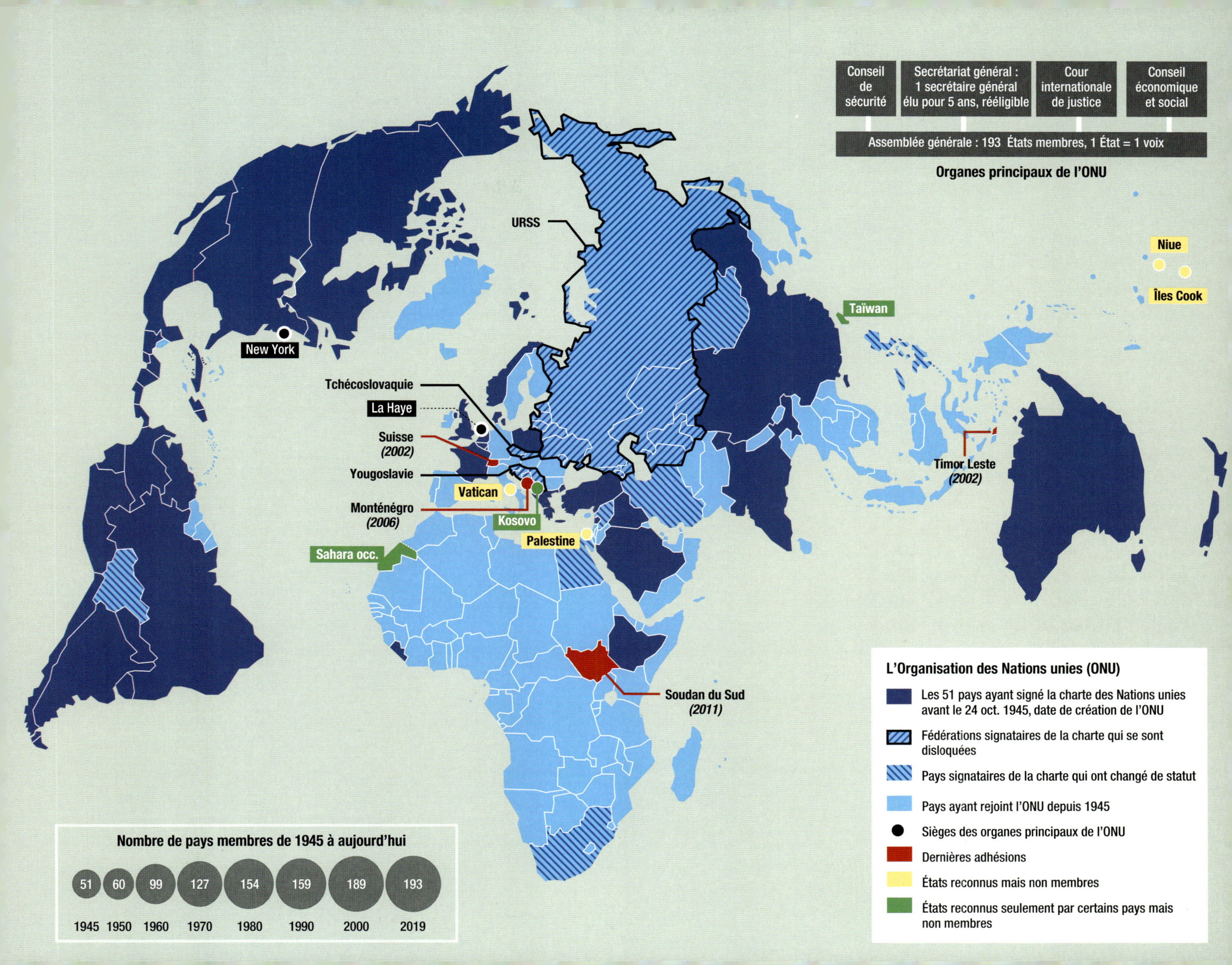
Conseil de sécurité
Secrétariat général : 1 secrétaire général élu pour 5 ans, rééligible
Cour internationale de justice
Conseil économique et social
Assemblée générale : 193 États membres, 1 État = 1 voix
Organes principaux de l'ONU
URSS
Niue
Îles Cook
Taïwan
New York
Tchécoslovaquie
La Haye
Suisse
(2002)
Yougoslavie
Vatican
Monténégro
(2006)
Kosovo
Palestine
Sahara occ.
Timor Leste
(2002)
Soudan du Sud
(2011)
L'Organisation des Nations unies (ONU)
Les 51 pays ayant signé la charte des Nations unies avant le 24 oct. 1945, date de création de l'ONU
Fédérations signataires de la charte qui se sont disloquées
Pays signataires de la charte qui ont changé de statut
Pays ayant rejoint l'ONU depuis 1945
Sièges des organes principaux de l'ONU
Dernières adhésions
États reconnus mais non membres
États reconnus seulement par certains pays mais non membres
Nombre de pays membres de 1945 à aujourd'hui
51 60 99 127 154 159 189 193
1945 1950 1960 1970 1980 1990 2000 2019

La persistance des crises et conflits

Des luttes et des compétitions de toutes sortes se poursuivent et des affrontements en découlent qui peuvent se transformer en crises, voire dégénérer en guerres ouvertes : Grands lacs africains pendant des années, Yémen, Syrie, Libye, Ukraine, etc. Les crises ne sont pas toujours évitables et des dérapages, volontaires ou non, sont toujours possibles.

Les causes des crises et conflits sont éternelles et nouvelles à la fois : ambitions et conflits territoriaux ; compétition économique pour l'accès aux sources d'énergie, aux matières premières ou aux marchés ; menaces sécuritaires sur les territoires ou leurs ressortissants ; antagonismes idéologiques, nationaux, religieux, identitaires ou civilisationnels ; peurs collectives. Les plaies du passé servent tantôt de facteur de modération, au vu d'expériences historiques douloureuses qui finissent dans certains cas par être surmontées (*cf.* les relations franco-allemandes), tantôt nourrissent le sentiment d'injustices non réparées, un désir de revanche, des peurs qui inspirent la volonté d'attaquer pour se défendre. Elles sont alimentées par des facteurs démographiques mais aussi par la mobilité, les migrations, les peurs identitaires, la raréfaction des ressources due au développement économique global et effréné, la prise de conscience des menaces écologiques, intensifiées par la mondialisation actuelle même si elle a sorti de l'extrême pauvreté des centaines de millions de personnes.

Malgré la multiplication et la diversification des acteurs internationaux, l'État reste le pivot et l'acteur central de la scène internationale.

En effet, en dépit des croyances européistes (ou californiennes, libérales, gauchistes) des trente dernières années sur le dépassement des États par le marché, la société civile, l'individualisme de masse et l'Europe, les principaux acteurs des relations internationales, et donc des conflits, restent, en définitive, les États, mais pas les seuls. Ils se meuvent désormais dans un vaste cadre multilatéral, au milieu d'un champ de forces plus ou moins multipolaires, marqué par l'action concurrente de dizaines de milliers d'entreprises globales, de banques, de traders, d'ONG de toutes sortes, de grands médias globaux, de grandes religions (pape, dalaï-lama), d'une multitude d'acteurs atypiques (et influents : comité Nobel, comité olympique, FIFA), sans omettre l'économie illégale (paradis fiscaux) ou criminelle (mafias), mondialisée depuis longtemps, ni les acteurs infra-étatiques (les lobbies) dont l'action vise à influencer les États, à les contraindre, à les neutraliser, ou à leur échapper…

Cependant, qu'il s'agisse des conflits entre États ou des conflits infra-étatiques, les causes ne sont pas de même nature et déclenchent des processus assez différents.

Japon
États-Unis
Mexique
Russie
Chine
République
dominicaine
Roy.-Uni
Allemagne
Belgique
Pologne
France
Inde
Pérou
Koweït
Pakistan
Italie
Indonésie
Égypte
Brésil
Nigeria
Côte d'Ivoire
Argentine
Guinée équatoriale
Afrique du Sud
Pour une réforme du Conseil de sécurité
Pays du G4 souhaitant un conseil élargi à 25 membres, 6 nouveaux sièges permanents (G4 et deux pays africains) et 4 nouveaux non permanents
Groupe des États d'Afrique souhaitant deux sièges permanents avec droit de veto et cinq sièges non permanents. Groupe des États arabes souhaitant un siège permanent
Pour un statu quo du droit de veto
Pays du groupe « Unis pour le consensus » pour une solution de compromis avec des sièges non permanents aux mandats plus longs et la possibilité d'une réélection immédiate
Le Conseil de sécurité des Nations unies
5 membres permanent du Conseil de sécurité avec un droit de veto
10 membres non permanents du Conseil de sécurité élus par l'Assemblée générale :
Membres élus pour deux ans, 2019-2020
Membres élus pour deux ans, 2018-2019

Des causes éternelles

Les causes des conflits entre États sont vieilles comme le monde. Elles tiennent d'abord au besoin premier des groupes – ici, les nations représentées par des États – d'assurer leur sécurité contre toutes les menaces et d'étendre leur influence. Préoccupation défensive et instinct de puissance et de conquête sont dialectiquement mêlés. Les premiers sont plus fréquemment mis en avant pour des nécessités de communication; cependant les seconds restent puissants.

Les États s'affrontent encore et toujours, sous couvert ou non d'idéologies, de valeurs réelles ou affichées, y croyant sincèrement ou s'en servant comme prétexte, pour masquer des motivations plus matérielles, des intérêts parfois moins « vendables » aux opinions. Ils s'affrontent, directement ou indirectement, pour satisfaire des visées territoriales (terre, mer, ciel, espace), impérialistes, hégémoniques ou expansionnistes; pour assurer leur sécurité territoriale; pour sécuriser leurs approvisionnements vitaux en matières premières, en eau ou en énergie, et les voies stratégiques; pour renforcer leurs avancées technologiques et éviter d'être déclassés; ou encore pour affaiblir des rivaux ou soutenir des alliés.

Des rivalités et héritages empoisonnés par la colonisation, voire antérieurs, par la décolonisation et par l'effondrement des empires entretiennent et enveniment ces conflits et ces tensions, suscités ou parfois aggravés par des facteurs religieux (trop souvent niés) ou idéologiques. Les facteurs très mobilisateurs pour des opinions publiques, souvent facilement chauffés à blanc, sont régulièrement instrumentalisés par les pouvoirs ou par divers groupes, réseaux, et lobbies. Le recours à la force a lieu quand le ou les décideurs pensent qu'il n'y a pas, ou plus, d'autre recours possible; que les conséquences d'un recours à la force militaire et politique peuvent être jugulées; que l'usage de la force permettra d'atteindre les buts recherchés et qu'une opportunité se présente pour le faire; ou encore quand des engrenages fatals d'opinion attisés par la peur et le fanatisme ont été déclenchés et ont échappé à tout contrôle.

La connexion généralisée et les réseaux sociaux peuvent rendre ces phénomènes bien plus violents et rapides qu'autrefois. Les gouvernements qui ont misé sur le facteur opinion pour consolider leurs pouvoirs sont parfois dépassés et perdent, du fait de l'individualisme de masse, le contrôle des événements. Les dépenses d'armement sont par ailleurs autant l'expression et la conséquence des tensions que la cause des conflits, sauf lorsqu'un déséquilibre majeur en matière d'armement incite l'une des parties à profiter d'une supériorité, peut-être momentanée.

Le règlement par la force des litiges territoriaux et frontaliers, le contrôle des passages, détroits, îlots et itinéraires stratégiques, comme des sources, barrages et fleuves, des gisements de pétrole, de gaz, d'uranium et de minerais stratégiques divers, et même l'appropriation de la terre cultivable (Darfour, Rwanda, Kivu) restent d'actualité dans une grande partie du monde. Entre les pays technologiquement les plus avancés, les conflits s'étendent bien sûr à l'espionnage industriel, à l'espace et maintenant au terrain numérique, nouveau champ de bataille.

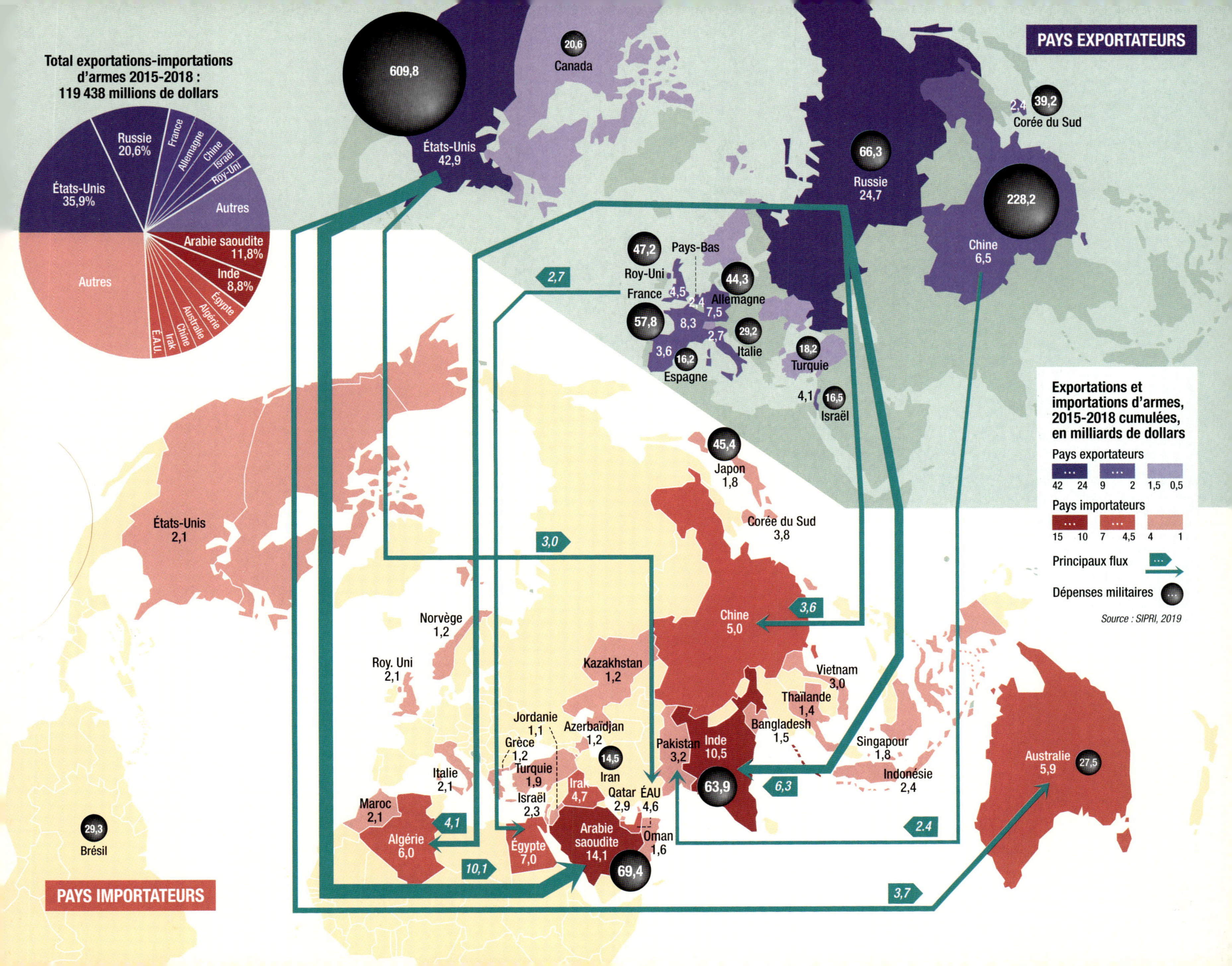

PAYS EXPORTATEURS
PAYS IMPORTATEURS
Total exportations-importations d'armes 2015-2018 : 119 438 millions de dollars
Russie 20,6%
États-Unis 35,9%
France
Allemagne
Chine
Israël
Roy-Uni
Autres
Arabie saoudite 11,8%
Inde 8,8%
Égypte
Algérie
Australie
Chine
Irak
É.A.U.
Autres
609,8
États-Unis 42,9
20,6
Canada
66,3
Russie 24,7
2,4
39,2
Corée du Sud
228,2
Chine 6,5
47,2
Roy-Uni
Pays-Bas
44,3
Allemagne
France
4,5
2,4
7,5
8,3
57,8
2,7
29,2
Italie
3,6
16,2
Espagne
18,2
Turquie
4,1
16,5
Israël
2,7
Exportations et importations d'armes, 2015-2018 cumulées, en milliards de dollars
Pays exportateurs
42 24
9 2
1,5 0,5
Pays importateurs
15 10
7 4,5
4 1
Principaux flux
Dépenses militaires
Source : SIPRI, 2019
45,4
Japon 1,8
Corée du Sud 3,8
États-Unis 2,1
3,0
3,6
Chine 5,0
Norvège 1,2
Roy. Uni 2,1
Kazakhstan 1,2
Vietnam 3,0
Thaïlande 1,4
Jordanie 1,1
Azerbaïdjan 1,2
Bangladesh 1,5
Grèce 1,2
Pakistan 3,2
Inde 10,5
Singapour 1,8
14,5
Iran
Turquie 1,9
63,9
Italie 2,1
Irak 4,7
6,3
Indonésie 2,4
Australie 5,9
27,5
Israël 2,3
Qatar 2,9
ÉAU 4,6
Maroc 2,1
4,1
Algérie 6,0
Égypte 7,0
Arabie saoudite 14,1
Oman 1,6
2.4
29,3
Brésil
10,1
69,4
3,7

Des erreurs qui coûtent cher

Quand en 1967 les Israéliens conquièrent les territoires égyptiens (le Sinaï et Gaza), jordaniens (la Cisjordanie) et syriens (le Golan), qui deviendront les « territoires occupés », ils affirment qu'ils ont dû attaquer en premier pour se protéger. L'esprit de conquête et de colonisation, qui divise au sein même de la société israélienne, vient après.

Lorsque l'URSS intervient militairement en Afghanistan en 1979, c'est pour protéger un pouvoir communiste, donc « frère », mais récent et fragile, car elle ne peut admettre qu'il soit renversé, par crainte d'un précédent. Mais, loin de conforter le camp soviétique, cette guerre accélère son déclin. Trente-six ans plus tard, la Russie interviendra avec plus de succès pour empêcher la chute de l'allié et obligé syrien, Bachar Al-Assad.

Saddam Hussein se trompe totalement en 1990 en escomptant que Gorbatchev mette son veto aux décisions du Conseil de sécurité en réaction à l'invasion et l'annexion du Koweït, que justifie à ses yeux le non-paiement par l'émirat de sa part des dépenses de la guerre contre l'Iran. Il n'a pas réalisé que pour Gorbatchev, très contesté en URSS pour sa volonté réformatrice et qui espère moderniser l'économie russe, de bonnes relations avec les Occidentaux sont vitales et priment sur l'intérêt de protéger un allié douteux, qui avait violé de façon flagrante la loi internationale. Saddam Hussein croyait que les règles de la guerre froide continuaient à prévaloir, alors que Gorbatchev se projetait dans « un nouvel ordre mondial », où les grandes puissances s'entendraient pour gérer ensemble la sécurité collective par l'intermédiaire du Conseil de sécurité de l'ONU. Toutefois, Gorbatchev s'est également trompé en misant de façon illusoire sur une perspective qui ne s'est pas réalisée après son éviction, les États-Unis n'en voulant pas.

Même erreur chez Milosevic quand, à la fin des années 1980, il pousse à la désintégration de la Yougoslavie sous prétexte de rassembler tous les Serbes que Tito avait effectivement saucissonnés entre les divers États de la Fédération de Yougoslavie. Il pense à tort pouvoir employer impunément dans ce but tous les moyens. Là aussi, il se trompe. Milosevic est inconscient du changement de paradigme stratégique (comme l'est également, à une moindre échelle, Franjo Tudjman, s'agissant des Croates).

En 1992, la Russie n'a admis l'indépendance des États baltes, celle du Caucase du Sud et surtout celle de l'Ukraine – russe depuis le XVe siècle – que contrainte et forcée. Cela apparaît spectaculairement à l'été 2008 quand Moscou retourne à son profit la tentative du président géorgien Saakachvili de restauration de son intégrité territoriale, et plus encore à travers la récupération de la Crimée par Vladimir Poutine en mars 2014, sous prétexte de quelques provocations antirusses des insurgés de la place Maïdan – en fait pour empêcher l'entrée de l'Ukraine dans l'OTAN et la perte de sa base navale de Sébastopol.

La guerre de George W. Bush en Irak, en 2003, ne se justifie pas par les arguments avancés – recherche d'armes de destruction massive (même si le secrétaire d'État Colin Powell y croyait sans doute), complicité avec le 11 Septembre –, mais par le besoin pour Washington de démontrer de nouveau, après la souffrance et l'humiliation du World Trade Center (3 000 morts, 6 300 blessés), la puissance indétrônable de l'Amérique (et accessoirement de se venger de l'attentat irakien contre Bush I). Si le pétrole seul en avait été le motif, un accord avec Saddam Hussein (garantie du pétrole irakien contre la levée des sanctions) aurait été plus facile à conclure et plus sûr à long terme. La guerre d'Irak a été motivée par la volonté de restaurer le prestige des États-Unis, de redessiner la carte stratégique au Moyen-Orient, en y installant des démocraties stables pro-américaines.

L'intervention en Lybie, en 2011, initialement prévue pour protéger la population des excès d'un dictateur (M. Kadhafi) a eu des conséquences catastrophiques.

La suite a montré que l'excès de confiance et le manque de vision réaliste à long terme pouvaient avoir des conséquences catastrophiques.

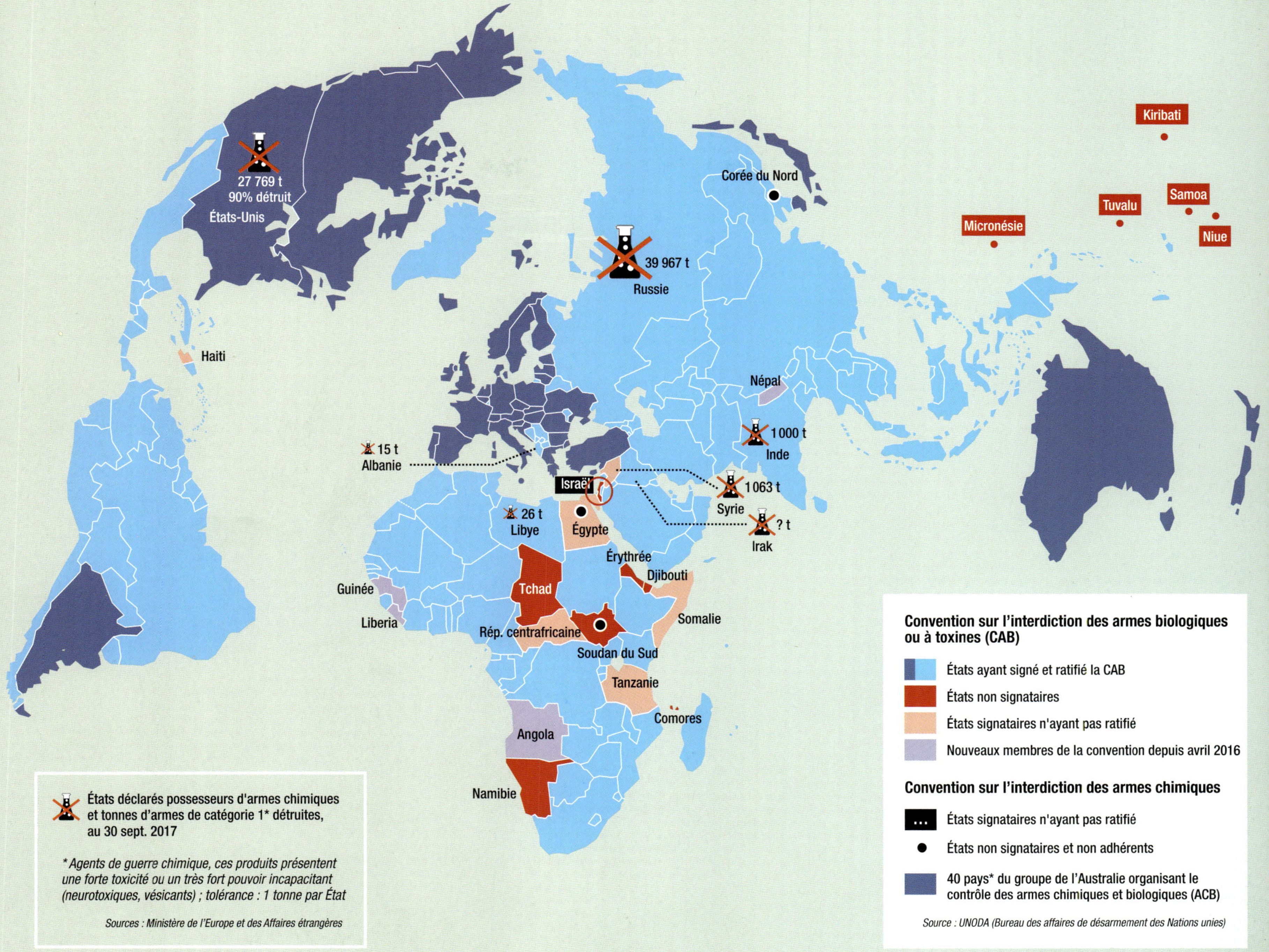
27 769 t
90% détruit
États-Unis
Haiti
Kiribati
Corée du Nord
Samoa
Tuvalu
Micronésie
Niue
39 967 t
Russie
Népal
1 000 t
Inde
15 t
Albanie
Israël
1 063 t
Syrie
26 t
Libye
Égypte
? t
Irak
Érythrée
Djibouti
Guinée
Tchad
Liberia
Rép. centrafricaine
Somalie
Soudan du Sud
Tanzanie
Comores
Angola
Namibie
États déclarés possesseurs d'armes chimiques et tonnes d'armes de catégorie 1* détruites, au 30 sept. 2017
* Agents de guerre chimique, ces produits présentent une forte toxicité ou un très fort pouvoir incapacitant (neurotoxiques, vésicants) ; tolérance : 1 tonne par État
Sources : Ministère de l'Europe et des Affaires étrangères
Convention sur l'interdiction des armes biologiques ou à toxines (CAB)
États ayant signé et ratifié la CAB
États non signataires
États signataires n'ayant pas ratifié
Nouveaux membres de la convention depuis avril 2016
Convention sur l'interdiction des armes chimiques
États signataires n'ayant pas ratifié
États non signataires et non adhérents
40 pays* du groupe de l'Australie organisant le contrôle des armes chimiques et biologiques (ACB)
Source : UNODA (Bureau des affaires de désarmement des Nations unies)

Le choc des volontés de puissance

La volonté des puissances de neutraliser leur voisinage est constante. En décembre 1823, le président américain James Monroe proclame que l'Amérique du Nord et du Sud ne sont plus ouvertes à la colonisation par les puissances européennes (ce qui visait en particulier l'Espagne) et qu'en contrepartie les États-Unis n'interviendraient jamais dans les affaires européennes (ce qu'avait déjà recommandé G. Washington dans sa *Farewell Address* en 1796). En 1904 est adopté le « corollaire » Roosevelt (Théodore), interprétation expansionniste de la doctrine Monroe, selon laquelle les États-Unis s'arrogent le droit d'intervenir en Amérique latine et dans les Caraïbes, considérés comme leur « arrière-cour ».

Volonté russe de contrôler à nouveau l'« étranger proche » – avec une dimension de revanche sur le monde occidental accusé d'avoir profité de la faiblesse russe dans les années 1990 –, obsession de garder l'accès aux mers chaudes et revendication d'une sphère d'influence (anciennes républiques soviétiques d'Asie centrale, Syrie) ; volonté chinoise d'imposer une sorte d'hégémonie régionale terrestre et maritime extensive, accompagnée d'un étouffement des revendications des ethnies minoritaires dans les régions stratégiques périphériques (Tibétains, musulmans du Xinjiang, Mongols ou autres), animée de façon sous-jacente par la volonté de « laver » les humiliations du XIXe siècle ; politique indienne depuis 1947 au Pakistan, au Sri Lanka, au Bangladesh ; politiques du Vietnam et de la Thaïlande au Cambodge et au Laos avant la colonisation française… et aujourd'hui ; politique israélienne depuis 1967 et surtout depuis les années 1980 dans les territoires palestiniens ; politique du président turc Erdogan à réminiscence « ottomane » ; politique éthiopienne ; et, même si les moyens sont radicalement différents, conviction européenne de pouvoir pacifier ses pourtours est et sud par des adhésions, des coopérations, des partenariats, des conditionnalités, des politiques de voisinage, voire des interventions militaires (Kosovo) ou de maintien de la paix (Macédoine).

Quant aux États-Unis contemporains, ils estiment que leur zone d'influence doit être mondiale. Mais ils passent d'un extrême à l'autre dans les choix et moyens d'y parvenir.

Cette démarche peut prendre la forme de l'intervention politique ou militaire d'un État au profit d'un groupe proche (religieusement, ethniquement, linguistiquement ou politiquement) que l'on estime menacé – ou dans un État voisin – que l'on vient défendre. Dans la tradition de la monarchie française de protection des chrétiens d'Orient, les Russes entendent « protéger » les Russes de l'étranger proche, les Iraniens soutiennent – et utilisent – les chiites hors d'Iran, la Chine le fait de plus en plus avec les Chinois de la diaspora, notamment en Asie du Sud-Est, etc. Chaque puissance qui en a les moyens protège ses ressortissants (France en Afrique, États-Unis partout).

Le prosélytisme n'a pas disparu non plus, même si, dans le monde globalisé, il est plus encore religieux – islamistes, évangélistes protestants américains – qu'idéologique ou politique. L'Occident reste partagé entre réalistes et prosélytes droits de l'hommiste. Mais, à l'exception de l'Iran depuis 1979, et pour une part de la politique au Moyen-Orient de George W. Bush (2001-2008), cette action est plutôt le fait d'organisations privées que d'États. En Arabie Saoudite, la propagation encouragée du fondamentalisme wahhabite passe aussi par des organismes officiels et par des fondations ou des familles riches… Le facteur religieux, à fort potentiel symbolique et mobilisateur, est régulièrement et facilement instrumentalisé pour satisfaire des ambitions qui dépassent le cadre national.

Souci de sécurité et instinct de puissance, déclinés de toutes les façons, restent les deux principales composantes initiales des conflits entre États.

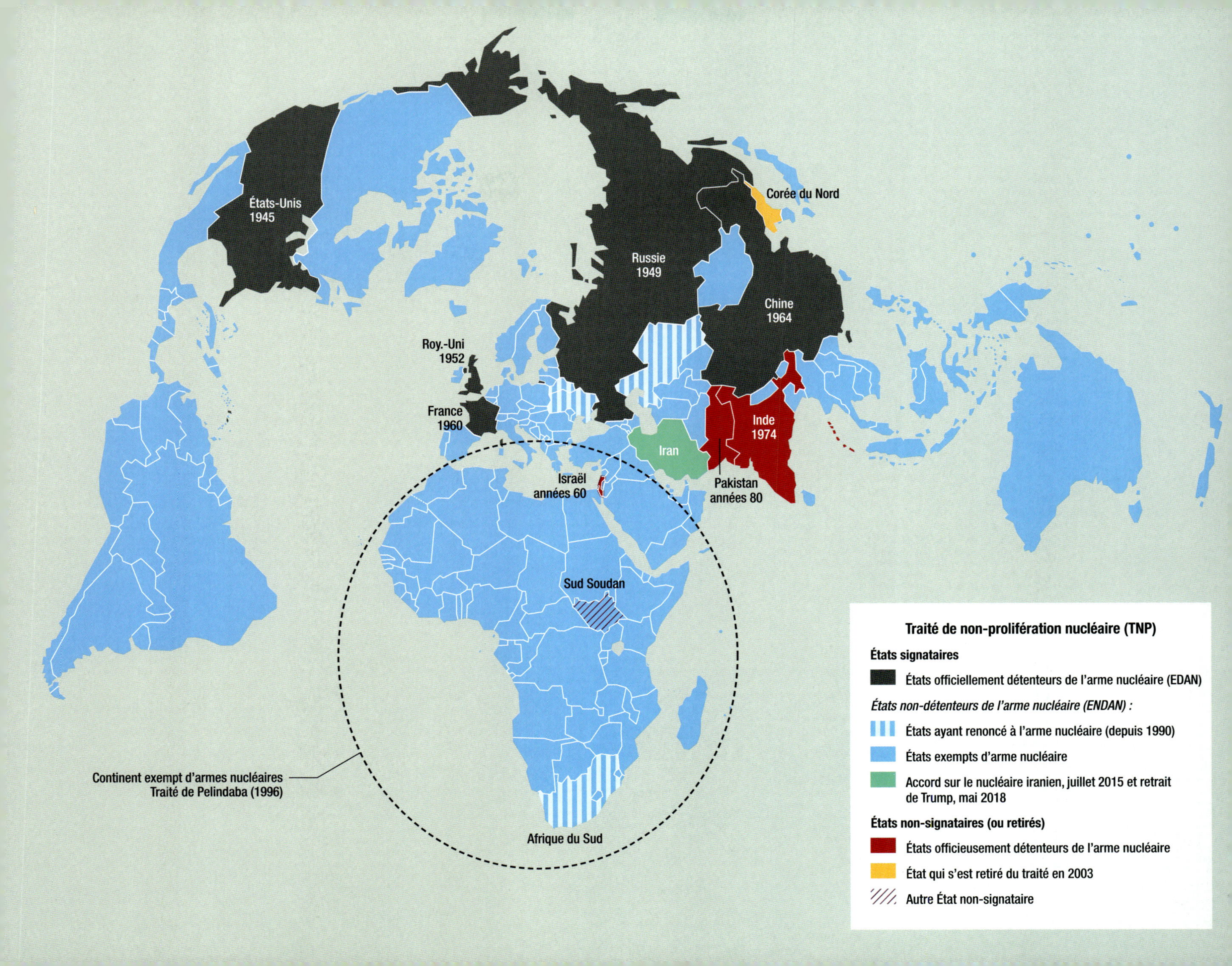

États-Unis
1945
Russie
1949
Chine
1964
Corée du Nord
Roy.-Uni
1952
France
1960
Iran
Inde
1974
Pakistan
années 80
Israël
années 60
Sud Soudan
Afrique du Sud
Continent exempt d'armes nucléaires
Traité de Pelindaba (1996)
Traité de non-prolifération nucléaire (TNP)
États signataires
États officiellement détenteurs de l'arme nucléaire (EDAN)
États non-détenteurs de l'arme nucléaire (ENDAN) :
États ayant renoncé à l'arme nucléaire (depuis 1990)
États exempts d'arme nucléaire
Accord sur le nucléaire iranien, juillet 2015 et retrait de Trump, mai 2018
États non-signataires (ou retirés)
États officieusement détenteurs de l'arme nucléaire
État qui s'est retiré du traité en 2003
Autre État non-signataire

Conflits interétatiques et infra-étatiques

Si actuellement la majorité des conflits est infra-étatique (et si les « printemps arabes » ont dégénéré en guerres civiles dans plusieurs pays), il demeure des conflits interétatiques. Il faut distinguer deux cas : celui des États trop forts, répressifs, et celui des États trop faibles, incapables de contenir les convoitises internes ou externes.

Dans le cadre d'États autoritaires répressifs, ou dictatoriaux, les conflits naissent le plus souvent de la réaction de minorités et de groupes variés, dépossédés du pouvoir et avides de revanches, ou persécutés, réprimés et qui, s'estimant mal traités, luttent pour obtenir la reconnaissance de leurs droits religieux, culturels, politiques, civiques, voire leur autonomie, si ce n'est le droit de faire sécession ou alors de reprendre le pouvoir.

Les revendications sécessionnistes sont de plus en plus nombreuses. Leurs motifs sont désormais aussi économiques (ne plus partager une ressource avec les autres) que liés à l'exigence de respect d'une identité malmenée. La seconde est parfois mise en avant pour masquer la première, moins « vendable » à l'opinion. Il y a conflit dès lors que l'État mis en cause, refusant tout compromis politique ou toute négociation, cherche à étouffer toute revendication culturelle ou autonomiste (l'enchevêtrement des minorités lors de la désintégration de l'ex-Yougoslavie ; guerres civiles africaines). Souvent aussi (dans les Balkans, dans le Caucase, en Afrique) des groupes extérieurs à l'État, proche par exemple d'un des protagonistes par l'ethnie (cas fréquent en Afrique) ou la religion, se solidarisent avec les victimes (*cf.* le rôle de nombreux lobbies aux États-Unis, des diasporas internationales et des organisations djihadistes), ce qui peut entraîner l'entrée dans le conflit d'une ou plusieurs autres puissances, ne serait-ce que pour affaiblir le voisin. Rappelons que le mécanisme des alliances avait précipité l'aveugle marche à la guerre mondiale – impensable – en août 1914. Même si comparaison n'est pas raison, les trois quarts des conflits recensés dans cet atlas comportent une telle composante. Les revendications sécessionnistes ont un effet multiplicateur et s'alimentent mutuellement. Les Serbes de Krajina pouvaient vivre en Croatie sous le toit commun yougoslave, mais pas sous la férule croate. La Croatie devenue indépendante, les Serbes de Croatie tentèrent à leur tour de faire sécession, en vain. Cet enchaînement s'est reproduit à de nombreuses reprises.

Le désir de garder un rôle ainsi que la persistance des tragédies et leur médiatisation ont entraîné au cours des dernières décennies en Occident – en particulier en France – l'affirmation d'un droit, voire d'un « devoir d'ingérence », fût-ce par un pays seul, même en l'absence d'accord du Conseil de sécurité. Les pays du Sud y voient des arrière-pensées néocoloniales, l'ingérence se faisant toujours du Nord au Sud. Afin de surmonter cette contradiction, ce concept moral et caritatif a été juridiquement transposé, encadré et modifié, à l'initiative de Kofi Annan – alors Secrétaire général des Nations unies –, sous l'appellation de « responsabilité de protéger ». Cela inverse le raisonnement : le Conseil de sécurité a la responsabilité de protéger une population vulnérable ou qui est menacée par son gouvernement. Il ne l'a guère utilisée jusqu'ici, excepté en Libye (résolution 1973) où l'opération s'est conclue par un changement de régime, relevant ainsi du schéma classique de l'ingérence.

Un bilan commence à être possible suite à près de 30 années d'interventionnisme occidental qui ont conduit à une certaine lassitude. Il ne faut pas confondre les interventions décidées (ou approuvées) dans le cadre du Conseil de sécurité (Koweït 1991, Mali 2013) ou celle décidée par l'ONU mais dont le mandat a été modifié en cours de route (Libye 2011), avec celles qui l'ont été unilatéralement (États-Unis en Irak 2003) et les cas intermédiaires (Kosovo 1999). De plus, une analyse objective de leurs conséquences est nécessaire.

Le problème reste posé : comment ce principe est-il mis en œuvre ? par qui ? dans quel but ? Cela soulève à chaque occasion un triple problème de légitimité, d'opportunité et d'efficacité. Quand le Conseil de sécurité, lui-même, décide unanimement, donc sans veto, se pose encore la question de l'opportunité et de l'efficacité.

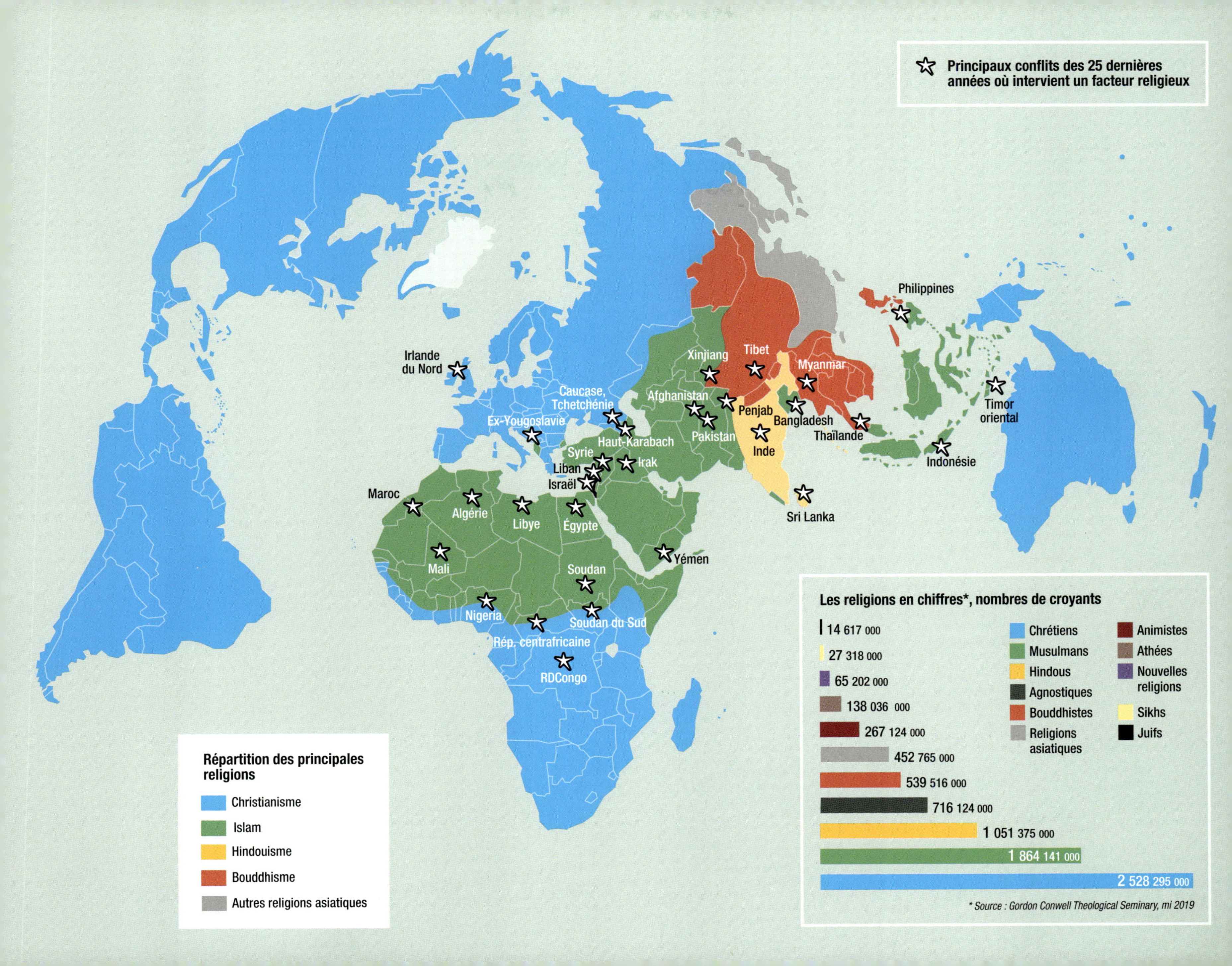

Principaux conflits des 25 dernières années où intervient un facteur religieux
Irlande du Nord
Ex-Yougoslavie
Caucase, Tchetchénie
Haut-Karabach
Syrie
Liban
Israël
Irak
Afghanistan
Pakistan
Xinjiang
Tibet
Myanmar
Penjab
Bangladesh
Inde
Thaïlande
Sri Lanka
Philippines
Timor oriental
Indonésie
Maroc
Algérie
Libye
Égypte
Mali
Soudan
Yémen
Nigeria
Soudan du Sud
Rép. centrafricaine
RDCongo
Répartition des principales religions
Christianisme
Islam
Hindouisme
Bouddhisme
Autres religions asiatiques
Les religions en chiffres*, nombres de croyants
14 617 000
27 318 000
65 202 000
138 036 000
267 124 000
452 765 000
539 516 000
716 124 000
1 051 375 000
1 864 141 000
2 528 295 000
Chrétiens
Musulmans
Hindous
Agnostiques
Bouddhistes
Religions asiatiques
Animistes
Athées
Nouvelles religions
Sikhs
Juifs
* Source : Gordon Conwell Theological Seminary, mi 2019

Les États faillis

Les États faillis (ou *failed states*) sont ceux qui n'ont plus, par décomposition des structures étatiques, les moyens d'exercer leur souveraineté. Ils n'ont plus le « monopole de la violence légitime ».

Pour de multiples raisons, leur gouvernement n'est plus en mesure d'assurer ses fonctions régaliennes et ne contrôle plus l'ensemble de son territoire et de sa population. Incapables d'empêcher les conflits de naître et de se développer à leur détriment, ces États constituent des proies faciles pour des groupes infra-étatiques, nationaux ou téléguidés par des puissances étrangères. Ces derniers peuvent poursuivre des objectifs politiques ou tout simplement vouloir s'assurer le contrôle de ressources économiques.

En République démocratique du Congo – dont les régions de l'Est, le Kivu, sont pillées par ses voisins rwandais et ougandais –, en Afghanistan ou ailleurs, c'est l'incapacité de l'État concerné à défendre son intégrité territoriale, ses frontières et la sécurité de ses ressortissants contre les convoitises extérieures ou les désordres internes qui est génératrice de rivalités, *a fortiori* quand l'État lui-même est partie au conflit. Cette dimension est présente dans tous les conflits africains – typique dans les Grands Lacs. Très souvent, la volonté de contrôler des matières premières est à la source des affrontements.

Elle en est aussi le moteur, car elle permet de payer armes et soldats (les « diamants du sang ») et donc d'entretenir les conflits.

Le trafic de drogue est une source fréquente de financement des mouvements armés infra-étatiques, qui se sont constitué un sanctuaire (confins de la Libye et du Mali, ou Sahel). Il joue aussi un rôle majeur en Afghanistan, premier producteur d'opium au monde. En Afrique, la « nouvelle économie » de la traite (les migrations illégales) génère encore plus de profits que le trafic de drogue.

Sous l'apparence d'une extrême variété et d'une grande confusion, ces causes se ramènent à :

1. la peur et le besoin de se protéger, le réflexe d'attaquer avant de l'être soi-même ;

2. la volonté de puissance, encore qu'elles sont liées ;

3. la volonté de s'enrichir vite, énormément et facilement.

Quasiment aucun conflit n'a de cause unique. Il faut la combinaison de plusieurs causes, un contexte propice et un fait déclencheur – une personne, un dirigeant, une angoisse, une menace ou un délire collectif – pour qu'un conflit naisse et s'installe.

Si la toute-puissance de l'État peut être inquiétante, sa faiblesse n'est guère plus rassurante. Pendant la guerre froide, l'URSS faisait peur par sa puissance, mais, dans les années 1990, c'est la faiblesse des autorités de Moscou qui a inquiété le monde (montée en puissance des mafias, guerres séparatistes et peur sur la maîtrise des armes nucléaires). Et c'est encore le cas de dizaines de pays.

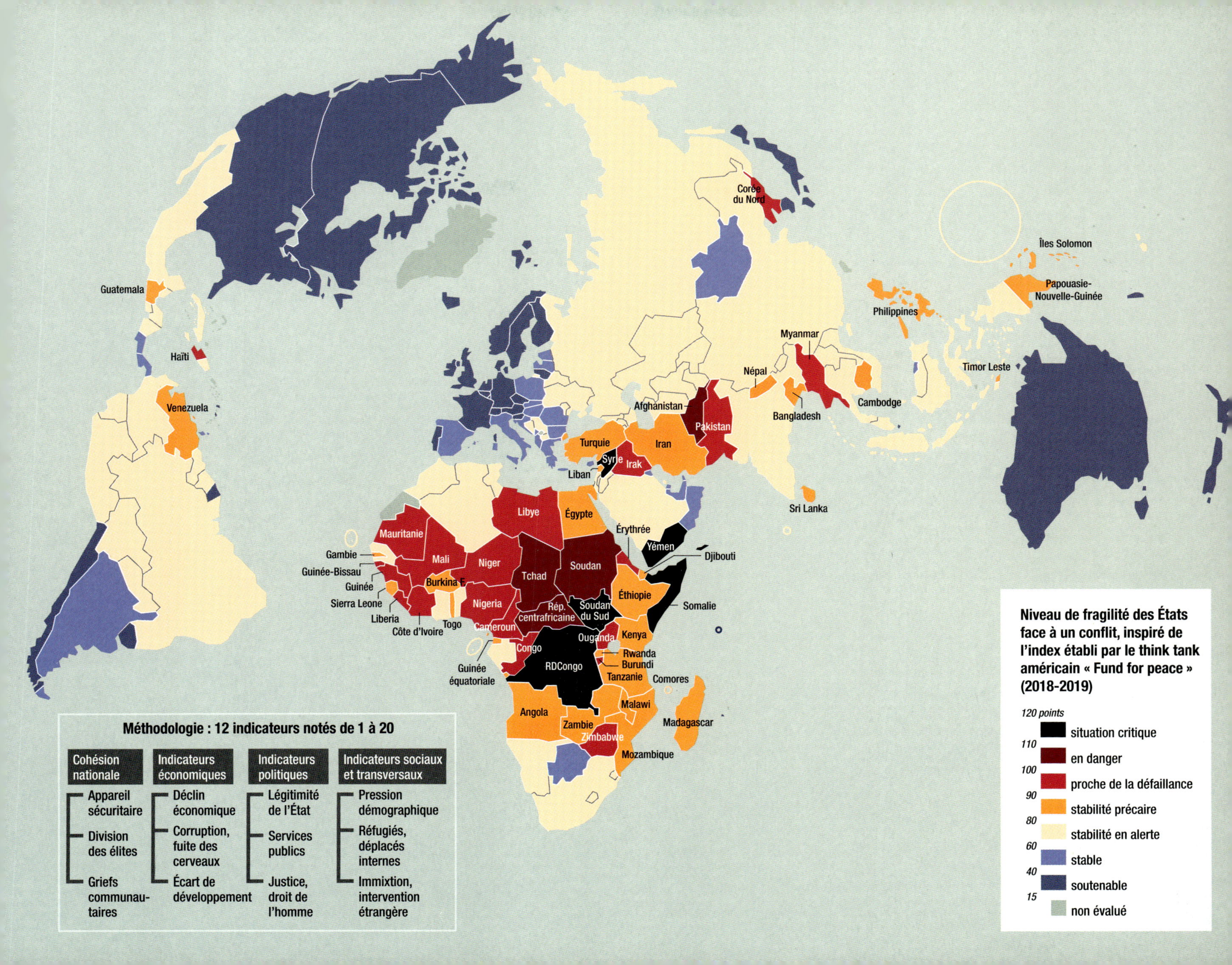
Niveau de fragilité des États face à un conflit, inspiré de l'index établi par le think tank américain « Fund for peace » (2018-2019)
120 points
situation critique
110
en danger
100
proche de la défaillance
90
stabilité précaire
80
stabilité en alerte
60
stable
40
soutenable
15
non évalué
Méthodologie : 12 indicateurs notés de 1 à 20
Cohésion nationale
Appareil sécuritaire
Division des élites
Griefs communautaires
Indicateurs économiques
Déclin économique
Corruption, fuite des cerveaux
Écart de développement
Indicateurs politiques
Légitimité de l'État
Services publics
Justice, droit de l'homme
Indicateurs sociaux et transversaux
Pression démographique
Réfugiés, déplacés internes
Immixtion, intervention étrangère
Guatemala
Haïti
Venezuela
Corée du Nord
Îles Solomon
Papouasie-Nouvelle-Guinée
Philippines
Myanmar
Népal
Timor Leste
Cambodge
Bangladesh
Afghanistan
Pakistan
Turquie
Iran
Syrie
Irak
Liban
Sri Lanka
Libye
Égypte
Érythrée
Yémen
Djibouti
Mauritanie
Gambie
Guinée-Bissau
Guinée
Sierra Leone
Liberia
Côte d'Ivoire
Mali
Burkina F.
Niger
Nigeria
Togo
Tchad
Soudan
Éthiopie
Somalie
Rép. centrafricaine
Soudan du Sud
Cameroun
Ouganda
Kenya
Congo
RDCongo
Rwanda
Burundi
Tanzanie
Comores
Guinée équatoriale
Angola
Malawi
Zambie
Zimbabwe
Mozambique
Madagascar

Les opinions publiques et les conflits

Pris dans le jeu électoral, pour se justifier ou galvaniser leurs soutiens, obtenir des concours, gagner des élections ou les neutraliser, les dirigeants ou leaders développent une argumentation qui peut déchaîner des forces incontrôlables dont ils deviennent prisonniers.

Le temps envenime et fait dégénérer ces conflits : ainsi, au Proche-Orient, le conflit territorial entre Israël et les Palestiniens – deux peuples pour la même terre – a pris, faute d'avoir été réglé à temps sur la base d'un compromis entre deux nationalismes opposés (ce qui était encore possible entre Rabin et Arafat), une tournure religieuse, voire fanatique, avec des répercussions désastreuses dans une grande partie du monde et sur la relation Islam-Occident. Encore une fois, diverses causes de conflits s'enchevêtrent, se renforcent et s'aggravent avec le temps. Les passions, les rancunes, la peur, le jeu moderne des opinions amplifié par les sondages, la volonté de revanche, voire de vengeance, la médiatisation et les compétitions électorales peuvent les rendre inextricables.

La démocratie ne conduit pas nécessairement à la paix. Bien sûr, le plus souvent, les peuples ne haïssent pas les guerres (dont ils sont les premières victimes). Mais les rhétoriques martiales, sous couvert de fermeté, peuvent être *a priori* plus populaires que la perspective de compromis diplomatiques, dont les bénéfices à long terme ne sont pas immédiatement identifiables. Le nationalisme exalté pousse à l'affrontement. Les gouvernements qui jouent cette carte sont parfois pris à leur propre piège et entraînés dans une dérive agressive devenue incontrôlable.

Il est très difficile de sortir ensuite de ces conflits enkystés (conflits « gelés » de la périphérie soviétique, Afrique, Balkans, Moyen-Orient) si un des protagonistes ne s'effondre pas ou si l'épuisement empêche un ou plusieurs d'entre eux de rechercher une porte de sortie. Presque toutes les longues guerres civiles ou régionales qui ont ensanglanté l'Afrique depuis les indépendances ont fini par trouver une issue. Mais les appels à la paix et les initiatives symboliques ou de bonne volonté sont de peu d'effet tant que les causes réelles des conflits ne sont pas traitées. Au Moyen-Orient, il faudrait une vraie volonté de compromis entre Iran et Arabie saoudite. C'est l'inverse qui s'est produit ces dernières années et qui a conduit à une escalade.

Depuis le milieu du XXe siècle et les premiers pas – salués en Europe, controversés ailleurs – d'une « justice internationale », avec la création de la Cour pénale internationale, le formidable développement du droit international et des institutions multilatérales, onusiennes et autres, n'ont pas suffi à établir ni à maintenir la paix partout, à prévenir les conflits, encore moins à les résoudre. En témoignent bien des conflits qui s'éternisent, à commencer par celui du Proche-Orient, même si la tendance longue est à une lente diminution des conflits. La dissuasion nucléaire n'a vraiment garanti la paix depuis soixante-dix ans qu'entre les puissances nucléaires, mais c'était déjà essentiel.

Pour trouver une issue aux conflits, il faut aux dirigeants contemporains un grand courage – pour aller à certains moments à contre-courant de leurs opinions – beaucoup d'intelligence politique, un sens tactique élevé et une pédagogie convaincante, car cela signifie toujours accepter un compromis et le faire admettre aux peuples.

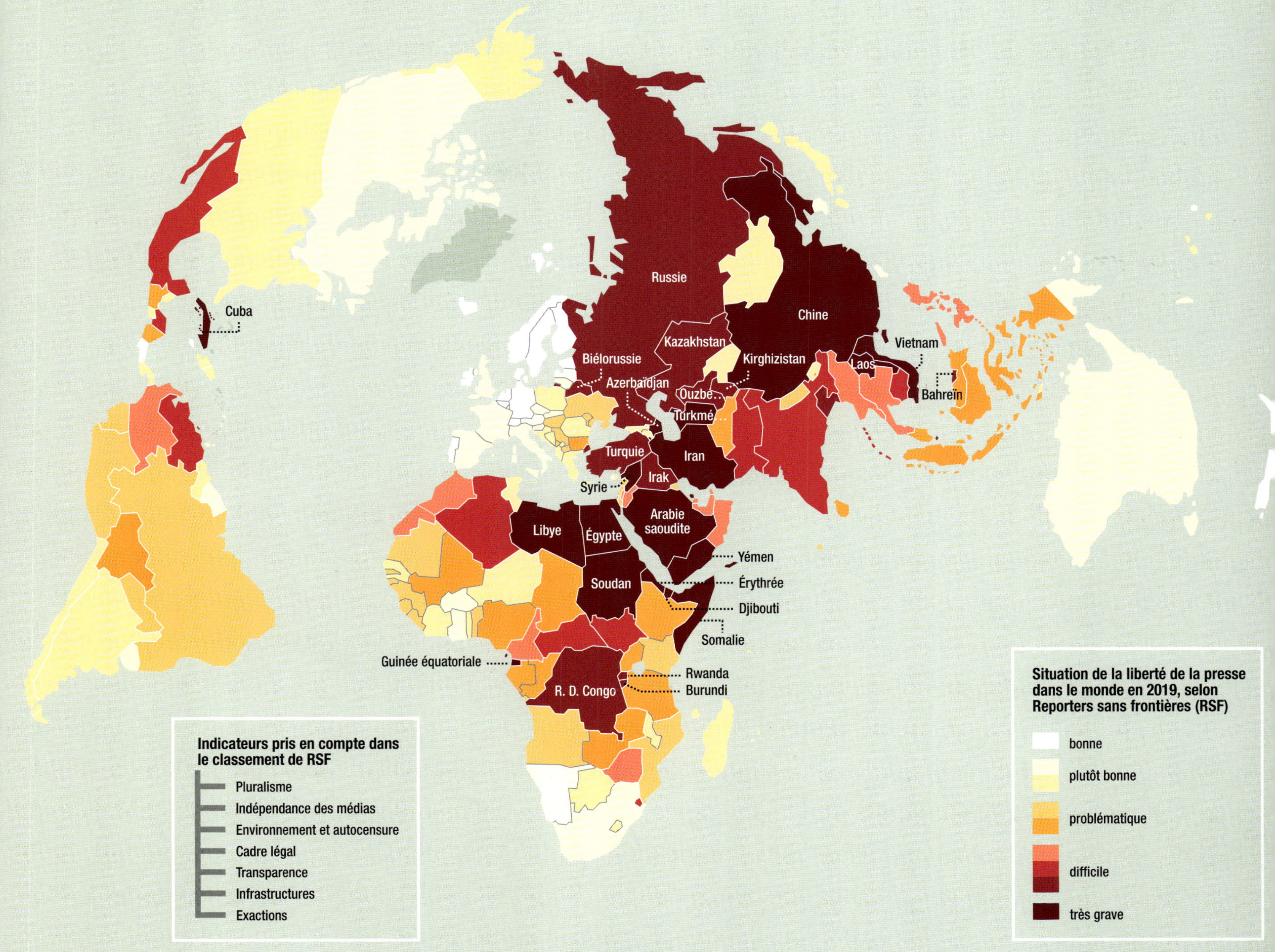

Cuba
Russie
Chine
Kazakhstan
Biélorussie
Kirghizistan
Vietnam
Azerbaïdjan
Laos
Ouzbé.
Bahreïn
Turkmé.
Turquie
Iran
Irak
Syrie
Arabie saoudite
Libye
Égypte
Yémen
Soudan
Érythrée
Djibouti
Somalie
Guinée équatoriale
Rwanda
R. D. Congo
Burundi
Indicateurs pris en compte dans le classement de RSF
Pluralisme
Indépendance des médias
Environnement et autocensure
Cadre légal
Transparence
Infrastructures
Exactions
Situation de la liberté de la presse dans le monde en 2019, selon Reporters sans frontières (RSF)
bonne
plutôt bonne
problématique
difficile
très grave

Priorité au réalisme

En dépit des termes admirables de la Charte des Nations unies, de l'optimisme qui imprègne en 2000 la Déclaration du Millénaire, suivis par les 17 Objectifs de développement durable annoncés en 2015 par les 193 États membres de l'ONU, de l'adoption de l'« accord de Paris » par les 195 États parties à la Convention-cadre des Nations unies sur les changements climatiques (COP21), des appels récurrents des leaders de grandes puissances du G8 et du G20, des pays émergents, des figures morales internationales, ce serait une heureuse surprise que tous ces conflits s'apaisent et qu'aucun autre ne naisse au cours des prochaines décennies.

Il y a encore des ensembles multiethniques qui peuvent se décomposer, peut-être dans la violence, plusieurs conflits mal éteints qui peuvent se réveiller et aussi des crises qui peuvent dégénérer. Le conflit ukrainien n'est pas réglé. Au Moyen-Orient, il faudra sans doute attendre longtemps pour que sunnites et chiites se résignent à cohabiter dans le cadre d'une paix froide, que la Syrie et l'Irak soient reconstruits dans une perspective durable. Et combien de temps avant que le conflit israélo-palestinien ne cesse d'être pris en otage et connaisse une issue acceptable ? Que l'islamisme radical soit jugulé ? Que les causes de conflits soient éradiquées en Afrique ? Que les tensions en Asie du Nord-Est soient sous contrôle ?

Les causes des crises et conflits sont multiples. Il convient de les analyser avec rigueur et objectivité. Les bons sentiments, pour nobles qu'ils soient, ne suffisent pas à faire une politique ni à animer les espérances formulées dans le droit international. Le réalisme (ou la *realpolitik*, concept longtemps connoté négativement mais peu à peu redécouvert) ne consiste pas à accepter la brutalité des rapports de force mais à en prendre l'exacte mesure afin d'améliorer la situation. Il y a pire que la *realpolitik*, il y a l'*irrealpolitik*, fondé sur l'irréalisme, source historique de désillusions et de catastrophes stratégiques dont les peuples sont les premières victimes.

Il est donc indispensable de continuer à analyser toutes ces causes pour identifier les conflits potentiels. C'est la meilleure façon de les prévenir et de les résoudre, autant que possible. C'est ce à quoi se consacre cet atlas dans les pages suivantes.

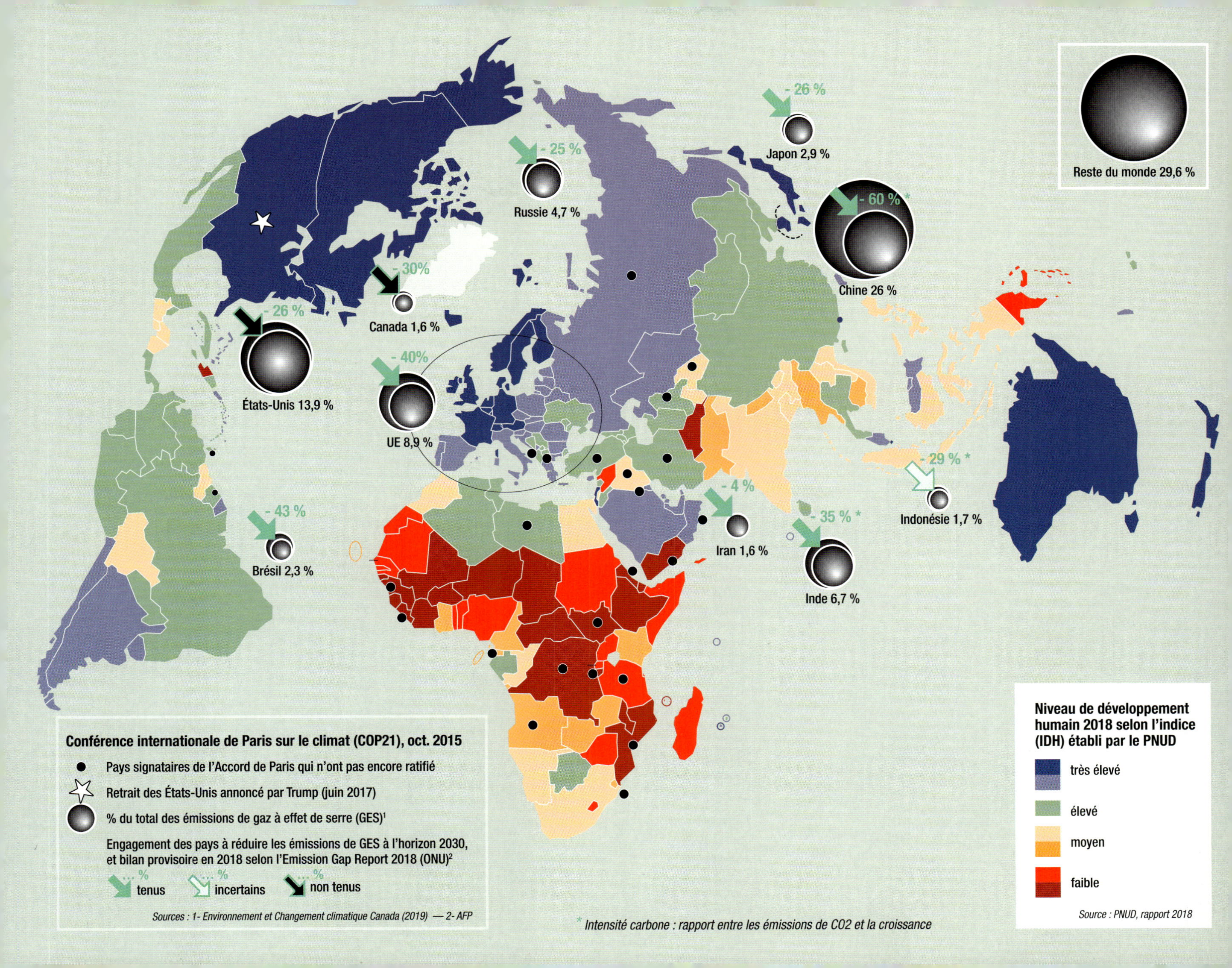

Reste du monde 29,6 %
- 26 %
Japon 2,9 %
- 25 %
Russie 4,7 %
- 60 % *
Chine 26 %
- 30 %
Canada 1,6 %
- 26 %
États-Unis 13,9 %
- 40 %
UE 8,9 %
- 29 % *
Indonésie 1,7 %
- 4 %
Iran 1,6 %
- 43 %
Brésil 2,3 %
- 35 % *
Inde 6,7 %
Conférence internationale de Paris sur le climat (COP21), oct. 2015
Pays signataires de l'Accord de Paris qui n'ont pas encore ratifié
Retrait des États-Unis annoncé par Trump (juin 2017)
% du total des émissions de gaz à effet de serre (GES)[1]
Engagement des pays à réduire les émissions de GES à l'horizon 2030, et bilan provisoire en 2018 selon l'Emission Gap Report 2018 (ONU)[2]
... % tenus
... % incertains
... % non tenus
Sources : 1- Environnement et Changement climatique Canada (2019) — 2- AFP
* Intensité carbone : rapport entre les émissions de CO2 et la croissance
Niveau de développement humain 2018 selon l'indice (IDH) établi par le PNUD
très élevé
élevé
moyen
faible
Source : PNUD, rapport 2018

Les crises et les conflits

Union européenne à 28 pays
Brexit voté le 23 juin 2016 engageant le processus de retrait du Roy.-Uni de l'UE
Pays de la zone euro
Pays de l'espace Schengen
Pays candidats à l'adhésion à l'UE
Pays candidats potentiels
Reykjavik
ISLANDE
Îles Féroé (Danemark)
NORVÈGE
Oslo
SUÈDE
Stockholm
FINLANDE
Helsinki
Tallinn
ESTONIE
Riga
LETTONIE
LITUANIE
Kaunas
RUSSIE
Moscou
FÉDÉRATION DE RUSSIE
Minsk
BIÉLORUSSIE
DANEMARK
Copenhague
Dublin
IRLANDE
ROYAUME-UNI
Londres
PAYS-BAS
Amsterdam
Bruxelles
BELGIQUE
Luxembourg
LUX.
Paris
FRANCE
ALLEMAGNE
Berlin
POLOGNE
Varsovie
Prague
RÉP. TCHÈQUE
SLOVAQUIE
Bratislava
Vienne
AUTRICHE
Kiev
UKRAINE
MOLDAVIE
Kishinev
LIECHT.
Vaduz
Berne
SUISSE
Budapest
HONGRIE
SLOVÉNIE
Ljubljana
Zagreb
CROATIE
ROUMANIE
Bucarest
BOSNIE
Sarajevo
Belgrade
SERBIE
ST MARIN
MONACO
VATICAN
Rome
Podgorica
MONTÉNÉGRO
KOSOVO
Skopje
Sofia
BULGARIE
Tirana
ALBANIE
MACÉDOINE DU NORD
GÉORGIE
ANDORRE
Madrid
PORTUGAL
ESPAGNE
Lisbonne
ITALIE
GRÈCE
Athènes
Ankara
TURQUIE
Alger
ALGÉRIE
Tunis
TUNISIE
La Valette
MALTE
Nicosie
CHYPRE
SYRIE
LIBAN
MAROC
600 km

L’Europe des crises et des conflits

L'Europe en crises

Après la fin du conflit Est-Ouest et de la division de l'Europe et de l'Allemagne, l'optimisme règne à propos de l'Union européenne (UE): son territoire n'est plus menacé, elle va s'élargir en s'unifiant et se doter d'une politique étrangère et d'une monnaie communes, et « civiliser la mondialisation ». Près de 30 ans plus tard, l'avenir au sein d'une UE traversée et menacée par de multiples crises est incertain.

Au sortir de la guerre froide, l'UE est présentée comme un géant économique et un nain politique. La question n'est plus aujourd'hui de savoir si elle deviendra un géant politique, mais si elle restera une union et une zone de prospérité économique. En 2011, une grave crise – conséquence de la crise de la financiarisation spéculative de 2008 aux États-Unis mais aussi de déséquilibres internes dus aux excédents commerciaux des pays du Nord, notamment l'Allemagne et aux déficits et à la perte de compétitivité des pays du Sud – fait même craindre l'éclatement de la zone euro. Le déficit public et l'endettement de la Grèce se révèlent beaucoup plus importants qu'annoncés, conduisant à une spéculation pariant sur une sortie de l'euro, qui se propage au Portugal, à l'Espagne, à l'Italie et à l'Irlande. Finalement, au prix de plans d'ajustements sévères aux lourdes conséquences sociales, l'unité de la zone euro est préservée.

Les élargissements successifs font rapidement passer l'UE de 15 à 28 membres. L'atonie économique, une intégration réglementée de façon tatillonne et un sentiment de dépossession démocratique creusent un fossé entre les peuples et les institutions européennes (en France, en 1992, le référendum sur le traité de Maastricht n'était passé qu'avec 1,2 % d'écart). En 2019, 51 % des électeurs se déplacent pour les élections du Parlement européen, preuve d'un regain d'intérêt qui reste tout de même à relativiser du fait des bons scores des partis eurosceptiques.

Le 23 juin 2016, les électeurs britanniques se sont prononcés en faveur de la sortie de l'UE (à 51,89 %). C'est la première fois qu'un pays prend une telle décision. Les partisans d'un Brexit mettent en avant la question des flux migratoires incontrôlés, internes ou externes, et l'excès de pouvoir de la Commission et de la Cour de justice. Le fait est que les Britanniques s'étaient prononcés pour l'entrée dans la Communauté économique européenne et non pas dans une « union ». Cependant, les difficultés de la mise en œuvre du Brexit montrent, a contrario, les avantages d'appartenir à l'Union européenne.

Plusieurs pays d'Europe de l'Ouest ont connu dans le passé de forts flux migratoires: 700 000 Espagnols après la guerre civile (1936-1939), 12 millions de germanophones expulsés d'Europe orientale après 1945, 1 million de rapatriés d'Algérie en France en 1962, 120 000 *boat-people* vietnamiens et cambodgiens au milieu des années 1970, 170 000 Tchécoslovaques après 1968, 300 000 Albanais en 1992, 700 000 Yougoslaves dans les années 1990, etc. Mais, c'est une époque de croissance économique et de compétition idéologique Est-Ouest… En 2015, c'est ainsi 1 million de personnes qui arrivent par la mer, principalement de Syrie, d'Afghanistan et d'Irak. Sous la pression, la libre circulation des personnes, au sein des pays signataires des accords de Schengen, est suspendue à partir de 2015, pays après pays. Si l'Allemagne d'Angela Merkel, en déficit démographique, en meilleure croissance économique et pour des raisons morales, se dit prête à accueillir de nombreux réfugiés, ce n'est pas le cas des autres pays. Les flux vont se réduire par la suite (370 000 en 2016, 180 000 en 2017, 140 000 en 2018), mais les effets politiques (notamment la montée de l'extrême droite radicale, au pouvoir en Italie, en Autriche, mais aussi en Pologne, en Hongrie, en République tchèque) sont plus durables.

Les anciens pays de l'Est, qui n'ont pas connu de flux migratoires, veulent rester éthniquement, culturellement ou religieusement homogènes.

L'attitude face à Moscou et plus encore face aux États-Unis de Donald Trump, recrée une division entre l'Est et l'Ouest de l'UE.

Pourtant l'UE, qui avec 7 % de la population mondiale représente 22 % du PIB mondial et 50 % des dépenses sociales mondiales, reste extrêmement attractive pour les individus, et perçue comme un eldorado paisible pour les nations qui n'en font pas partie. À l'inverse, une fatigue de l'Europe se fait sentir à l'intérieur de ses États membres. La construction européenne pourrait se stabiliser (pas de saut fédéral, pas de retour en arrière) même si le projet s'essouffle.

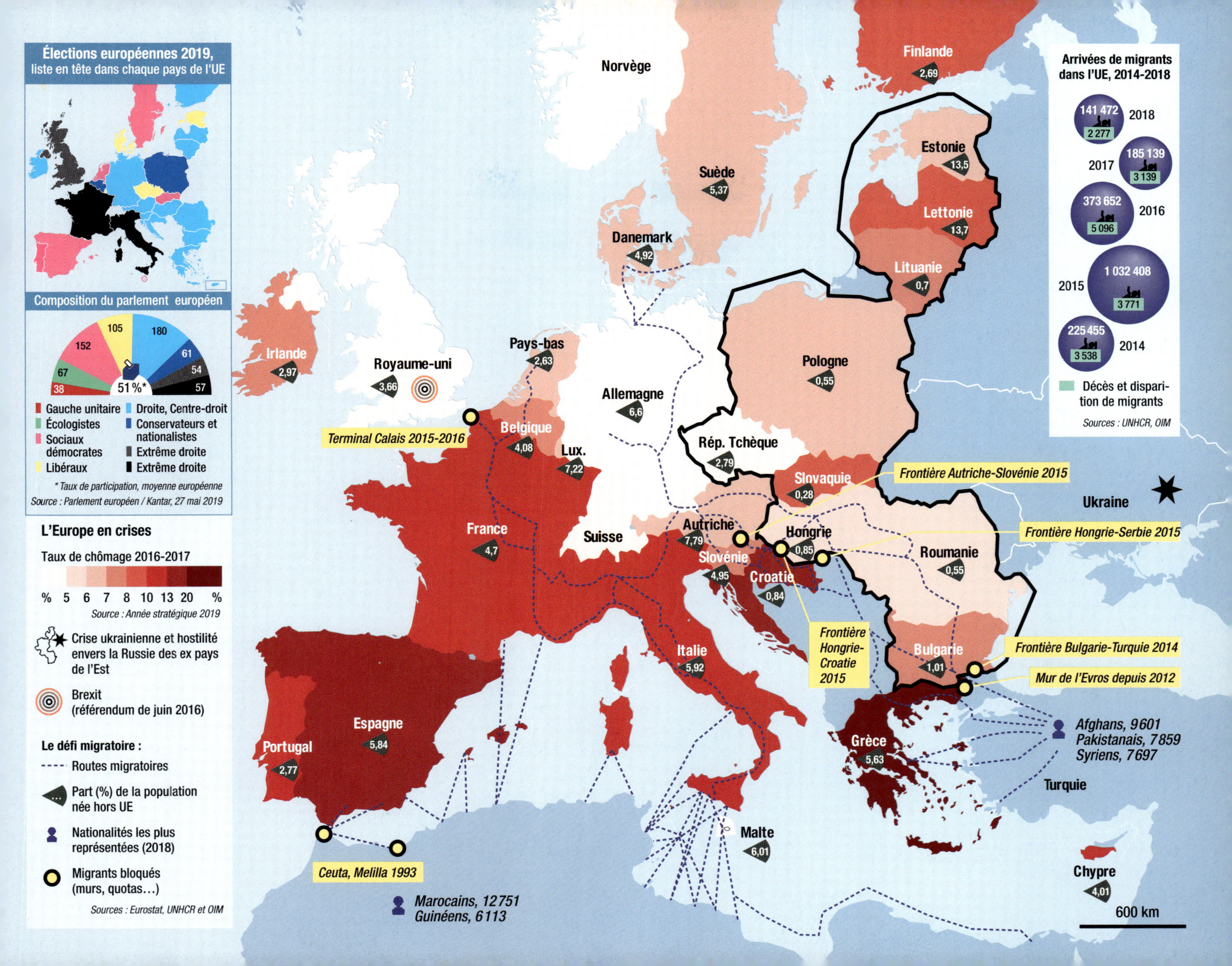

Élections européennes 2019,
liste en tête dans chaque pays de l'UE
Composition du parlement européen
38
67
152
105
180
61
54
57
51 %*
Gauche unitaire
Écologistes
Sociaux démocrates
Libéraux
Droite, Centre-droit
Conservateurs et nationalistes
Extrême droite
Extrême droite
* Taux de participation, moyenne européenne
Source : Parlement européen / Kantar, 27 mai 2019
L'Europe en crises
Taux de chômage 2016-2017
% 5 6 7 8 10 13 20 %
Source : Année stratégique 2019
Crise ukrainienne et hostilité envers la Russie des ex pays de l'Est
Brexit
(référendum de juin 2016)
Le défi migratoire :
Routes migratoires
Part (%) de la population née hors UE
Nationalités les plus représentées (2018)
Migrants bloqués
(murs, quotas…)
Sources : Eurostat, UNHCR et OIM
Arrivées de migrants dans l'UE, 2014-2018
141 472
2 277
2018
2017
185 139
3 139
373 652
5 096
2016
2015
1 032 408
3 771
225 455
3 538
2014
Décès et disparition de migrants
Sources : UNHCR, OIM
Norvège
Finlande
2,69
Suède
5,37
Estonie
13,5
Lettonie
13,7
Lituanie
0,7
Danemark
4,92
Irlande
2,97
Royaume-uni
3,66
Pays-bas
2,63
Allemagne
6,6
Pologne
0,55
Terminal Calais 2015-2016
Belgique
4,08
Lux.
7,22
Rép. Tchèque
2,79
Slovaquie
0,28
Frontière Autriche-Slovénie 2015
Ukraine
France
4,7
Suisse
Autriche
7,79
Hongrie
0,85
Frontière Hongrie-Serbie 2015
Slovénie
4,95
Croatie
0,84
Roumanie
0,55
Frontière Hongrie-Croatie 2015
Italie
5,92
Bulgarie
1,01
Frontière Bulgarie-Turquie 2014
Mur de l'Evros depuis 2012
Espagne
5,84
Portugal
2,77
Grèce
5,63
Afghans, 9601
Pakistanais, 7859
Syriens, 7697
Turquie
Malte
6,01
Ceuta, Melilla 1993
Marocains, 12751
Guinéens, 6113
Chypre
4,01
600 km

Kosovo

Les origines

Les Serbes considèrent le Kosovo comme le berceau de leur nation depuis la défaite tragique du « champ des Merles », (*Kosovo polje*) contre les Ottomans en 1389, référence paradoxale de l'histoire serbe, puisque l'événement marque la fin du Royaume de Serbie et le début de la domination de l'Empire ottoman. Par ailleurs, les Albanais, peuple non slave, sont installés dans les Balkans depuis le IIIe siècle et sont majoritaires dans la région du Kosovo.
En 1990, Milosevic met fin au statut d'autonomie accordé au Kosovo au sein de la Serbie depuis 1974 par Tito, président de la Fédération yougoslave. Il joue la carte du regroupement des Serbes et du nationalisme grand-serbe, et précipite de ce fait l'éclatement de la Yougoslavie. Ainsi, les Albanais du Kosovo proclament leur indépendance. Les plus durs créent l'Armée de libération du Kosovo (UCK) en 1996 et déclenchent une guérilla. Devant l'intensité des affrontements, refusant un nouveau nettoyage ethnique et craignant la reprise des guerres balkaniques, après 18 mois de négociations infructueuses, les Occidentaux du G7 déclenchent, en mars 1999, des frappes aériennes de l'OTAN contre les forces serbes. Milosevic capitule au bout de 78 jours. Une force internationale est déployée au Kosovo, la souveraineté de la Yougoslavie sur cette province étant en principe préservée par le concept d'« autonomie substantielle » accepté par le Conseil de sécurité. Par ailleurs, une administration provisoire de l'ONU, la Mission d'administration intérimaire des Nations unies au Kosovo (MINUK), est mise en place.

Les minorités serbes sont à leur tour maltraitées (et des églises orthodoxes brûlées) et beaucoup fuient le Kosovo.

La crise actuelle

Les Serbes représentent 6 % de la population du Kosovo (120 000 personnes), contre 93 % d'Albanais. Des négociations sont engagées entre Belgrade et Pristina en 2006 mais leurs positions restent inconciliables. Les Kosovars veulent l'indépendance que les Serbes leur refusent. Encouragé par certains Occidentaux, le Kosovo proclame unilatéralement son indépendance, le 17 février 2008. Celle-ci est reconnue par 104 pays, dont les États-Unis et la plupart des pays européens, y compris la France, mais pas l'Espagne, par exemple. Par ailleurs, elle est refusée par la Serbie et la Russie. Le Kosovo ne peut donc pas devenir membre de l'ONU, ni de la plupart des organisations internationales. Les tensions entre les Serbes du Kosovo et le gouvernement de Pristina restent vives, surtout dans le Nord, à Mitrovica. Sous l'égide de l'UE, la Serbie et le Kosovo signent en 2015 un accord en 15 points de « normalisation » de leurs relations. Mais en 2018, les tensions reprennent. Le Kosovo crée une armée, ce qui inquiète Belgrade mais aussi les Européens. Cependant, en 2019, des rectifications de frontières sont envisagées.

Le Kosovo est un État failli, où règnent la corruption et le crime organisé. Face à l'absence de perspectives politique et économique (le chômage touche 40 % de la population), 200 000 personnes auraient fui le pays depuis fin 2014, soit environ 10 % de la population.

Les scénarios

1 La Serbie, jouant la carte de l'adhésion à l'Europe (elle a été acceptée en 2012 comme pays candidat à l'adhésion) parvient à convaincre la Russie après l'accord du 19 avril 2013 de lever son veto à l'adhésion à l'ONU. Le Kosovo bénéficie alors d'une reconnaissance internationale généralisée, son système politique s'assainit et se stabilise, et son économie se développe. La Serbie finit par entrer dans l'UE.

2 Un échange agréé de territoires entre la région kosovare du Nord, autour de Mitrovica, où vivent les 120 000 Serbes et le sud serbe (Presevo) où vivent 50 000 Albanais, permet la reconnaissance du Kosovo par Belgrade et la fin du conflit.

3 Le statu quo : malgré l'accord d'avril 2013 et la reconnaissance du Kosovo par de nombreux pays, il demeure en dehors des institutions internationales. La mafia contrôle une partie importante de son économie qui ne parvient pas à décoller. Victimes d'exactions, les Serbes se regroupent encore plus dans le Nord ou quittent la région. L'exode des Kosovars se poursuit pour des motifs économiques et politiques.

4 L'apaisement entre la Serbie et la République du Kosovo laisse perdurer un conflit interne entre les Serbes du Kosovo (qui désormais se méfient de Belgrade, jugée trop conciliante) et le gouvernement de Pristina.

Fuite des chrétiens serbes et albanais face à l'avancée ottomane aux XIVe-XVIe siècles

- Empire serbo-grec d'Étienne Douchan en 1350
- Pays orthodoxes
- Empire ottoman en 1402
- Limite de l'Empire ottoman en 1600
- Albanais
- Serbes
- Archevêché catholique
- Archevêché orthodoxe
- Patriarcat orthodoxe

Importance du Kosovo dans la mémoire collective des Serbes

★ Bataille de Kosovo dite « Champ des Merles » (15 juin 1389), victoire des Ottomans sur les Serbes, les Bosniaques et les Albanais coalisés, après une résistance héroïque de ceux-ci.

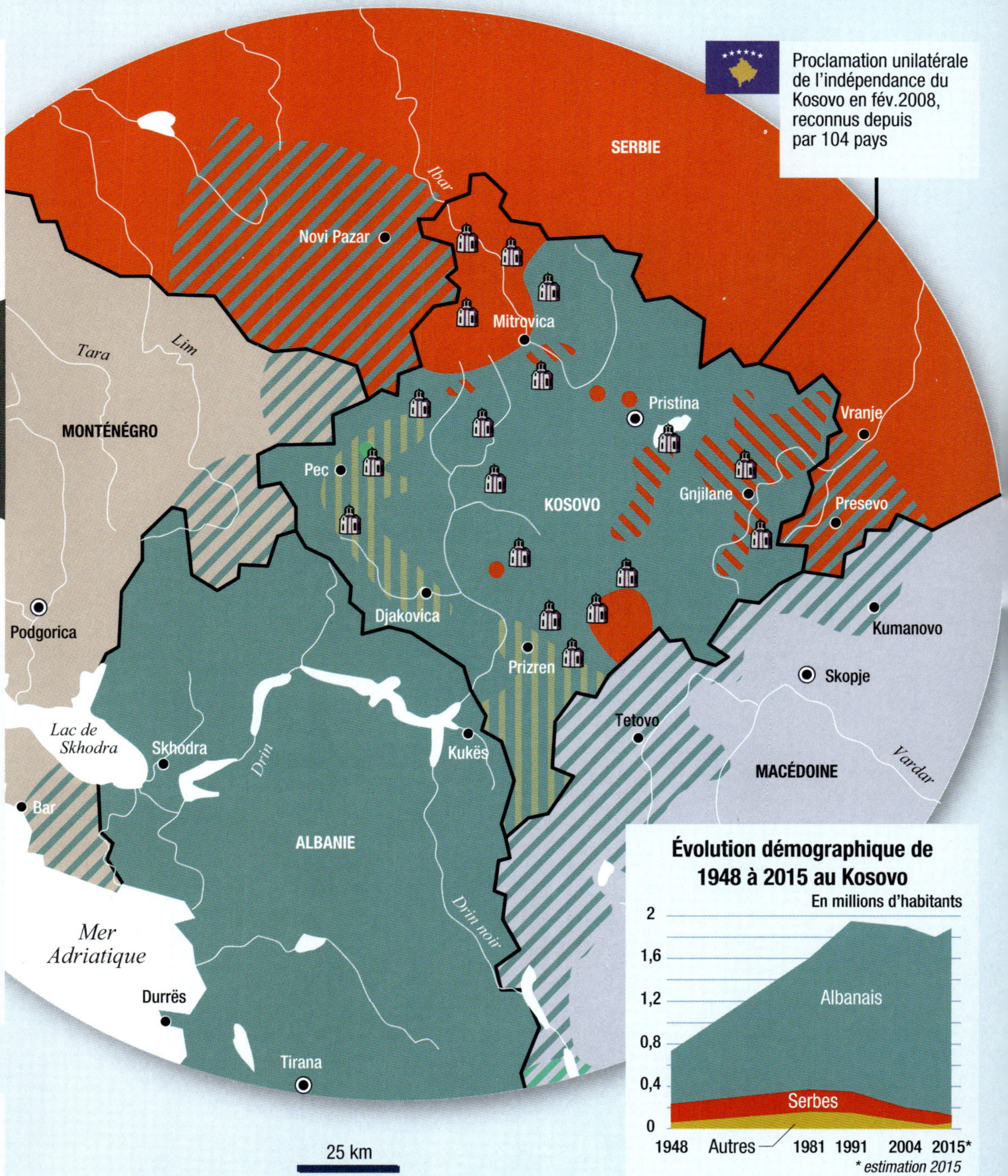

Répartiton géographique des nationalités

- Albanais
- Serbes
- Bosniaques et Gorans
- Monastère orthodoxe

Balkans

Les origines

L'éclatement de la Yougoslavie s'est traduit, de 1992 à 1995, par de violentes guerres en Croatie et en Bosnie entre groupes « ethniques », puis par la guerre du Kosovo en 1999, qui ont laissé des traces profondes. La cohabitation reste souvent difficile. Peuples et dirigeants hésitent et sont partagés entre, d'une part, l'attraction de l'intégration européenne et occidentale de plus en plus forte et, d'autre part, la méfiance et le nationalisme résiduels.

La crise actuelle

Théâtre principal des guerres balkaniques de 1992 à 1995, la Bosnie-Herzégovine est partagée – depuis les accords obtenus à Dayton aux États-Unis en 1995 – entre Bosniaques musulmans, d'origine croate, et Serbes. Ces derniers peuvent être tentés de réclamer le droit à l'autodétermination, pour l'indépendance ou le rattachement à la Serbie, en se basant sur le précédent du Kosovo. Les partisans d'une « grande Albanie », qui voudraient voir se fédérer à eux le Kosovo et la partie de la Macédoine peuplée d'habitants de souche albanaise (25 % de la population de cette république), ont moins le vent en poupe. Le faible développement de l'Albanie n'est guère attractif et Tirana ne souhaite pas compromettre ses relations avec les pays occidentaux et ceux de la région, en apparaissant comme un pays perturbateur revendiquant une révision du statu quo territorial. La Macédoine, qui doit faire face au défi de l'intégration de sa minorité albanaise, est longtemps confrontée à un blocage dans ses relations avec la Grèce, qui l'accuse de vouloir s'approprier une part de l'héritage hellénique en se nommant Macédoine, et de revendiquer ainsi la province du nord de la Grèce. Forcée de s'appeler officiellement « Ancienne République yougoslave de Macédoine » (ARYM), la Macédoine voit son processus d'intégration dans l'OTAN et l'UE bloquée par la Grèce jusqu'au début 2019, où elle prend le nom de Macédoine du Nord, levant ainsi le veto grec. La Bosnie-Herzégovine reste *de facto* un protectorat de l'UE. En juin 2003, au Conseil européen de Thessalonique, l'UE a proclamé la vocation des pays des Balkans occidentaux – Croatie, Bosnie-Herzégovine, Monténégro, Serbie, Kosovo, Macédoine, Albanie – à rejoindre l'Union, mais sans fixer d'échéance, ni de calendrier. Ainsi, seule la Croatie est devenue, en 2013, le 28e État membre de l'UE. La Serbie n'a pu empêcher le Kosovo de proclamer son indépendance (la résolution 1244 adoptée en 1999 s'était arrêtée à l'« autonomie substantielle »), ni sa reconnaissance par la plupart des pays occidentaux (mais pas la totalité). Elle a coopéré avec le Tribunal pénal international de La Haye, qui s'est montré plus sévère avec les accusés serbes qu'avec les accusés croates, et signé avec le Kosovo l'accord du 13 avril 2013. Elle espère être un jour récompensée par une adhésion à l'UE. Par ailleurs, la Bosnie, divisée en trois entités, reste difficilement gérable et connaît un taux de chômage très important (25,06 % au sens du BIT en 2016 ; 45,9 % selon les données nationales).

La Chine est de plus en plus présente dans la région, comme dans toute l'ex-Yougoslavie, notamment avec son projet des nouvelles routes de la soie. Si la Russie et la Turquie exercent également une influence dans la région, les États-Unis sont très présents et ont imposé l'adhésion à l'OTAN de la Slovénie (en 2004), de la Croatie et l'Albanie (en 2009), du Monténégro (en 2017) et entérinent celle de la Macédoine du Nord en 2019.

Les scénarios

1 La perspective de l'adhésion à l'UE apaise les diverses revendications nationales et identitaires. Cette possible intégration dans l'Union rend moins vives les querelles nationales résiduelles et favorise des politiques de modernisation et le développement économique. Tous ces pays finissent par adhérer à l'UE.

2 La crise économique exacerbe les revendications nationalistes qui se nourrissent mutuellement. La « crise des réfugiés » conduit à des fermetures réciproques des frontières et à une escalade verbale. Albanais de Macédoine, Serbes de Bosnie et Serbes du Kosovo réclament l'autodétermination dont ont pu bénéficier les Kosovars. Les tentations sécessionnistes restent vives, entraînant incertitudes stratégiques et stagnation économique. Le processus d'« européanisation » des Balkans stagne, sur fond de crise économique endémique. L'UE, incapable de faire ratifier de nouveaux élargissements, les maintient à la porte.

Ex République fédérale socialiste de Yougoslavie 23,2 millions hab., en 1990
Graz
Lac Balaton
HONGRIE
Klagenfurt
Maribor
Ljubljana
SLOVÉNIE
juin 1991
Trieste
Zagreb
CROATIE
juin 1991
Virovitica
Osijek
Vukovar
Subotica
Timisoara
Novi Sad
VOÏVODINE
ROUMANIE
Slavonski Brod
Rijeka
Venise
ITALIE
Belgrade
Banja Luka
Bihac
Tuzla
Kragujevac
Srebrenica
Travnik
Sarajevo
SERBIE
Zadar
Gorazde
Nis
BOSNIE-HERZÉGOVINE
mars 1992
Knin
Mostar
Novi Pazar
Split
Mitrovica
Sofia
BULGARIE
MONTÉNÉGRO
juin 2006
Pristina
KOSOVO
fév. 2008 **
Vranje
Presevo
Pec
Podgorica
Cetinje
Prizren
Kumanovo
Dubrovnik
Skopje
Lac de Skhodra
Kukës
Bar
Skhodra
MACÉDOINE *
sept. 1991
* Aujourd'hui Macédoine du Nord
Strumica
Mer Adriatique
ALBANIE
Prilep
Ohrid
Tirana
Durrës
Bitola
Thessalonique
Elbasan
Bari
Korçë
Fier
Vlorë
GRÈCE
Répartition géographique des religions
catholiques
orthodoxes
musulmans
94,1
2 067
SLOVÉNIE
3,5
83,3
7 057
SERBIE
4,4
90,4
4 171
CROATIE
1,6
1,5
92,9
1 816
KOSOVO
15,4
50,1
30,8
3 517
BOSNIE - HERZÉGOVINE
25,2
64,2
2 081
MACÉDOINE
8,7
4,9
28,7
45
614
MONTÉNÉGRO
95
2 876
ALBANIE
Sources : Année stratégique 2019 et estimation (%) basée sur les recensements nationaux
Populations 2016 en milliers
Répartition ethnique (en %)
Répartition géographique des principales nationalités dans l'ouest des Balkans
Slovènes
Croates
Bosniaques
Serbes
Monténégrins
Albanais
Macédoniens
Hongrois
Bulgares
Grecs
Date d'Indépendance
Pays ayant rejoint l'UE
** Proclamation unilatérale du Kosovo
100 km

Arménie/Azerbaïdjan

Les origines

Bien que majoritairement et anciennement peuplé d'Arméniens, le Haut-Karabakh est rattaché à l'Azerbaïdjan musulman en 1921 par Staline, qui veut favoriser la Turquie, proche des Azéris, et punir l'Arménie, qui a critiqué le bolchévisme. En 1923, le territoire est érigé par lui en région autonome. Mais avant même la dissolution de l'Union soviétique en 1991, des manifestations ont lieu à Erevan pour demander le rattachement du Haut-Karabakh à l'Arménie et, dès juillet 1988, les députés arméniens du Haut-Karabakh proclament leur volonté d'y être rattachés.

Après les indépendances de l'Azerbaïdjan et de l'Arménie (août-septembre 1991), le Haut-Karabakh revendique une nouvelle fois son indépendance. L'Azerbaïdjan déclenche des opérations militaires contre le territoire sécessionniste en 1992 et met en place un blocus. Par conséquent, des massacres sont commis, tant du côté azéri que du côté arménien. Enfin, les forces armées arméniennes prennent le contrôle de la région en 1994.

La crise actuelle

Depuis 1992, des négociations sur le règlement du conflit du Haut-Karabakh se poursuivent vainement dans le cadre de l'Organisation pour la sécurité et la coopération en Europe (OSCE), coprésidée par la Russie, les États-Unis et la France (groupe de Minsk, distinct de l'autre groupe de Minsk sur l'Ukraine). L'Azerbaïdjan veut rétablir son intégrité territoriale mais l'Arménie met en avant le principe de l'autodétermination. Une fois de plus, des principes légitimes sont inconciliables. Les organisations internationales défendent le principe de l'intégrité territoriale, mais ne parviennent pas à l'imposer face au refus de l'Arménie et sont impuissantes à imposer une solution. Le projet d'oléoduc BTC – Bakou-Tbilissi-Ceyhan –, qui permet au pétrole azéri d'être acheminé directement en Méditerranée en contournant la Russie, est mis en place malgré l'opposition de Moscou. La Russie soutient l'Arménie (tout comme l'Iran) et la Turquie, l'Azerbaïdjan. Les combats reprennent en avril 2016 avant que Moscou n'impose un cessez-le-feu. L'Azerbaïdjan peut alors reconquérir quelques milliers d'hectares sur l'armée arménienne, mais cela provoque un durcissement dans les deux camps. En 2018, Nikol Pashinyan, partisan du dialogue avec Bakou, arrive au pouvoir à Erevan. Les ministres des Affaires étrangères des deux pays se rencontrent trois fois au cours de l'année 2018, permettant un relâchement des tensions.

Les scénarios

1 Le statu quo : l'Azerbaïdjan maintient sa revendication de restauration de son intégrité territoriale et l'Arménie, celle d'autodétermination. La réconciliation azéri-arménienne n'a pas lieu, ce qui continue d'empoisonner l'atmosphère régionale. Aucune puissance ne peut imposer une solution d'ensemble.

2 L'Azerbaïdjan, qui a fortement augmenté ses dépenses militaires et dispose de ressources importantes, lance une offensive militaire pour reconquérir un territoire qu'il revendique comme sien, risquant des sanctions éventuelles pour avoir repris les armes et sans être certain d'obtenir la victoire. Ce scénario est peu probable.

3 Un compromis : l'Arménie accepte le retour sous souveraineté azérie du Haut-Karabakh, avec un statut d'autonomie et la création d'un corridor la reliant à ce territoire. Néanmoins, c'est un scénario très peu probable.

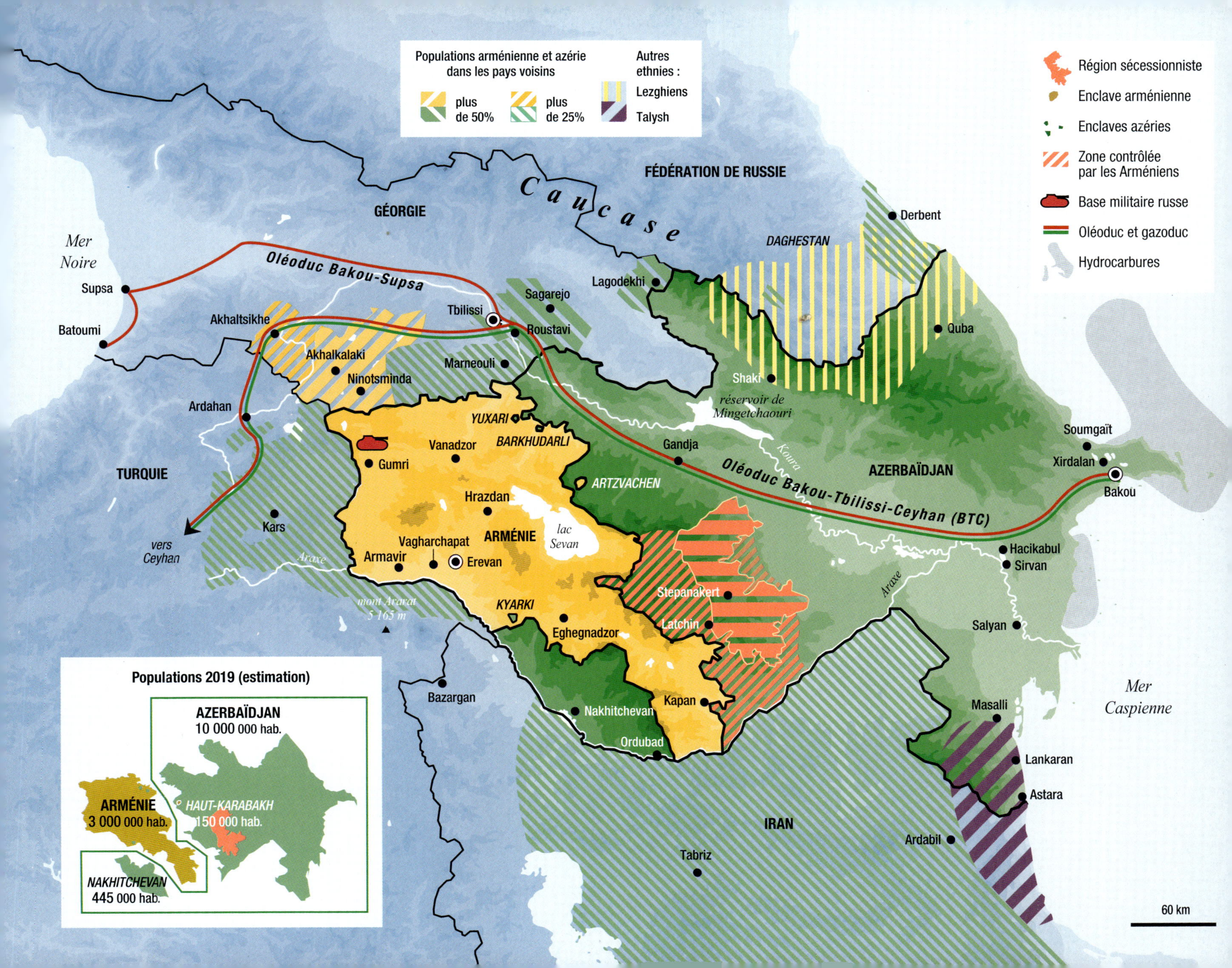

Populations arménienne et azérie dans les pays voisins
plus de 50%
plus de 25%
Autres ethnies :
Lezghiens
Talysh
Région sécessionniste
Enclave arménienne
Enclaves azéries
Zone contrôlée par les Arméniens
Base militaire russe
Oléoduc et gazoduc
Hydrocarbures
FÉDÉRATION DE RUSSIE
Caucase
GÉORGIE
Mer Noire
Supsa
Batoumi
Oléoduc Bakou-Supsa
Akhaltsikhe
Akhalkalaki
Ninotsminda
Tbilissi
Roustavi
Sagarejo
Marneouli
Lagodekhi
DAGHESTAN
Derbent
Quba
Shaki
réservoir de Mingetchaouri
Koura
Gandja
Soumgaït
Xirdalan
Bakou
AZERBAÏDJAN
Oléoduc Bakou-Tbilissi-Ceyhan (BTC)
Ardahan
TURQUIE
Kars
vers Ceyhan
Araxe
YUXARI
BARKHUDARLI
ARTZVACHEN
Gumri
Vanadzor
Hrazdan
lac Sevan
ARMÉNIE
Vagharchapat
Armavir
Erevan
mont Ararat 5 165 m
KYARKI
Eghegnadzor
Stepanakert
Latchin
Hacikabul
Sirvan
Salyan
Kapan
Nakhitchevan
Ordubad
Bazargan
Masalli
Lankaran
Astara
Mer Caspienne
IRAN
Ardabil
Tabriz
60 km
Populations 2019 (estimation)
AZERBAÏDJAN
10 000 000 hab.
ARMÉNIE
3 000 000 hab.
HAUT-KARABAKH
150 000 hab.
NAKHITCHEVAN
445 000 hab.

Turquie/Arménie

Les origines

En 1914, le peuple arménien est dispersé entre trois empires : la Perse, l'Empire ottoman et la Russie. Certains Arméniens sont intégrés dans l'armée ottomane, d'autres dans l'armée russe avec pour objectif de libérer l'Arménie turque. Ils créent un État à Van. En 1915, pour mettre fin à ce sécessionnisme, l'armée turque est chargée de déporter massivement les Arméniens, accusés d'intelligence avec l'ennemi russe, vers le désert syrien. Au cours de cette déportation massive, des centaines de milliers d'Arméniens meurent – 300 000 selon la Turquie, 1 500 000 selon les Arméniens. C'est considéré, en général en Occident, comme le premier génocide du XXe siècle, mais il est toujours nié par la Turquie.

Quelques années plus tard, les Arméniens chrétiens forment l'une des quinze Républiques de l'Union soviétique, lors de la création de cette dernière. Située à une place stratégique au sud de l'URSS, la Turquie est intégrée dans l'OTAN en 1952 et occupe une place stratégique dans la défense occidentale contre l'URSS au cours de la guerre froide. À l'éclatement de l'URSS en 1991, l'Arménie devient un État indépendant.

La crise actuelle

En 1993, la Turquie ferme sa frontière avec l'Arménie pour soutenir l'Azerbaïdjan dans le conflit du Haut-Karabakh. Par ailleurs, ce sont des soldats russes qui protègent la frontière arménienne.

Ce conflit se superpose aux différends historiques entre Turcs et Arméniens. Le génocide est reconnu par le Parlement français, allemand, le Canada, le Parlement européen et quelques autres parlements de pays occidentaux. En outre, la question de la reconnaissance du génocide est un obstacle au processus d'adhésion de la Turquie à l'UE.

Le 6 septembre 2008, les présidents turc et arménien se rencontrent à Erevan à l'occasion d'un match de football dans le cadre des qualifications pour la Coupe du monde de 2010. C'est une visite et une rencontre historique entre les présidents de deux États qui n'entretiennent pas de relations diplomatiques. De ce fait, un accord est signé en 2009, prévoyant l'ouverture des frontières et l'établissement de relations diplomatiques, mais il ne sera jamais ratifié, ni mis en œuvre.

Ankara a jusqu'ici refusé de reconnaître le génocide arménien, quand bien même le régime actuel peut ne pas être considéré comme l'héritier de l'Empire ottoman. Après une ouverture sur le sujet de la société civile turque, la récente crispation autoritaire du régime Erdogan s'est également appliquée à ce dossier. Les pressions occidentales pour la reconnaissance sont rejetées avec vigueur.

Les scénarios

1 La non-résolution du conflit entre l'Arménie et l'Azerbaïdjan et la non-reconnaissance du génocide par la Turquie empêchent une véritable réconciliation turco-arménienne. Le durcissement du régime Erdogan empêche l'ouverture.

2 Le nouveau Premier ministre arménien Nikol Pashinyan ouvre des négociations avec l'Azerbaïdjan et la Turquie. Néanmoins, il est peu probable qu'elles aboutissent si Erdogan maintient ses positions.

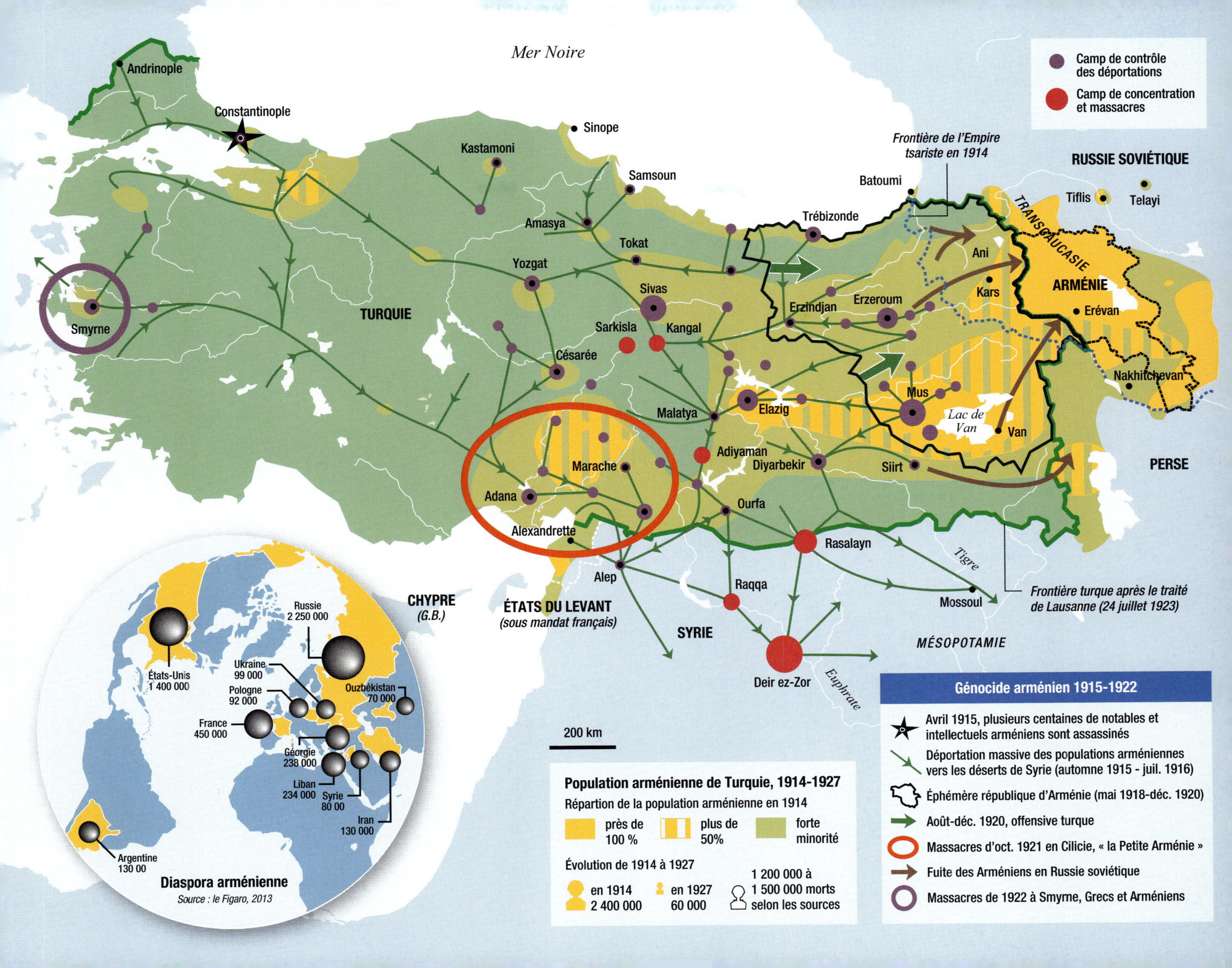
Mer Noire
Camp de contrôle des déportations
Camp de concentration et massacres
Andrinople
Constantinople
Sinope
Kastamoni
Samsoun
Amasya
Tokat
Yozgat
Sivas
Smyrne
TURQUIE
Sarkisla
Kangal
Césarée
Malatya
Elazig
Adiyaman
Marache
Adana
Alexandrette
Diyarbekir
Ourfa
Alep
Rasalayn
Raqqa
Deir ez-Zor
Mossoul
Tigre
Euphrate
SYRIE
MÉSOPOTAMIE
CHYPRE
(G.B.)
ÉTATS DU LEVANT
(sous mandat français)
Frontière de l'Empire tsariste en 1914
RUSSIE SOVIÉTIQUE
Batoumi
Tiflis
Telayi
TRANSCAUCASIE
Trébizonde
Ani
Kars
ARMÉNIE
Erévan
Erzindjan
Erzeroum
Mus
Lac de Van
Van
Nakhitchevan
Siirt
PERSE
Frontière turque après le traité de Lausanne (24 juillet 1923)
200 km
Diaspora arménienne
Source : le Figaro, 2013
Russie 2 250 000
États-Unis 1 400 000
Ukraine 99 000
Pologne 92 000
Ouzbékistan 70 000
France 450 000
Géorgie 238 000
Liban 234 000
Syrie 80 00
Iran 130 000
Argentine 130 00
Population arménienne de Turquie, 1914-1927
Répartion de la population arménienne en 1914
près de 100 %
plus de 50%
forte minorité
Évolution de 1914 à 1927
en 1914 2 400 000
en 1927 60 000
1 200 000 à 1 500 000 morts selon les sources
Génocide arménien 1915-1922
Avril 1915, plusieurs centaines de notables et intellectuels arméniens sont assassinés
Déportation massive des populations arméniennes vers les déserts de Syrie (automne 1915 - juil. 1916)
Éphémère république d'Arménie (mai 1918-déc. 1920)
Août-déc. 1920, offensive turque
Massacres d'oct. 1921 en Cilicie, « la Petite Arménie »
Fuite des Arméniens en Russie soviétique
Massacres de 1922 à Smyrne, Grecs et Arméniens

Turquie/Kurdistan

Les origines

Les Kurdes sont entre 30 et 40 millions. Leur langue est spécifique, ils ne parlent ni arabe, ni turc. En majorité aujourd'hui musulmans sunnites, leurs ancêtres sont installés depuis le IXe siècle av. J.-C. dans une région de montagnes et de hauts plateaux, où ils conservent une forte identité. Ils sont partagés entre la Turquie (18 millions), l'Iran (entre 6 et 9 millions), l'Irak (6 millions) et la Syrie (2,5 millions). Le traité de Sèvres de 1920, imposé par les Alliés à l'Empire ottoman, prévoit la création d'un Kurdistan indépendant. Cependant, il est rejeté par Mustafa Kemal, le futur Atatürk, qui a repoussé les armées alliées. Les vainqueurs reconnaissent alors les frontières de la Turquie en 1923 par le traité de Lausanne. Dans son projet radical de modernisation et de laïcisation de la Turquie, Mustafa Kemal veut également régler le problème kurde par une stricte politique d'assimilation. L'identité des Kurdes désignés comme des « Turcs montagnards » est niée, leurs langues interdites et leurs droits culturels refusés.

En 1978 est créé le Parti des travailleurs de Kurdistan (PKK) qui lance en 1984 la lutte armée contre l'État turc. Cette « guerre » fait 45 000 victimes, et son chef, Öcalan, est arrêté en 1999. Enfin, le PKK est placé sur la liste des organisations terroristes par les pays européens, mais ceux-ci plaident pour la reconnaissance de droits culturels aux Kurdes au sein de l'État turc.

La crise actuelle

L'autonomie relative dont jouissent les Kurdes d'Irak depuis la guerre du Golfe de 1990-1991, et encore plus depuis 2003, a d'abord inquiété les Turcs qui craignent un effet de contagion. Puis, ils ont refusé le droit de passage des forces américaines sur leur territoire pour aller combattre en Irak. Depuis, les relations se sont considérablement fluidifiées/approfondies entre Ankara et Erbil (capitale du Kurdistan irakien).

Les nationalistes kurdes de Turquie réclament l'autonomie, pas la sécession. En 2013, le processus de paix dit d'Imrali, négocié entre le pouvoir turc et Öcalan, prévoit la reconnaissance de droits culturels aux Kurdes en échange de la fin de la lutte armée. Les négociations semblaient aboutir mais, en 2015, les affrontements ont repris, sur fond d'attentats attribués au PKK et répression de l'armée turque. Les Kurdes de Syrie, soutenus par les Occidentaux, jouent un rôle déterminant dans la lutte contre Daech. Ils ont établi une zone autonome qui inquiète Ankara. Erdogan durcit ses positions et les forces armées turques multiplient les incursions pour les empêcher de contrôle une zone frontalière avec la Turquie. Ankara les considère comme des alliés du PKK. Enfin, Daech est vécu comme une menace sécuritaire et existentielle.

Les scénarios

1 Le grand Kurdistan : il réunirait les Kurdes d'Iran, d'Irak, de Syrie et de Turquie. Il n'est pas forcément souhaité par les Kurdes turcs et iraniens, et il suscite la farouche opposition politique et militaire des États iranien, irakien, syrien (mais la guerre civile en Syrie modifie l'équation) et turc. Il est surtout refusé par les Kurdes d'Irak, dont les relations avec Ankara sont correctes, qui jouissent déjà d'un statut de large autonomie et sont peu pressés de partager leur richesse pétrolière.

2 La reprise du processus d'Imrali : il permet la reconnaissance de véritables droits culturels aux Kurdes de Turquie. Enfin, la lutte armée du PKK prend fin. Ce scénario a perdu de sa crédibilité depuis la reprise des affrontements à l'été 2015.

3 Une guerre de basse intensité se poursuit entre Ankara et le PKK. Les Kurdes d'Irak jouissent d'une large autonomie alors que ceux de Syrie sont empêchés par Ankara de s'établir à la frontière mais trouvent un modus vivendi avec Damas. La question kurde est alors éclatée.

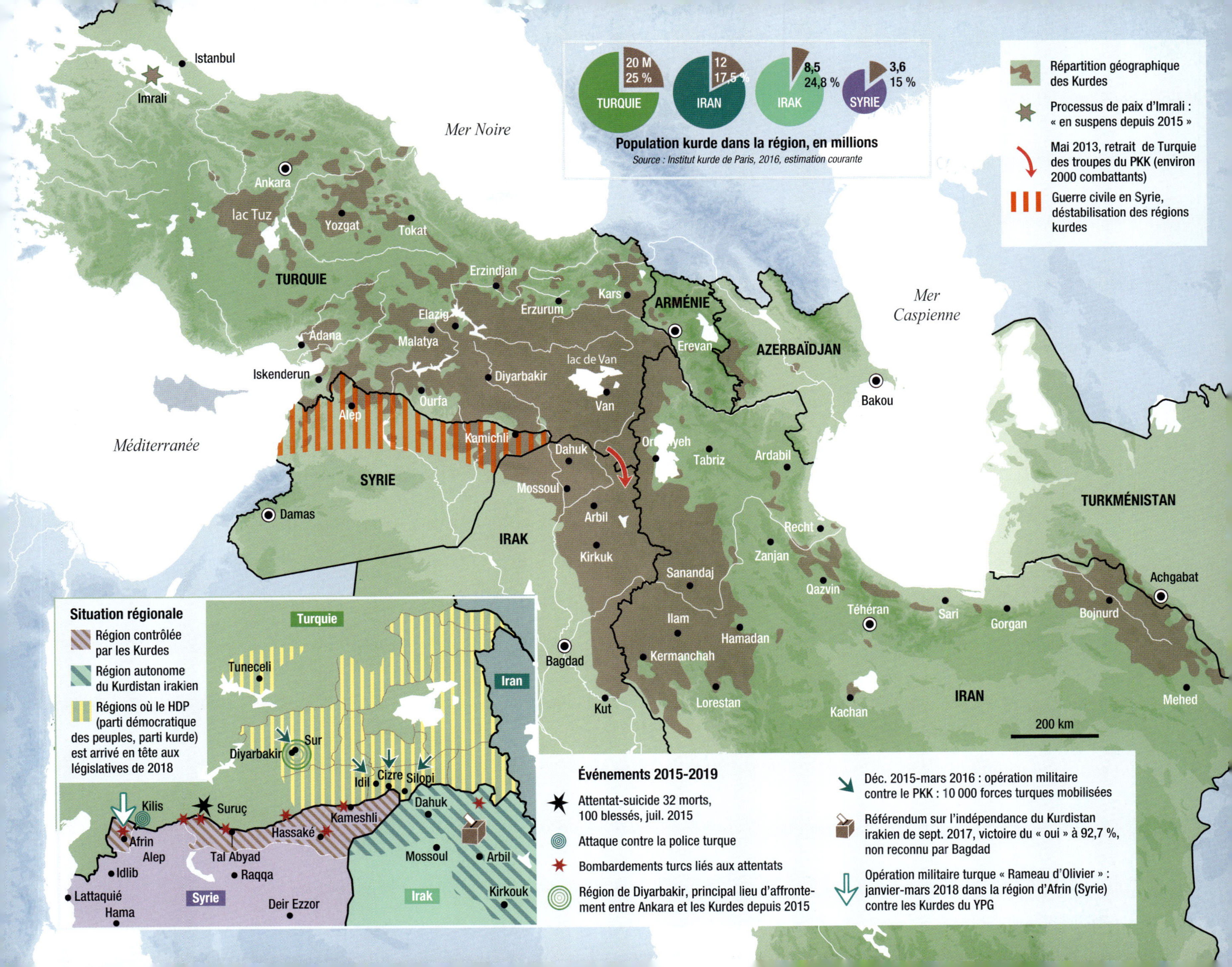

20 M
25 %
TURQUIE
12
17,5 %
IRAN
8,5
24,8 %
IRAK
3,6
15 %
SYRIE
Population kurde dans la région, en millions
Source : Institut kurde de Paris, 2016, estimation courante
Répartition géographique des Kurdes
Processus de paix d'Imrali : « en suspens depuis 2015 »
Mai 2013, retrait de Turquie des troupes du PKK (environ 2000 combattants)
Guerre civile en Syrie, déstabilisation des régions kurdes
Istanbul
Imrali
Mer Noire
Ankara
lac Tuz
Yozgat
Tokat
TURQUIE
Erzindjan
Kars
Erzurum
Elazig
Malatya
Adana
Iskenderun
lac de Van
Diyarbakir
Van
Ourfa
Alep
Kamichli
ARMÉNIE
Erevan
AZERBAÏDJAN
Mer Caspienne
Bakou
Méditerranée
SYRIE
Damas
Dahuk
Mossoul
Arbil
Kirkuk
IRAK
Orumiyeh
Tabriz
Ardabil
Recht
Zanjan
Qazvin
Sanandaj
Téhéran
Sari
Gorgan
Bojnurd
Achgabat
TURKMÉNISTAN
Ilam
Hamadan
Kermanchah
Bagdad
Kut
Lorestan
Kachan
IRAN
Mehed
200 km
Situation régionale
Région contrôlée par les Kurdes
Région autonome du Kurdistan irakien
Régions où le HDP (parti démocratique des peuples, parti kurde) est arrivé en tête aux législatives de 2018
Turquie
Tuneceli
Iran
Sur
Diyarbakir
Idil
Cizre
Silopi
Kilis
Suruç
Dahuk
Kameshli
Hassaké
Afrin
Alep
Tal Abyad
Mossoul
Arbil
Idlib
Raqqa
Lattaquié
Syrie
Irak
Kirkouk
Hama
Deir Ezzor
Événements 2015-2019
Attentat-suicide 32 morts, 100 blessés, juil. 2015
Attaque contre la police turque
Bombardements turcs liés aux attentats
Région de Diyarbakir, principal lieu d'affrontement entre Ankara et les Kurdes depuis 2015
Déc. 2015-mars 2016 : opération militaire contre le PKK : 10 000 forces turques mobilisées
Référendum sur l'indépendance du Kurdistan irakien de sept. 2017, victoire du « oui » à 92,7 %, non reconnu par Bagdad
Opération militaire turque « Rameau d'Olivier » : janvier-mars 2018 dans la région d'Afrin (Syrie) contre les Kurdes du YPG

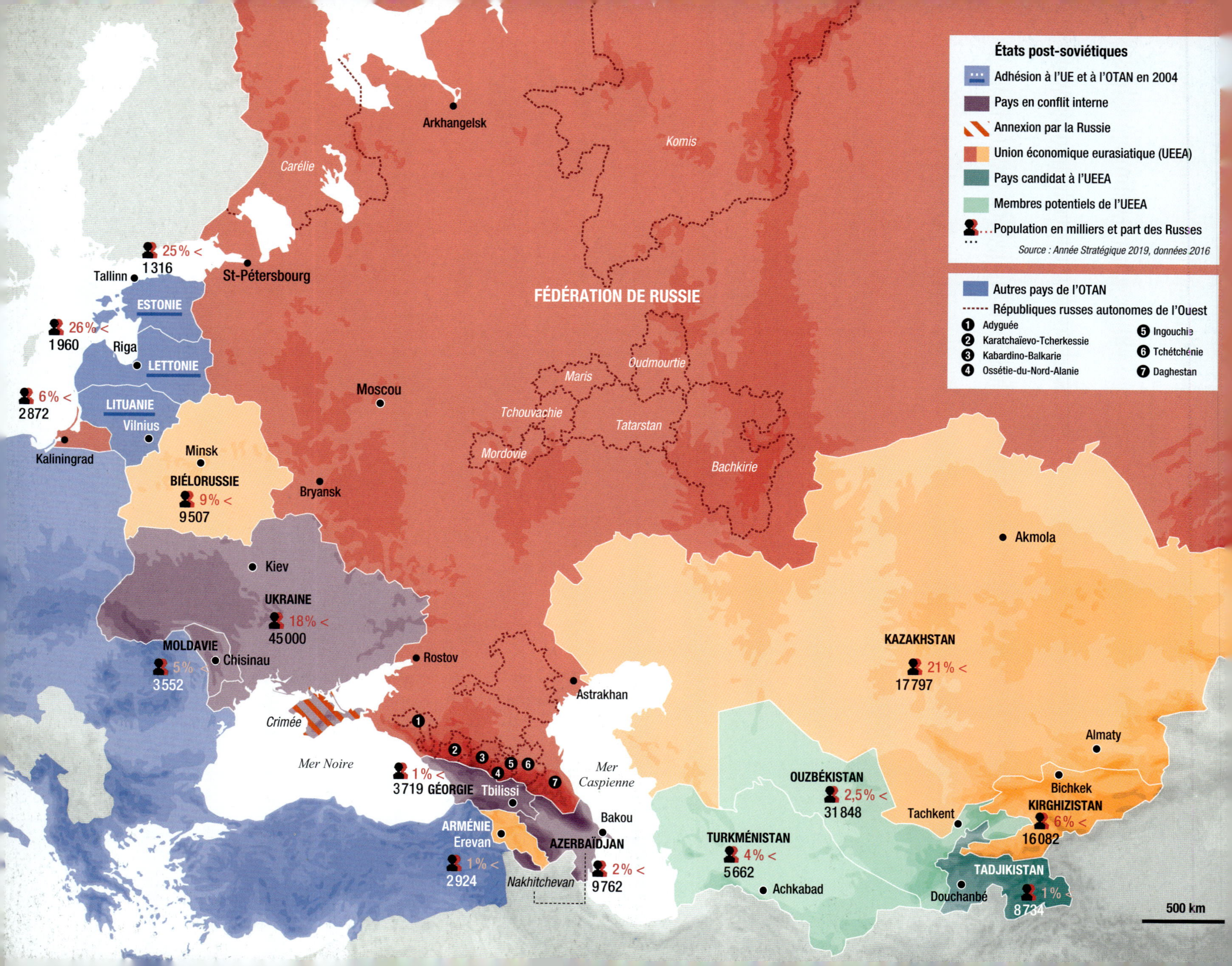

États post-soviétiques
Adhésion à l'UE et à l'OTAN en 2004
Pays en conflit interne
Annexion par la Russie
Union économique eurasiatique (UEEA)
Pays candidat à l'UEEA
Membres potentiels de l'UEEA
Population en milliers et part des Russes
Source : Année Stratégique 2019, données 2016
Autres pays de l'OTAN
Républiques russes autonomes de l'Ouest
1 Adyguée
2 Karatchaïevo-Tcherkessie
3 Kabardino-Balkarie
4 Ossétie-du-Nord-Alanie
5 Ingouchie
6 Tchétchénie
7 Daghestan
FÉDÉRATION DE RUSSIE
Arkhangelsk
Carélie
Komis
St-Pétersbourg
Moscou
Bryansk
Maris
Oudmourtie
Tchouvachie
Tatarstan
Mordovie
Bachkirie
Rostov
Astrakhan
ESTONIE
25 % <
1 316
Tallinn
LETTONIE
26 % <
1 960
Riga
LITUANIE
6 % <
2 872
Vilnius
Kaliningrad
BIÉLORUSSIE
Minsk
9 % <
9 507
UKRAINE
Kiev
18 % <
45 000
MOLDAVIE
Chisinau
5 % <
3 552
Crimée
Mer Noire
Mer Caspienne
GÉORGIE
1 % <
3 719
Tbilissi
ARMÉNIE
Erevan
1 % <
2 924
AZERBAÏDJAN
Bakou
2 % <
9 762
Nakhitchevan
KAZAKHSTAN
Akmola
21 % <
17 797
Almaty
OUZBÉKISTAN
2,5 % <
31 848
Tachkent
TURKMÉNISTAN
4 % <
5 662
Achkabad
KIRGHIZISTAN
Bichkek
6 % <
16 082
TADJIKISTAN
Douchanbé
1 % <
8 734
500 km

La Russie des crises et des conflits

Le retour de la Russie

Après l'implosion de l'Union soviétique, certains croient en Occident que la Russie, débarrassée du communisme, du fardeau des pays d'Asie centrale et du système bureaucratique d'économie planifiée qui étouffait toute initiative, ne peut que se moderniser et se démocratiser, et devenir un partenaire accommodant de l'Occident.

Mais ce n'est pas du tout ce qui se produit. La privatisation ne profite qu'à quelques audacieux (les oligarques), l'incurie et le laisser-aller achèvent de désorganiser l'économie déjà exsangue du pays. Le PIB se réduit pratiquement de moitié entre 1991 et 2000 ! Diplomatiquement, la Russie ne pèse plus sur les affaires mondiales et l'Occident en profite. Repliée sur l'Europe, la Russie assiste impuissante à l'élargissement de l'OTAN, à la guerre du Kosovo contre la Serbie et à la mise en place d'un système de défense antimissile qui, selon elle, porte atteinte à la crédibilité de sa dissuasion. Lorsqu'il prend le pouvoir en 2000, Vladimir Poutine veut effacer ces humiliations. Il considère que l'implosion de l'Union soviétique est la « pire catastrophe géopolitique du XXe siècle » car cela revient à laisser les mains libres à des États-Unis animés par une volonté d'hégémonie. Cependant, il est assez réaliste pour savoir qu'il ne recréera pas l'URSS. « Celui qui ne la regrette pas n'a pas de cœur mais celui qui veut la reconstituer n'a pas de tête », déclare-t-il.

Poutine opère un rapprochement avec Washington après le 11 septembre 2001. La guerre américaine en Irak en 2003 et la croissance des émergents, qui tire vers le haut le prix des matières premières énergétiques, lui permettent de redonner du souffle à l'économie qui dépasse ses niveaux de 1991. La classe moyenne (environ 30 % de la population) se développe, Poutine rembourse la dette nationale et restaure l'autorité de l'État sur les barons régionaux et les oligarques. L'échec américain en Afghanistan et en Irak augmente ses marges de manœuvre. Après un intérim de Medvedev, Poutine, ayant conservé les rennes du pouvoir, redevient président en 2012 pour un mandat de six ans. Ayant jugé Medvedev trop conciliant, il durcit alors sa politique extérieure. Il flatte l'orgueil national des Russes en s'opposant aux États-Unis, en infligeant un échec militaire à la Géorgie en 2008, en accueillant les Jeux olympiques d'hiver à Sotchi en février 2014 et la Coupe du monde de football en 2018 et en s'opposant à de nouveaux élargissements de l'OTAN, notamment à l'Ukraine. Il reprend également pied au Proche-Orient et développe des relations avec la Chine et les BRICS (Brésil, Russie, Inde, Chine et Afrique du Sud).

Alors que l'Ukraine veut se rapprocher de l'Union européenne et de l'OTAN, et suite à la révolution de Maïdan et à certaines provocations, Poutine annexe par la force la Crimée. La Crimée est une terre de peuplement russe depuis la fin du XVIIIe siècle et, grâce à sa base de Sébastopol, donne accès aux mers chaudes à la marine russe. De plus, un pont entre la Crimée et la Russie fait désormais de la mer d'Azov une mer intérieure russe. Cette intervention permet à Poutine de relever son taux de popularité à 88 %. Il est réélu en 2018 avec 76 % des voix. Sa popularité en Russie est inversement proportionnelle à son impopularité dans le monde occidental. Par ailleurs, les sanctions occidentales provoquées par l'Ukraine, ajoutées à la baisse du niveau des matières premières énergétiques débouchent sur une relative récession économique. Poutine retarde l'âge de la retraite (de 55 à 63 ans pour les femmes, de 60 à 65 ans pour les hommes), ce qui va lui faire perdre une partie de sa popularité.

En Syrie, Poutine sauve le régime de Bachar Al-Assad et s'impose comme un interlocuteur incontournable d'une solution politique. Il entretient de bonnes relations avec Israël et le Hamas, avec l'Arabie saoudite et l'Iran, et l'ensemble des pays de la région. La Russie fait également son retour en Afrique.

Il n'y a pas un « retour de la guerre froide » car Moscou n'est plus à la tête d'une alliance mondiale. La Russie est de nouveau forte, respectée ou crainte, mais n'a pas de véritables alliés. La Chine est un partenaire mais l'a dépassée en puissance, et Pékin a pour priorité la relation, complexe, avec Washington. La Russie et la Chine ont néanmoins organisé des manœuvres militaires communes en 2018. Par ailleurs, Trump avait annoncé pendant sa campagne électorale qu'il voulait se rapprocher de la Russie, sans y parvenir (pas plus qu'Obama), l'appareil sécuritaire américain restant hostile à Moscou, toujours perçu comme une menace majeure.

Russie
800
Estonie
1200
Lettonie
Lituanie
1200
4,3%
9,6%
4,3%
2,9%
Biélorussie
Pays-Bas
Allemagne
4000
Pologne
2,8%
États-Unis
Ukraine
Moldavie
Roumanie
Bulgarie
Crimée
3,6%
Abkhasie
Ossétie du Sud
Arménie
Turquie
Syrie
Iran
3,3%
Kazakhstan
Ouzbékistan
Turkménistan
Kirghizistan
Tadjikistan
Russie
10,4%
Chine
3,4%
Corée du Sud
2,9%
Japon
Inde
Brésil
Afrique du Sud
Principaux clients et % des exportations russes
Union économique eurasiatique (UEEA)
Pays candidat à l'UEEA
Sanctions financières occidentales
Annexion de la Crimée, mars 2014
Crise ukrainienne dans le Donbass
Intervention russe en Syrie
Base militaire russe
Soutien aux russophones
Présence de l'OTAN et nombre de soldats présents
Rôle de médiateur dans la crise du nucléaire iranien
BRICS
Interdépendance énergétique UE - Russie

Russie/Ukraine

Les origines

De 860 au XIIe siècle, l'État de Kiev, « Rus », situé à l'emplacement de l'actuelle Ukraine, est le premier État des Slaves de l'Est avant que ne s'impose le grand-duché de Moscovie, qui va devenir la Russie. Selon Zbigniew Brzezinski : « Sans l'Ukraine, la Russie cesse d'être un empire en Europe. » Intégrée majoritairement à l'Empire russe aux XVIIe et XVIIIe siècles, l'Ukraine n'a été indépendante que de 1918 à 1920, avant d'être rattachée de force à l'URSS. Le nationalisme ukrainien a toujours été réprimé. Les Ukrainiens ont aidé Eltsine, président de la Russie, à mettre fin à l'Union soviétique afin d'obtenir leur propre indépendance.

L'Ukraine est un pays où les disparités régionales sont très marquées : la langue russe et, plus généralement, l'identification à un ensemble civilisationnel dont le centre est la Russie, restent puissantes dans l'Est et le Sud. La Crimée, où réside à Sébastopol une bonne partie de la flotte russe – la seule qui puisse avoir accès aux mers chaudes –, est majoritairement peuplée de Russes. Elle a été rattachée par l'Ukrainien Khrouchtchev à la République soviétique d'Ukraine en 1954.

La crise actuelle

La situation se dégrade en 2005 lorsque le président Poutine, fort de l'augmentation des prix mondiaux de l'énergie, cherche à restaurer une certaine puissance russe, tandis que la « révolution orange » amène le pro-occidental Iouchtchenko au pouvoir à Kiev.

Le président ukrainien veut se rapprocher de l'UE et, soutenu par l'Administration Bush, espère adhérer à l'OTAN, ce qui est vu comme une manœuvre d'encerclement par la Russie.

Victor Ianoukovitch, pro-russe, gagne l'élection présidentielle de 2010 et les législatives d'octobre 2012, mettant fin à la révolution orange. Ses concurrents politiques sont envoyés en prison et font l'objet de procès contestables. Il signe avec Dmitri Medvedev les accords de Kharkov qui prolongent pour 25 ans le bail de la base navale de Sébastopol et diminuent de 30 % le prix du gaz russe livré à l'Ukraine.

En novembre 2013, Ianoukovitch suspend les négociations sur l'accord d'association avec l'UE. Cela déclenche d'immenses manifestations pro-occidentales à Maïdan. Le 22 février 2014, Ianoukovitch prend la fuite. Enfin, en mai, Petro Porochenko remporte l'élection présidentielle.

Suite à un référendum contesté par les Occidentaux, la Crimée proclame son rattachement à la Russie en mars 2014, tandis qu'une guerre civile éclate entre séparatistes pro-russes et armée ukrainienne dans l'Est du pays (Donbass). Les Occidentaux décident des sanctions économiques contre la Russie. En février 2015, un accord de cessez-le-feu est signé à Minsk par Porochenko et sous les auspices de Merkel et Hollande. Mais il n'est pas tout à fait respecté. En novembre 2017, des élections ont lieu dans les républiques autoproclamées de Donetsk et Lougansk, reconnues par la seule Russie. Kiev a cessé d'y verser pensions et salaires et y organise un blocus. Par ailleurs, la Russie a construit un pont entre la Crimée et son territoire, faisant de la mer d'Azov une mer intérieure russe. Un bref accrochage naval oppose en novembre 2018, les marines russe et ukrainienne. Un accord d'association est signé entre l'UE et l'Ukraine mais celle-ci, rongée par la corruption, s'enfonce dans la crise. Les Occidentaux prennent son parti mais lui refusent la fourniture d'armes offensives.

La Russie a gagné la Crimée mais le sentiment national ukrainien s'est formé contre elle. En octobre 2018, l'Église orthodoxe ukrainienne proclame son indépendance vis-à-vis de son équivalent russe.

Les scénarios

1 Le président ukranien Zelensky, élu en mai 2019, change la donne. Les accords de Minsk sont respectés. La Constitution est modifiée pour donner plus d'autonomie aux territoires de l'Est. Les sanctions occidentales sur la Russie sont levées. Moscou et Kiev normalisent leurs relations.

2 Les accords de Minsk ne sont toujours pas mis en œuvre, l'Ukraine refusant de donner de l'autonomie aux territoires de l'Est. Des affrontements sporadiques ont lieu. Lassés par la corruption, les Occidentaux diminuent leur soutien à Kiev, mais maintiennent les sanctions à l'égard de la Russie.

3 Le conflit ouvert entre Kiev (qui aurait obtenu un soutien militaire occidental) et Moscou (qui espère une victoire militaire sans réaction occidentale) reprend, avec des conséquences stratégiques incalculables.

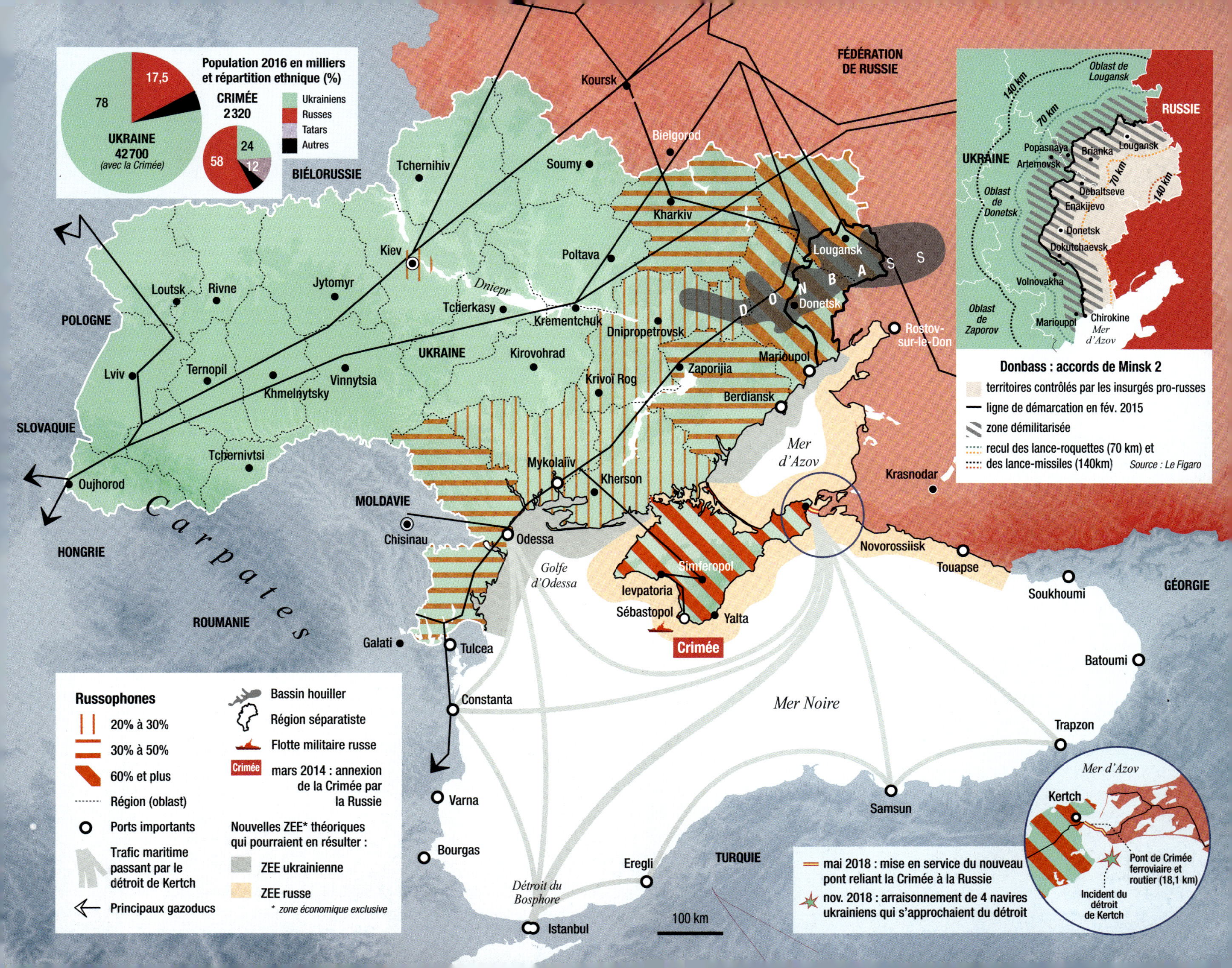

Population 2016 en milliers et répartition ethnique (%)
UKRAINE
42 700
(avec la Crimée)
78
17,5
CRIMÉE
2 320
24
58
12
Ukrainiens
Russes
Tatars
Autres
FÉDÉRATION DE RUSSIE
BIÉLORUSSIE
POLOGNE
SLOVAQUIE
HONGRIE
ROUMANIE
MOLDAVIE
UKRAINE
TURQUIE
GÉORGIE
Koursk
Bielgorod
Tchernihiv
Soumy
Kharkiv
Kiev
Poltava
Loutsk
Rivne
Jytomyr
Dniepr
Tcherkasy
Krementchuk
Dnipropetrovsk
Lviv
Ternopil
Khmelnytsky
Vinnytsia
Kirovohrad
Krivoï Rog
Zaporijia
Tchernivtsi
Oujhorod
Mykolaïv
Kherson
Chisinau
Odessa
Golfe d'Odessa
Lougansk
Donetsk
D O N B A S S
Marioupol
Berdiansk
Rostov-sur-le-Don
Mer d'Azov
Krasnodar
Novorossiisk
Touapse
Soukhoumi
Batoumi
Trapzon
Samsun
Eregli
Istanbul
Détroit du Bosphore
Bourgas
Varna
Constanta
Tulcea
Galati
Simferopol
Ievpatoria
Sébastopol
Yalta
Crimée
Mer Noire
Carpates
100 km
Oblast de Lougansk
RUSSIE
UKRAINE
140 km
70 km
Popasnaya
Artemovsk
Brianka
Lougansk
Debaltseve
Enakijevo
Oblast de Donetsk
Donetsk
Dokutchaevsk
Volnovakha
Oblast de Zaporov
Marioupol
Chirokine
Mer d'Azov
Donbass : accords de Minsk 2
territoires contrôlés par les insurgés pro-russes
ligne de démarcation en fév. 2015
zone démilitarisée
recul des lance-roquettes (70 km) et
des lance-missiles (140km)
Source : Le Figaro
Russophones
20% à 30%
30% à 50%
60% et plus
Région (oblast)
Ports importants
Trafic maritime passant par le détroit de Kertch
Principaux gazoducs
Bassin houiller
Région séparatiste
Flotte militaire russe
Crimée
mars 2014 : annexion de la Crimée par la Russie
Nouvelles ZEE* théoriques qui pourraient en résulter :
ZEE ukrainienne
ZEE russe
* zone économique exclusive
mai 2018 : mise en service du nouveau pont reliant la Crimée à la Russie
nov. 2018 : arraisonnement de 4 navires ukrainiens qui s'approchaient du détroit
Mer d'Azov
Kertch
Pont de Crimée ferroviaire et routier (18,1 km)
Incident du détroit de Kertch

Russie/Géorgie

Les origines

En décembre 1991, l'Union des Républiques socialistes soviétiques implose et donne naissance à 15 États dont la Russie et, dans le Caucase, l'Arménie, l'Azerbaïdjan et la Géorgie. Au sein de la Géorgie soviétique, l'Abkhazie et l'Ossétie du Sud, peuplées de minorités, sont des territoires autonomes. Entre 1991 et 1992, elles proclament leur indépendance, échappent au contrôle de Tbilissi et bénéficient de l'aide de Moscou qui y voit une occasion de garder le contrôle de son « étranger proche ». Cependant, la Géorgie, qui veut récupérer ces régions sécessionnistes, se rapproche des États-Unis, surtout après l'arrivée au pouvoir du président Saakachvili. Ainsi, elle s'oppose de plus en plus à la Russie et demande à adhérer à l'OTAN. C'est un cercle vicieux : plus Tbilissi se rapproche de Washington, plus cela irrite Moscou, qui durcit le ton à l'égard de Tbilissi et renforce la volonté de cette dernière de se lier à Washington. Enfin, Moscou estime que la Géorgie est utilisée par les États-Unis dans une stratégie d'encerclement et d'affaiblissement de la Russie.

La crise actuelle

Le 8 août 2008, jour de l'ouverture des Jeux olympiques à Pékin, la Géorgie lance une offensive militaire contre Tskhinvali, la capitale de l'Ossétie du Sud. Mais, bien qu'équipée par l'armée américaine, et peut-être encouragée par Washington, l'armée géorgienne est lourdement vaincue. Les troupes russes prennent alors le contrôle de l'ensemble de l'Abkhazie et de l'Ossétie du Sud, et menacent, un temps, d'aller au-delà en territoire géorgien.

Un cessez-le-feu est proclamé sous les auspices de la présidence française de l'UE (Nicolas Sarkozy). La Russie se retire du territoire géorgien, excepté des deux régions sécessionnistes.

En déclenchant une guerre contre la Russie pour récupérer ces deux provinces, le président géorgien a sous-estimé l'ampleur de la réaction russe et surestimé le soutien américain. D'une part, déjà embourbée en Irak et en Afghanistan, l'Administration Bush n'a pas voulu ouvrir un front supplémentaire avec Moscou. D'autre part, la Russie en a profité pour punir la Géorgie de l'avoir défiée, envoyer un signal à l'Ukraine, au cas où elle voudrait faire de même, et montrer aux Occidentaux qu'il fallait à nouveau compter avec elle et qu'elle n'était plus, comme dans les années 1990, en déclin stratégique. Les dirigeants russes en ont également profité pour rendre la monnaie de leur pièce aux Occidentaux, établissant un parallèle entre l'indépendance du Kosovo, qu'ils avaient condamnée, et celle de l'Abkhazie et de l'Ossétie du Sud.

Renforcée par la hausse des cours du pétrole avant la crise de 2008, la Russie de Poutine, qui a été impuissante face aux élargissements successifs de l'OTAN, à l'indépendance du Kosovo et aux projets de bouclier antimissile, veut réaffirmer avec fermeté, voire brutalité, son autorité tant sur le plan intérieur qu'international.

En octobre 2013, Guiorgui Margvelachvili succède à Mikheil Saakachvili. Il se rapproche quelque peu de la Russie (bien que Moscou ait renforcé son emprise sur l'Abkhazie et l'Ossétie du Sud) tout en maintenant des liens avec les Occidentaux. En 2018, l'ancienne diplomate française d'origine géorgienne, Salomé Zourabichvili, est élue présidente. Pro-européenne, elle veut cependant, par réalisme, ne pas brusquer Moscou. À l'occasion du 10e anniversaire du conflit, le premier ministre avait dénoncé l'occupation d'une partie du territoire géorgien par Moscou.

Les scénarios

1 Le statu quo territorial et juridique perdure. L'indépendance de l'Abkhazie et de l'Ossétie du Sud n'est reconnue que par la Russie et une poignée de pays, mais, de fait, ces territoires échappent durablement au contrôle de la Géorgie. Celle-ci ne peut pas les reconquérir militairement. Par ailleurs, elle est empêchée de se rapprocher de l'OTAN.

2 La Russie conserve le contrôle des deux régions à un coût supportable, signal fort de sa puissance stratégique.

3 Des garanties géorgiennes données aux provinces sécessionnistes permettent de régler le problème dans un cadre confédéral. Ce scénario, peu probable à court terme, n'est concevable que dans le cadre d'un accord plus large américano-russe et euro-russe.

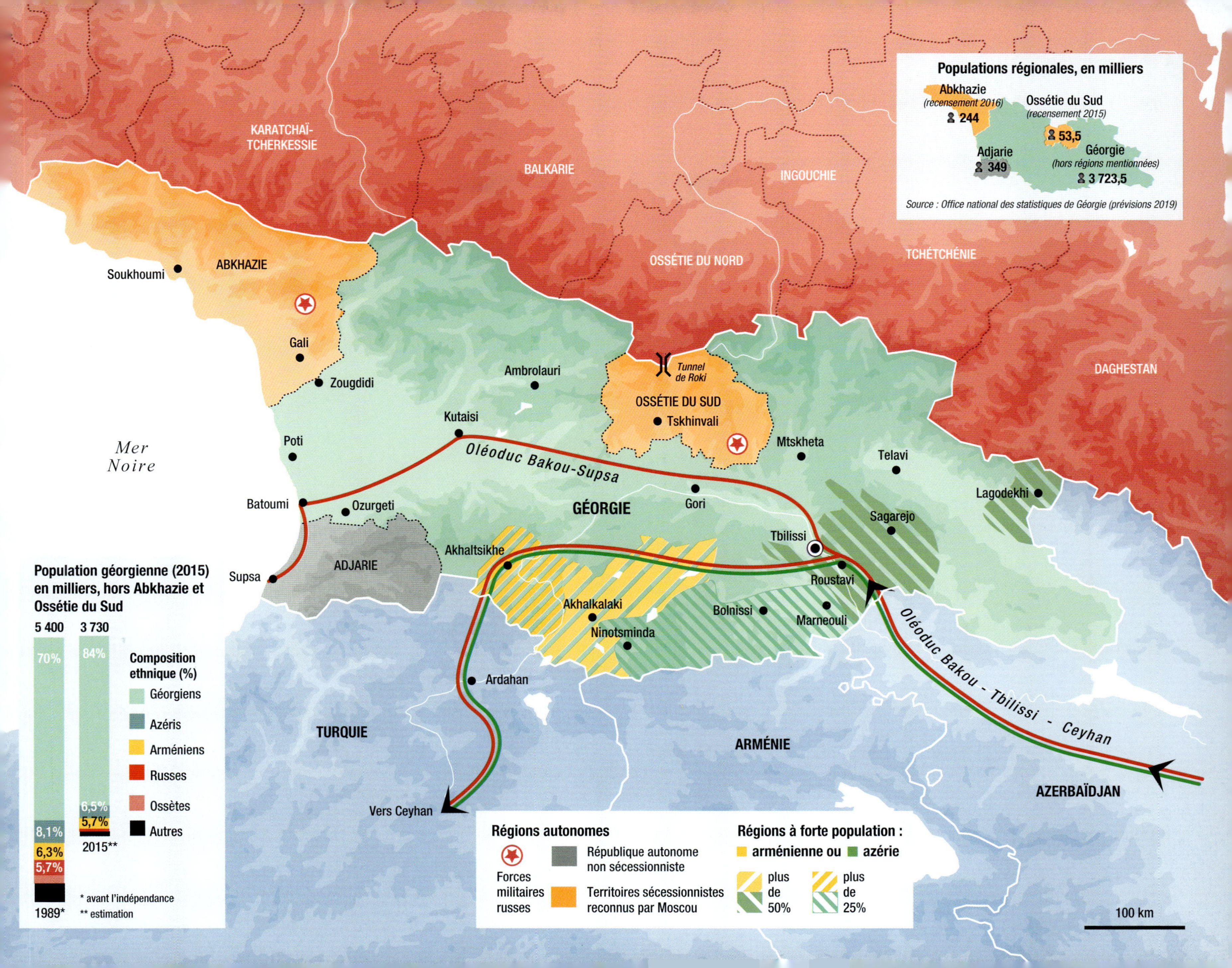

Populations régionales, en milliers
Abkhazie (recensement 2016) 244
Ossétie du Sud (recensement 2015) 53,5
Adjarie 349
Géorgie (hors régions mentionnées) 3 723,5
Source : Office national des statistiques de Géorgie (prévisions 2019)
KARATCHAÏ-TCHERKESSIE
BALKARIE
INGOUCHIE
OSSÉTIE DU NORD
TCHÉTCHÉNIE
DAGHESTAN
ABKHAZIE
Soukhoumi
Gali
Zougdidi
Ambrolauri
Tunnel de Roki
OSSÉTIE DU SUD
Tskhinvali
Kutaisi
Poti
Mer Noire
Oléoduc Bakou-Supsa
Mtskheta
Telavi
Lagodekhi
Batoumi
Ozurgeti
GÉORGIE
Gori
Sagarejo
Tbilissi
ADJARIE
Supsa
Akhaltsikhe
Roustavi
Akhalkalaki
Bolnissi
Marneouli
Ninotsminda
Ardahan
Oléoduc Bakou - Tbilissi - Ceyhan
TURQUIE
ARMÉNIE
AZERBAÏDJAN
Vers Ceyhan
Population géorgienne (2015) en milliers, hors Abkhazie et Ossétie du Sud
5 400
3 730
70%
84%
8,1%
6,3%
5,7%
6,5%
5,7%
1989*
2015**
Composition ethnique (%)
Géorgiens
Azéris
Arméniens
Russes
Ossètes
Autres
* avant l'indépendance
** estimation
Régions autonomes
Forces militaires russes
République autonome non sécessionniste
Territoires sécessionnistes reconnus par Moscou
Régions à forte population :
arménienne ou azérie
plus de 50%
plus de 25%
100 km

Russie/Pays baltes

Les origines

Les États baltes (Estonie, Lituanie, Lettonie) sont sous domination russe à partir du XVIIIe siècle. Indépendants suite à la révolution bolchevique, ils sont occupés par l'URSS avant de redevenir indépendants en 1920, puis d'être de nouveau annexés par l'URSS en 1940, en vertu du pacte Molotov-Ribbentrop. Occupés par le Troisième Reich de 1941 à 1944, ils sont de nouveau intégrés à l'URSS à l'issue de la Seconde Guerre mondiale. Moscou y mène ensuite une politique de soviétisation et de russification, faisant grimper les pourcentages de Slaves jusqu'à 40 % de la population en Estonie.

Les Russes estiment que les Estoniens leur sont redevables parce qu'ils les ont libérés du nazisme. Ils participent à l'industrialisation du pays et se considèrent comme l'élite de la Nation. Toutefois, les Russes et les Estoniens ne parlent pas la même langue et se mélangent peu.

La crise actuelle

Après l'éclatement de l'URSS, les pays baltes redeviennent indépendants mais vivent dans la crainte d'une reprise de contrôle par la Russie ; l'estonien devient la langue officielle en Estonie. Le nouveau gouvernement restreint les possibilités d'acquisition de la nationalité estonienne aux personnes résidant sur le territoire national depuis 1940 ou à leurs descendants. Ainsi, les Russes doivent demander un permis de séjour de deux ans et passer un examen de connaissance linguistique. De plus, la politique de libéralisation économique suivie après l'indépendance entraîne des privatisations et des fermetures d'usines qui touchent principalement les Russes. En 1993, le Parlement estonien adopte une loi sur les étrangers aux termes de laquelle ceux-ci doivent choisir entre la citoyenneté estonienne ou rester étranger, avec un titre de séjour. La question mémorielle empoisonne les relations. Pour les Russes, le 9 mai représente la victoire en 1945 de l'Armée rouge sur le nazisme ; pour les Estoniens, c'est le début de l'occupation et de l'annexion soviétiques. Enfin, l'Estonie est le seul des trois États baltes à ne pas avoir réglé la question de ses frontières avec la Russie. Moscou voit dans l'adhésion de ces États à l'OTAN en 2004 la confirmation d'une politique occidentale d'encerclement. Les États baltes craignent que les Russes ne veuillent pas les dominer à nouveau – d'autant que l'Estonie pense avoir été victime d'une cyberattaque en 2007 – et comptent d'abord sur les États-Unis pour leur protection.

La crise ukrainienne et l'annexion de la Crimée par la Russie renforcent les craintes des pays baltes qui accroissent leurs budgets de défense. Les 6 millions de Baltes éprouvent un sentiment de crainte à l'égard de la Russie. Cette dernière muscle son dispositif militaire à leur frontière en invoquant la nécessité de faire face au renforcement de l'OTAN dans les pays baltes. Ces derniers bénéficient du soutien global des Occidentaux, comptant avant tout sur Washington pour assurer leur sécurité face à Moscou.

La relation entre la Russie et ces États dépendra pour beaucoup de la relation générale de Moscou avec Washington et l'UE.

Les scénarios

1 En cas d'amélioration de ces rapports, la relation Estonie-Russie pourrait s'apaiser. Ainsi, Tallinn permettrait une meilleure intégration des Estoniens d'origine russe et, les Russes et les Estoniens trouveraient un accord sur la question de la mémoire et de la frontière.

2 La persistance de désaccords stratégiques russo-occidentaux fait que les relations avec les pays baltes, Estonie en tête, restent crispées et tendues sans cependant dégénérer en conflit ouvert. Ces trois États demandent et obtiennent un renforcement de la présence de l'OTAN, ce qui crispe Moscou.

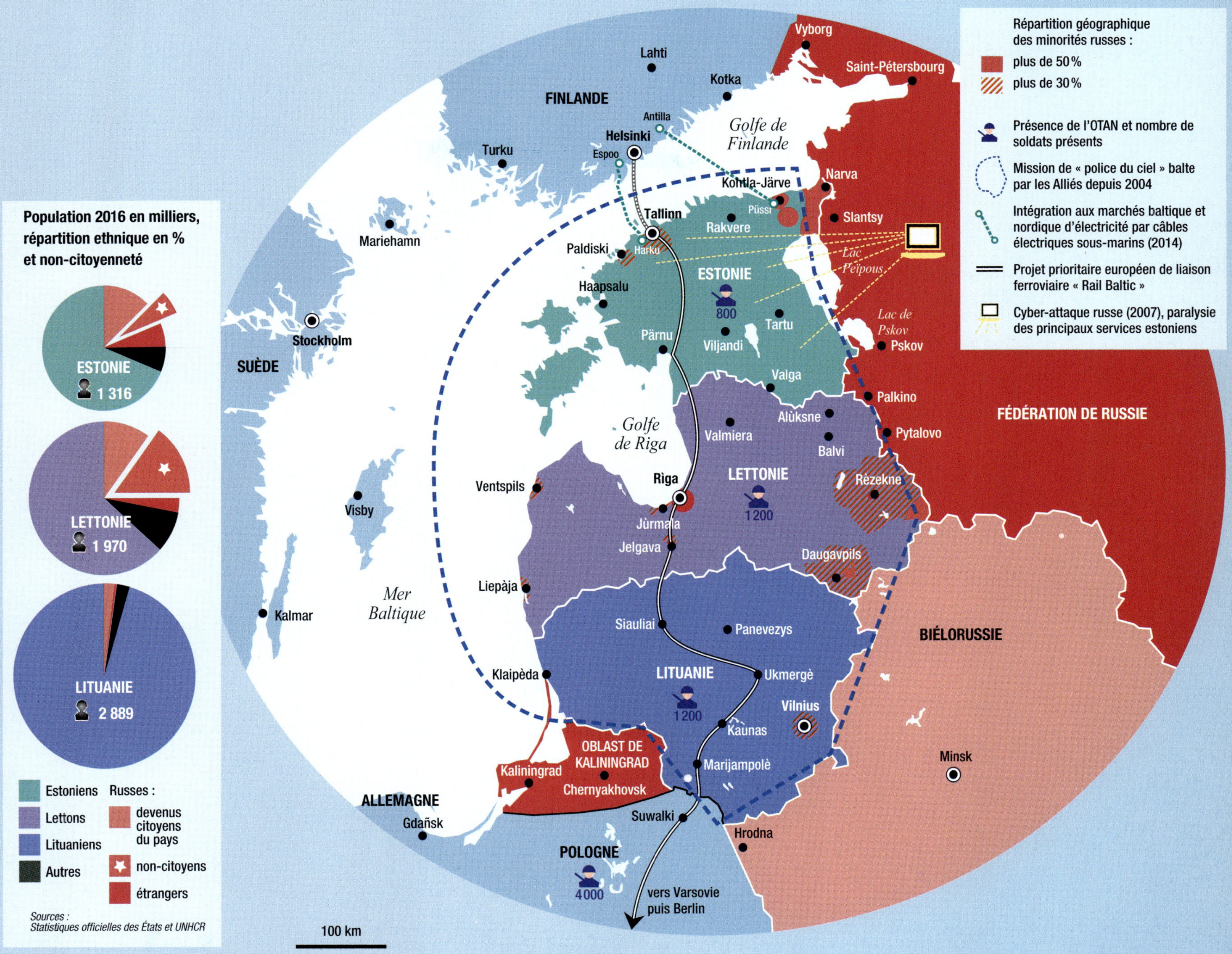

Population 2016 en milliers, répartition ethnique en % et non-citoyenneté
ESTONIE
1 316
LETTONIE
1 970
LITUANIE
2 889
Estoniens
Lettons
Lituaniens
Autres
Russes :
devenus citoyens du pays
non-citoyens
étrangers
Sources : Statistiques officielles des États et UNHCR
Répartition géographique des minorités russes :
plus de 50 %
plus de 30 %
Présence de l'OTAN et nombre de soldats présents
Mission de « police du ciel » balte par les Alliés depuis 2004
Intégration aux marchés baltique et nordique d'électricité par câbles électriques sous-marins (2014)
Projet prioritaire européen de liaison ferroviaire « Rail Baltic »
Cyber-attaque russe (2007), paralysie des principaux services estoniens
FINLANDE
Lahti
Kotka
Vyborg
Saint-Pétersbourg
Antilla
Helsinki
Espoo
Turku
Golfe de Finlande
Narva
Kohtla-Järve
Püssi
Slantsy
Tallinn
Rakvere
Paldiski
Harku
Mariehamn
Lac Peipous
ESTONIE
800
Haapsalu
Lac de Pskov
Pskov
Tartu
Viljandi
Pärnu
Stockholm
SUÈDE
Valga
Palkino
FÉDÉRATION DE RUSSIE
Alùksne
Golfe de Riga
Valmiera
Balvi
Pytalovo
Ventspils
Riga
LETTONIE
Rèzekne
1 200
Visby
Jùrmala
Jelgava
Daugavpils
Liepàja
Mer Baltique
Kalmar
Siauliai
Panevezys
BIÉLORUSSIE
Klaipèda
LITUANIE
Ukmergè
1 200
Vilnius
Kaunas
OBLAST DE KALININGRAD
Kaliningrad
Chernyakhovsk
Marijampolè
Minsk
ALLEMAGNE
Gdańsk
Suwalki
Hrodna
POLOGNE
4 000
vers Varsovie puis Berlin
100 km

Tchétchénie et Caucase Nord

Les origines

Les Tchétchènes sont un peuple musulman, non slave, installé dans le Caucase du Nord depuis 2000 ans. S'ils n'ont jamais construit d'entité étatique, ils ont néanmoins bâti une société structurée. Au XVIIIe siècle, les Tchétchènes rejettent la colonisation russe et se lancent dans la résistance armée contre l'empire russe. La Tchétchénie est finalement conquise en 1858 après de durs combats. Au XXe siècle, Staline brise toute résistance en déportant en masse les Tchétchènes en Sibérie, en 1944 les accusant d'avoir collaboré avec les nazis. En 1957, Khrouchtchev les réhabilite et permet leur retour.

L'éclatement en 1991 de l'Union soviétique en 15 États est vécu comme une opportunité par les Tchétchènes. Ayant soutenu Boris Eltsine contre les putschistes d'août 1991, le général Doudaev proclame, le 8 novembre 1991, l'indépendance de la Tchétchénie. Contraint, dans un premier temps, de « laisser faire », Eltsine réagit ensuite, par crainte d'une contagion sécessionniste dans le reste de la Russie. Il lance, en décembre 1994, une opération militaire particulièrement cruelle et sanglante. Elle se solde par une défaite militaire de Moscou en août. Entre 1996 et 1999, la Tchétchénie échappe au contrôle de la Russie et devient indépendante de fait. S'y développe un courant islamiste, dont les représentants attaquent, en août 1999, la république du Daghestan. Puis, à l'automne 1999, plusieurs attentats ont lieu à Moscou et dans d'autres villes de Russie : attribués par le Kremlin aux Tchétchènes, ils justifient le lancement d'une deuxième campagne militaire contre la république séparatiste, présentée comme une « opération antiterroriste ». Poutine sera crédité par l'opinion russe du retour à la normale. La guerre a fait plus de 100000 morts, soit 10 % de la population tchétchène.

La crise actuelle

À partir de 2003, Poutine mise sur des Tchétchènes pro-russes. Akhmad Kadyrov, ex-indépendantiste, est élu en 2003 ; assassiné le 9 mai 2004, il est remplacé par son fils Ramzan. En 2009, Moscou proclame la fin de l'opération antiterroriste. La paix en Tchétchénie est organisée par la répression et d'importants investissements qui permettent la modernisation de la région qui connaît un développement supérieur aux autres républiques du Caucase Nord.

Kadyrov dirige la Tchétchénie d'une main de fer, réprimant toute opposition, muselant la presse et la justice, allant jusqu'à pratiquer des assassinats ciblés à Moscou (Boris Nemstov en 2015). Pour contrer les mouvements islamistes, il impose des règles préconisées par ces derniers, limitant les droits des femmes, réprimant violemment les homosexuels. Poutine lui délègue toute autorité dans la région au nom du retour à la paix.

En 2015, des djihadistes tchétchènes ont prêté allégeance à l'État islamique, cherchant à créer un lien avec les combattants en Syrie.

Les scénarios

1 L'indépendance : elle est inacceptable pour Moscou. L'Ingouchie et le Daghestan voisins n'ont pas suivi la Tchétchénie sur la voie de la sécession dans les années 1990. Ayant mené à la désolation et à la ruine de la région, l'indépendantisme tchétchène est plutôt perçu comme un contre-modèle.

2 La normalisation : la Russie parie sur l'effort économique, sur la reconstruction, sur l'autonomie culturelle et sur la mise en place de responsables tchétchènes ayant des intérêts liés à ceux de Moscou, tout en normalisant la situation.

3 Poursuite de la situation actuelle avec le maintien d'une violence de basse intensité dans l'ensemble du Caucase Nord.

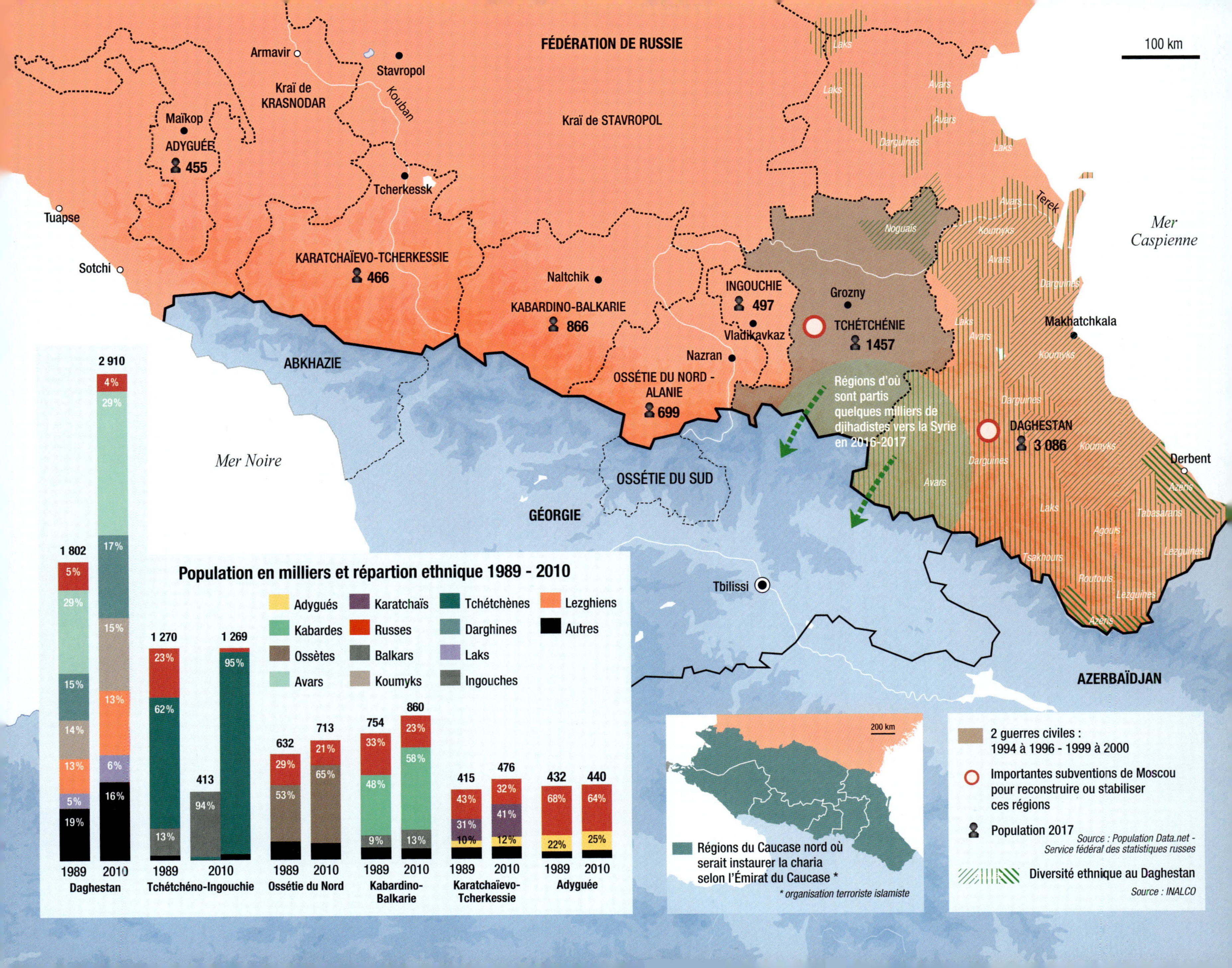
FÉDÉRATION DE RUSSIE
100 km
Armavir
Stavropol
Kouban
Kraï de KRASNODAR
Kraï de STAVROPOL
Maïkop
ADYGUÉE
455
Tcherkessk
Tuapse
Sotchi
KARATCHAÏEVO-TCHERKESSIE
466
Naltchik
KABARDINO-BALKARIE
866
INGOUCHIE
497
Vladikavkaz
Nazran
OSSÉTIE DU NORD - ALANIE
699
Grozny
TCHÉTCHÉNIE
1457
Makhatchkala
DAGHESTAN
3 086
Derbent
Terek
Mer Caspienne
Laks
Avars
Darguines
Noguaïs
Koumyks
Azéris
Tabasarans
Agouls
Lezguines
Tsakhours
Routouls
Régions d'où sont partis quelques milliers de djihadistes vers la Syrie en 2016-2017
ABKHAZIE
Mer Noire
OSSÉTIE DU SUD
GÉORGIE
Tbilissi
AZERBAÏDJAN
Population en milliers et répartion ethnique 1989 - 2010
Adygués
Kabardes
Ossètes
Avars
Karatchaïs
Russes
Balkars
Koumyks
Tchétchènes
Darghines
Laks
Ingouches
Lezghiens
Autres
Daghestan
1989: 1 802 — 5%, 29%, 15%, 14%, 13%, 5%, 19%
2010: 2 910 — 4%, 29%, 17%, 15%, 13%, 6%, 16%
Tchétchéno-Ingouchie
1989: 1 270 — 23%, 62%, 13%
2010: 413 — 94%; 1 269 — 95%
Ossétie du Nord
1989: 632 — 29%, 53%
2010: 713 — 21%, 65%
Kabardino-Balkarie
1989: 754 — 33%, 48%, 9%
2010: 860 — 23%, 58%, 13%
Karatchaïevo-Tcherkessie
1989: 415 — 43%, 31%, 10%
2010: 476 — 32%, 41%, 12%
Adyguée
1989: 432 — 68%, 22%
2010: 440 — 64%, 25%
200 km
Régions du Caucase nord où serait instaurer la charia selon l'Émirat du Caucase *
* organisation terroriste islamiste
2 guerres civiles : 1994 à 1996 - 1999 à 2000
Importantes subventions de Moscou pour reconstruire ou stabiliser ces régions
Population 2017
Source : Population Data.net - Service fédéral des statistiques russes
Diversité ethnique au Daghestan
Source : INALCO

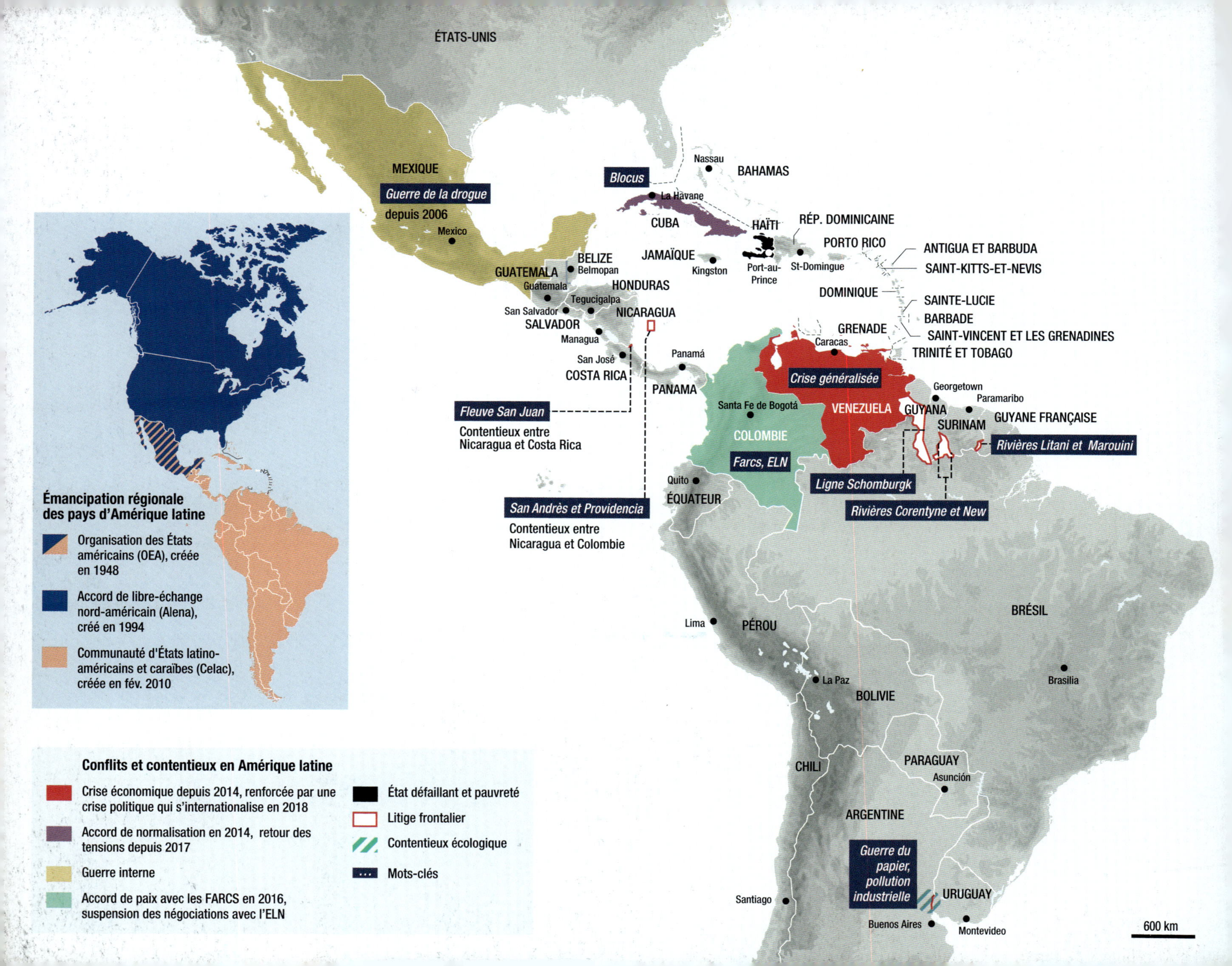

ÉTATS-UNIS
MEXIQUE
Guerre de la drogue
depuis 2006
Mexico
Blocus
Nassau
BAHAMAS
La Havane
CUBA
HAÏTI
RÉP. DOMINICAINE
PORTO RICO
ANTIGUA ET BARBUDA
SAINT-KITTS-ET-NEVIS
JAMAÏQUE
Kingston
Port-au-Prince
St-Domingue
DOMINIQUE
SAINTE-LUCIE
BARBADE
SAINT-VINCENT ET LES GRENADINES
GRENADE
TRINITÉ ET TOBAGO
BELIZE
Belmopan
GUATEMALA
Guatemala
HONDURAS
Tegucigalpa
San Salvador
SALVADOR
NICARAGUA
Managua
San José
COSTA RICA
Panamá
PANAMA
Caracas
Crise généralisée
VENEZUELA
Georgetown
Paramaribo
GUYANA
SURINAM
GUYANE FRANÇAISE
Rivières Litani et Marouini
Santa Fe de Bogotá
COLOMBIE
Farcs, ELN
Fleuve San Juan
Contentieux entre Nicaragua et Costa Rica
Ligne Schomburgk
Rivières Corentyne et New
San Andrès et Providencia
Contentieux entre Nicaragua et Colombie
Quito
ÉQUATEUR
Lima
PÉROU
BRÉSIL
Brasilia
La Paz
BOLIVIE
CHILI
PARAGUAY
Asunción
ARGENTINE
Guerre du papier, pollution industrielle
URUGUAY
Santiago
Buenos Aires
Montevideo
600 km
Émancipation régionale des pays d'Amérique latine
Organisation des États américains (OEA), créée en 1948
Accord de libre-échange nord-américain (Alena), créé en 1994
Communauté d'États latino-américains et caraïbes (Celac), créée en fév. 2010
Conflits et contentieux en Amérique latine
Crise économique depuis 2014, renforcée par une crise politique qui s'internationalise en 2018
Accord de normalisation en 2014, retour des tensions depuis 2017
Guerre interne
Accord de paix avec les FARCS en 2016, suspension des négociations avec l'ELN
État défaillant et pauvreté
Litige frontalier
Contentieux écologique
Mots-clés

Les Amériques des crises et des conflits

États-Unis

Les origines

Après l'effondrement de l'URSS en 1991, les États-Unis deviennent leader du monde «global» en situation d'hyperpuissance et affirment pendant une décennie, sous les mandats de George H. W. Bush (1988-1992) puis de Bill Clinton (1992-2000), vouloir exercer un *leadership* éclairé dans le nouvel ordre international. Ils affirment alors devoir s'occuper *malgré eux* de la sécurité du monde (*reluctant sheriff*).

À partir de 2001 (attentats du 11 septembre et montée de la Chine), les États-Unis, sous la présidence de George W. Bush et sous l'influence des néo-conservateurs, considèrent que l'Occident est menacé en tant que tel et qu'ils doivent conserver – et le cas échéant employer – leur supériorité militaire, y compris de façon unilatérale (comme en Irak en 2003) et soutenir Israël de façon plus systématique.

Élu président en 2008, réélu en 2012, Barack Obama décide, au contraire, de se désengager des «guerres de Bush» (Afghanistan, Irak), de se concentrer sur les enjeux d'avenir pour les États-Unis (compétitivité économique, technologie, révolution énergétique, relocalisation, enjeux asiatiques, défi chinois) et de se réengager *a minima*, ou *from behind*, dans de nouveaux conflits (Proche-Orient, révolutions arabes, Syrie, Libye, Mali). Il veut mettre fin à l'impopularité forte des États-Unis dans le monde. Il ne parvient cependant pas à rétablir une relation apaisée avec Moscou et doit faire face à la montée en puissance de la Chine. Les États-Unis restent néanmoins, et de loin, la première puissance politico-militaire.

La crise actuelle

En 2016, Donald Trump est élu à la présidence des États-Unis à la surprise générale, sur un programme de rupture.

Il dénonce la mondialisation, responsable de la perte d'emplois aux États-Unis et prône une politique isolationniste, unilatéraliste et brutale. Il veut protéger le territoire américain des flux migratoires et commerciaux (déficit commercial annuel de 600 milliards de dollars, qui atteint même 891 milliards en 2018). Il annonce vouloir se libérer des engagements stratégiques américains, les États-Unis ne voulant (et ne pouvant) plus être le gendarme du monde. Ses slogans «Make America great again» et «America first» traduisent une volonté des États-Unis qui conduiraient une politique sans avoir à tenir compte des autres pays, alliés ou rivaux. Il compte bien imposer sa volonté à ces derniers, non par la force militaire, mais par des menaces de sanctions économiques, jouant sur le rôle du dollar, l'interdépendance créée par la numérisation et l'importance du marché américain, provoquant ainsi déroute et inquiétude. Par ailleurs, il augmente le budget militaire (de 600 à 720 milliards de dollars), ne parvient pas à se réconcilier avec Moscou et lance un bras de fer économique et stratégique avec la Chine.

Il met en place une stratégie d'étranglement économique, espérant faire tomber les régimes iraniens et cubains.

Les scénarios

1 Inquiet d'être privé de l'accès au marché américain, les autres nations font des ronds, espérant des jours meilleurs, et se conforment peu ou prou aux volontés de Donald Trump. Cependant, le prochain président poursuit une politique moins brutale que Trump mais toujours marquée par l'unilatéralisme.

2 Effrayés par la politique de Trump, les autres pays s'organisent pour être moins dépendants du dollar. Les Européens commencent à envisager une plus grande autonomie stratégique. La Chine, la Russie et d'autres se sont rapprochés pour faire contrepoids à Trump, menaçant le statut d'hyperpuissance mondiale des États-Unis.

3 L'unilatéralisme débridé des États-Unis est contagieux, le monde devient de plus en plus chaotique et ingérable.

4 Un(e) démocrate marqué(e) à gauche gagne les élections de 2020 et adopte une politique multilatéraliste qui redonne une très grande popularité aux États-Unis.

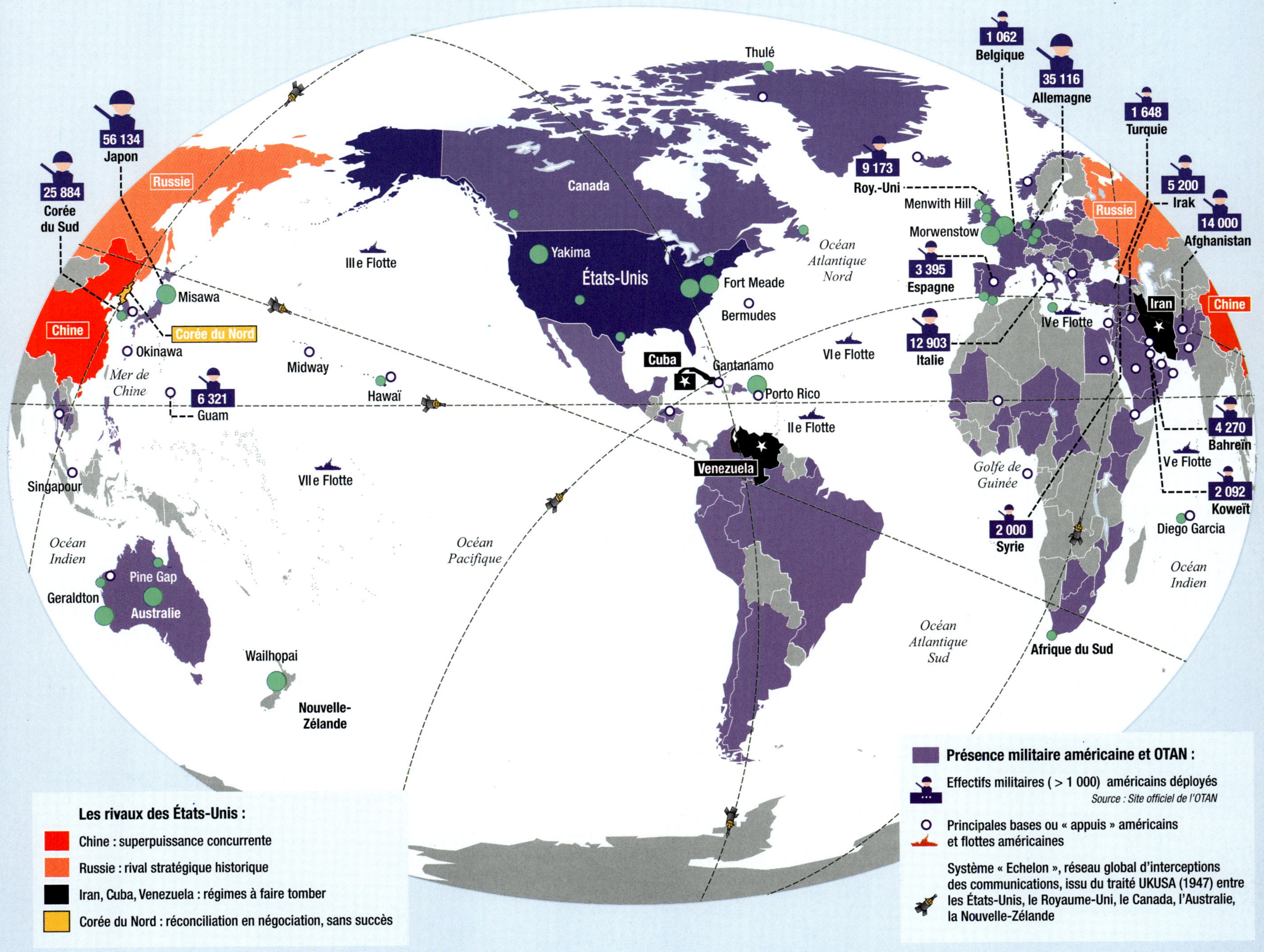
Thulé
1 062
Belgique
35 116
Allemagne
1 648
Turquie
56 134
Japon
25 884
Corée du Sud
Russie
Canada
9 173
Roy.-Uni
Menwith Hill
Morwenstow
Russie
5 200
Irak
14 000
Afghanistan
Océan Atlantique Nord
IIIe Flotte
Yakima
États-Unis
Fort Meade
Bermudes
3 395
Espagne
Misawa
Corée du Nord
Chine
Okinawa
Mer de Chine
6 321
Guam
Midway
Hawaï
Cuba
Gantanamo
Porto Rico
VIe Flotte
IVe Flotte
Iran
Chine
12 903
Italie
IIe Flotte
Venezuela
4 270
Bahreïn
Ve Flotte
Golfe de Guinée
2 092
Koweït
Singapour
VIIe Flotte
2 000
Syrie
Diego Garcia
Océan Indien
Océan Pacifique
Pine Gap
Geraldton
Australie
Océan Indien
Océan Atlantique Sud
Afrique du Sud
Wailhopai
Nouvelle-Zélande
Les rivaux des États-Unis :
Chine : superpuissance concurrente
Russie : rival stratégique historique
Iran, Cuba, Venezuela : régimes à faire tomber
Corée du Nord : réconciliation en négociation, sans succès
Présence militaire américaine et OTAN :
Effectifs militaires (> 1 000) américains déployés
Source : Site officiel de l'OTAN
Principales bases ou « appuis » américains et flottes américaines
Système « Echelon », réseau global d'interceptions des communications, issu du traité UKUSA (1947) entre les États-Unis, le Royaume-Uni, le Canada, l'Australie, la Nouvelle-Zélande

Cuba/États-Unis

Les origines

Cuba est, en 1898, la dernière possession espagnole en Amérique latine à devenir indépendante, à la suite d'une intervention américaine. Cependant, cette indépendance est purement formelle, les États-Unis exerçant de fait le pouvoir politique et économique. Longtemps après, Fidel Castro prend le pouvoir par les armes le 1er janvier 1959. Il est au début nationaliste et anticommuniste. En réaction à la nationalisation des biens américains par le nouveau régime, Washington refuse d'acheter le sucre cubain, principale ressource de l'île. Mais Moscou saisit l'occasion et s'en porte acquéreur. Cuba devient dépendant de l'URSS. En avril 1961, la CIA est chargée d'organiser un débarquement anticastriste, dans la baie des Cochons, qui tourne au fiasco. Castro se déclare communiste et conclut une alliance stratégique avec l'Union soviétique, ravie de disposer d'une base à 90 miles des États-Unis. En 1962, la crise des fusées qui suit la tentative d'installation de missiles nucléaires soviétiques sur l'île (en réponse à l'installation de fusées américaines en Turquie) manque de précipiter le monde dans une guerre nucléaire. Kennedy et Khrouchtchev dialoguent, au bord du gouffre, et Moscou recule. Washington décrète un embargo sur l'île, Cuba est exclue de l'Organisation des États américains (OEA). Les différentes tentatives de La Havane d'exporter sa révolution en Amérique latine avec Che Guevara échouent. L'embargo américain et le système de planification bureaucratique empêchent le développement économique de l'île. La situation s'aggrave après la dissolution de l'Union soviétique, privant ainsi Cuba de son unique aide extérieure. Le régime s'ouvre légèrement au tourisme mais le parti communiste conserve le contrôle du pouvoir politique et de l'économie.

La crise actuelle

L'embargo et la politique d'isolement des États-Unis, qui ont entravé le développement économique de Cuba, n'ont pas empêché Fidel Castro de se maintenir au pouvoir jusqu'à ce qu'il le cède en 2007 – pour des raisons de santé – à son frère Raúl. Les Américains restent traumatisés par la crise nucléaire de 1962 et ne pardonnent pas les nationalisations. Cuba est considérée comme une survivance du monde communiste aux portes des États-Unis. Les nombreux Cubains, qui ont fui le régime castriste, forment à Miami un puissant lobby longtemps opposé à tout rapprochement. Cependant, les nouvelles générations n'ont pas ces préventions et sont favorables à une ouverture. L'antiaméricanisme entretenu par le pouvoir cubain sert de ciment politique et permet de justifier les échecs économiques. En 2008, Raúl Castro tente une légère ouverture politique et économique et, en décembre 2014, Obama annonce la reprise des relations avec Cuba. Il impose cette décision malgré le lobby anticastriste jusqu'au-boutiste de Miami. Le nombre de touristes américains se rendant à Cuba explose (90 000 en 2014, 600 000 en 2017). Aidé par le pape François (qui s'est rendu sur l'île en septembre 2015) Barack Obama effectue, en mars 2016, une visite historique, la première d'un président américain depuis 1928.

Donald Trump veut revenir sur la politique de réconciliation d'Obama, par hostilité à son prédécesseur et par anticommunisme, et rétablit certaines sanctions. Le nouveau président cubain, Miguel Diaz Canel, veut s'inspirer du modèle chinois (régime communiste, économie capitaliste) et fait voter, en 2019, une réforme de la constitution en ce sens, approuvée par 86 % des Cubains. La crise au Venezuela le prive de son plus important allié dans la région.

Les scénarios

1 Trump accentue la pression sur Cuba, pariant sur la lassitude de la population. Les restrictions conduisent à la chute du régime.

2 Le pari de l'ouverture économique et du maintien du contrôle politique réussit. La population s'en satisfait, préférant éviter de tomber sous le contrôle des États-Unis ou des Cubains exilés.

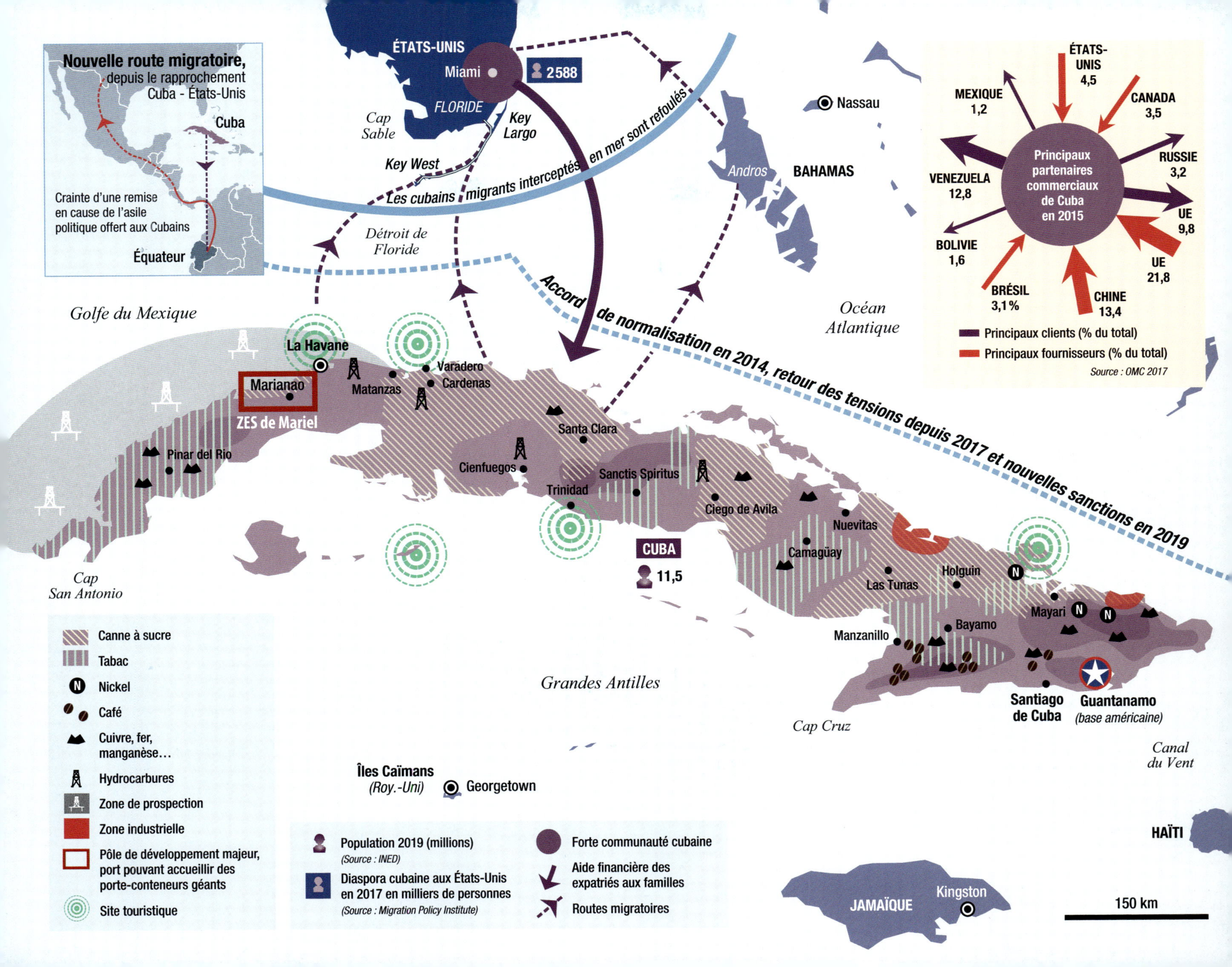

Nouvelle route migratoire, depuis le rapprochement Cuba - États-Unis
Cuba
Crainte d'une remise en cause de l'asile politique offert aux Cubains
Équateur
ÉTATS-UNIS
Miami
2588
FLORIDE
Cap Sable
Key Largo
Key West
Les cubains migrants interceptés en mer sont refoulés
Détroit de Floride
Nassau
Andros
BAHAMAS
Accord de normalisation en 2014, retour des tensions depuis 2017 et nouvelles sanctions en 2019
Golfe du Mexique
Océan Atlantique
Principaux partenaires commerciaux de Cuba en 2015
ÉTATS-UNIS 4,5
MEXIQUE 1,2
CANADA 3,5
VENEZUELA 12,8
RUSSIE 3,2
UE 9,8
BOLIVIE 1,6
UE 21,8
BRÉSIL 3,1 %
CHINE 13,4
Principaux clients (% du total)
Principaux fournisseurs (% du total)
Source : OMC 2017
La Havane
Marianao
ZES de Mariel
Matanzas
Varadero
Cardenas
Santa Clara
Pinar del Rio
Cienfuegos
Sanctis Spiritus
Trinidad
Ciego de Avila
Nuevitas
Camagüay
CUBA
11,5
Las Tunas
Holguin
Mayari
Bayamo
Manzanillo
Santiago de Cuba
Guantanamo (base américaine)
Cap San Antonio
Grandes Antilles
Cap Cruz
Canal du Vent
Îles Caïmans (Roy.-Uni)
Georgetown
HAÏTI
JAMAÏQUE
Kingston
150 km
Canne à sucre
Tabac
Nickel
Café
Cuivre, fer, manganèse…
Hydrocarbures
Zone de prospection
Zone industrielle
Pôle de développement majeur, port pouvant accueillir des porte-conteneurs géants
Site touristique
Population 2019 (millions) (Source : INED)
Diaspora cubaine aux États-Unis en 2017 en milliers de personnes (Source : Migration Policy Institute)
Forte communauté cubaine
Aide financière des expatriés aux familles
Routes migratoires

Mexique et Amérique centrale

Les origines

Les pays d'Amérique centrale subissent depuis le début du XXe siècle une instabilité structurelle. Les États-Unis y installent des gouvernements servant leurs intérêts (les fameuses républiques bananières) contre lesquels se développent des rébellions et des guérillas. Ces affrontements font des centaines de milliers de morts. Seuls le Costa Rica (qui a renoncé à avoir une armée) et le Panama (solidement contrôlé par Washington à cause du Canal et qui a développé un centre financier) échappent à cette spirale.

Les États centre-américains deviennent des démocraties après la fin de la guerre froide, mais la situation économique et sociale reste dramatique. La violence criminelle remplace alors la violence politique. Le Honduras, le Guatemala et le Salvador connaissent des taux records de pauvreté. Par conséquent, l'exil (qui suscite du trafic humain) vers l'eldorado américain est massif. Le trafic de drogue explose également, la région se situant au cœur des routes de la drogue, entre les producteurs en Amérique du Sud (particulièrement la Colombie) et les consommateurs en Amérique du Nord.

Les gangs criminels occupent une place centrale et les taux d'homicides sont parmi les plus élevés du monde (83 pour 100 000 habitants au Salvador en 2016, contre moins de 6 dans tous les pays de l'Union européenne). Le bilan fait état de plus de 150 000 morts pour le Honduras, le Guatemala et le Salvador sur les dix dernières années, soit un taux par habitant trois fois plus important qu'au Mexique et dix fois plus qu'aux États-Unis. Le nombre de victimes du crime organisé est plus important que celui de nombreuses guerres.

Au Mexique, les cartels de la drogue se développent à la fin des années 1980. Le président Calderon militarise la lutte contre le trafic après 2006 et, appuyé par les États-Unis, déploie 100 000 militaires et des dizaines de policiers dans tout le pays. La violence s'intensifie, dont sont victimes la population civile, les journalistes qui dénoncent la corruption et les responsables politiques qui la refusent. Le bilan s'établit à 40 000 morts depuis 2006, auxquels il faut ajouter 10 000 enlèvements (pour rançon) par an. Corruption et insécurité se développent.

La crise actuelle

Andres Manuel Lopez Obrador (AMLO) fait campagne en 2018 sur le thème de la lutte contre la corruption et l'insécurité. La population vote massivement pour lui, élisant pour la première fois au Mexique un président de gauche. Il met en œuvre une politique sociale pour lutter contre la pauvreté qui touche 43 % de la population. Il veut lutter contre le trafic de drogue, en s'attaquant aux causes de la violence et en ne comptant pas seulement sur la réponse militaire. Il veut également se montrer ferme vis-à-vis de Trump sans ouvrir une confrontation. Par ailleurs, 80 % des exportations du Mexique vont vers les États-Unis.

L'Amérique centrale souffre de l'absence de société civile, de la corruption et de la perception par la population que l'exil constitue la meilleure façon d'échapper à la misère et à la violence.

Les scénarios

1 Alors que le Brésil de Bolsonaro devient moins rayonnant, le Mexique prend le rôle du leader en Amérique latine et AMLO réussit son pari interne de lutte contre la corruption et de justice sociale. Son exemple inspire le Honduras, le Guatemala et le Salvador.

2 Les cartels déclenchent une guerre violente contre AMLO, essayant même de l'assassiner. La violence continue de régner.

San Diego
El Centro
Phoenix
Yuma
Tijuana
Mexicali
Douglas
El Paso
Nogales
Angua Prieta
Ciudad Juárez
ÉTATS-UNIS
Hermosillo
Chihuahua
Ojinagra
Del Rio
San Antonio
Eagle Pass
Piedras Negras
Nuevo Laredo
Mac Allen
Brownsville
Monterrey
Reynosa
Matamoros
Golfe de Californie
Golfe du Mexique
Guerre contre les cartels depuis 2006 plus de 240 000 victimes et 40 000 disparus
La Paz
Culiacán
Durango
Mazatlán
Zacatecas
Ciudad Victoria
Tampico
Mérida
Cancún
Campeche
Guadalajara
Mexico
Vera Cruz
Oaxaca
Acapulco
COLOMBIE
VENEZUELA
BRÉSIL
MEXIQUE
127,5 20 43,6²
BELIZE
0,4 37,3 41³
Belmopan
HONDURAS
9,1 56,5 61,9⁴ 20
ASIE
Guatemala
Tegucigalpa
S. Salvador
Managua
GUATEMALA
16,6 24,9 59,3¹ 10
SALVADOR
6,3 83 29,2³ 18
NICARAGUA
6,1 10 24,9²
San José
Cristóbal
Panamá
COSTA RICA
4,8 11 20³
PANAMA
4,0 9,6 22,1²
COLOMBIE
Océan Pacifique
Mexique 80 46,4
Guatemala 34,5 38,5
Belize 26,3 35,6
Salvador 44,9 31,8
Honduras 40,2 34,7
Nicaragua 58,6 23,5
Costa Rica 41 37,3
Panama 20,6 9,5
Pays d'Amérique centrale clients et fournisseurs des États-Unis en % du total
Source : Comtrade 2016 ou 2017
Population 2016, en millions
Source : Année stratégique 2019
Routes des drogues :
cocaïne
amphétamine
marijuana et méthamphétamine
Émigration
Mur existant
25 points de passage
Source : Le Monde, janvier 2019
Criminalité
Taux d'homicide volontaire pour 100 000 personnes
Source : ONU, données 2016
Pauvreté
% de la population vivant sous le seuil de pauvreté
Source : Banque mondiale, ¹ 2014, ² 2016, ³ 2017, ⁴ 2018
Dépendance économique
Part du PIB correspondant à l'argent en provenance des diasporas (en %)
Commerce avec les États-Unis
200 km

Colombie

Les origines

Après l'assassinat du leader libéral (progressiste) Jorge Gaitan, une guerre civile sanglante (baptisée Violencia) déchire la Colombie entre 1948 et 1958. Les conservateurs passent de la répression à la guerre civile. Des villages entiers, considérés comme étant proches des libéraux, voient leurs habitants massacrés. On estime entre 200 000 et 300 000 le nombre de victimes, pour une population totale à l'époque, de 15 millions d'habitants.

Deux groupes de guérillas d'inspiration marxiste se forment : les FARC (Fuerzas armadas revolucionarias de Colombia, proche du PC) et l'ELN (Ejercito de Liberacion Nacional, d'inspirations castristes).

En 1958, libéraux et conservateurs, conscients des dégâts causés par leur affrontement, signent la paix et créent un front national. Ils se succéderont ensuite au pouvoir de manière automatique tous les quatre ans jusqu'en 1978, créant un duopole qui permet aux élites de se partager le pouvoir, de ne pas être à l'écoute des revendications populaires. Ils laissent ainsi le champ politique aux guérillas. Pour lutter contre elles, les gouvernements mettent en place des groupes paramilitaires, qui pratiquent une répression aveugle, touchant largement la population civile, notamment dans les campagnes.

Le trafic de drogue, qui explose en Colombie sur fond de déliquescence de l'appareil étatique (les barons de la drogue rendent des services sociaux aux populations abandonnées par les services de l'État), alimente guérillas et groupes paramilitaires, qui se présentent comme les gardiens de l'ordre et de la propriété privée. Enlèvements et assassinats se multiplient, violences politiques et criminelles s'entremêlent. Les FARC arrivent à contrôler une partie du territoire colombien.

Le président Uribe (2002-2010) rejette les perspectives de négociations qui avaient été envisagées et espère une solution militaire avec l'aide des États-Unis. Il accuse Chavez d'aider les FARC. Cependant, il ne parvient pas à la victoire espérée.

La crise actuelle

Élu en 2010, le président Santos se dit partisan d'une négociation. Il entame des pourparlers secrets, notamment à Cuba, et parvient à un accord de paix en 2016. Le conflit a fait près de 300 000 victimes et 7 millions de déplacés. Les FARC se désarment et se transforment en mouvement politique (Fuerza Alternativa Revolucionaria del Comun), représenté par dix sièges au Parlement, cinq par Chambre. Une réforme agraire est prévue, une amnistie est proclamée. Celle-ci passe mal dans une partie de la population traumatisée par les violences passées. Par ailleurs, quelques dissidents des FARC et certains groupes paramilitaires maintiennent un niveau résiduel de violence.

Le président Santos reçoit le prix Nobel de la paix en 2016, une négociation s'ouvre également avec l'ELN. Cependant, élu en 2018, Ivan Duque remet en cause l'accord avec les FARC et le principe de négociations avec l'ELN.

Le conflit en chiffres

La Colombie compte aujourd'hui près de 49 millions d'habitants. Au total, le conflit a fait, au cours des 60 dernières années, 260 000 victimes. Parmi eux, 80 % sont des civils. Plus de 45 000 sont des combattants. Près de 95 000 victimes sont attribuées aux forces paramilitaires, plus de 36 000 aux groupes révolutionnaires d'extrême gauche, et 9 800 aux forces armées colombiennes. Le conflit a également déplacé près de 7 millions de personnes. 30 000 personnes ont été enlevées, la majorité par les FARC ou l'ELN. De même, près de 15 000 actes de violences sexuelles ont été recensés.

Les scénarios

1 Duque, poussé à la surenchère par Trump, remet en cause l'accord de paix et l'amnistie, disant vouloir juger certains responsables des FARC. Ceux-ci reviennent dans la clandestinité et le conflit reprend.

2 La trêve tient tant bien que mal jusqu'à ce qu'un nouveau président, fidèle à la ligne de Santos, parvienne à un accord général de paix.

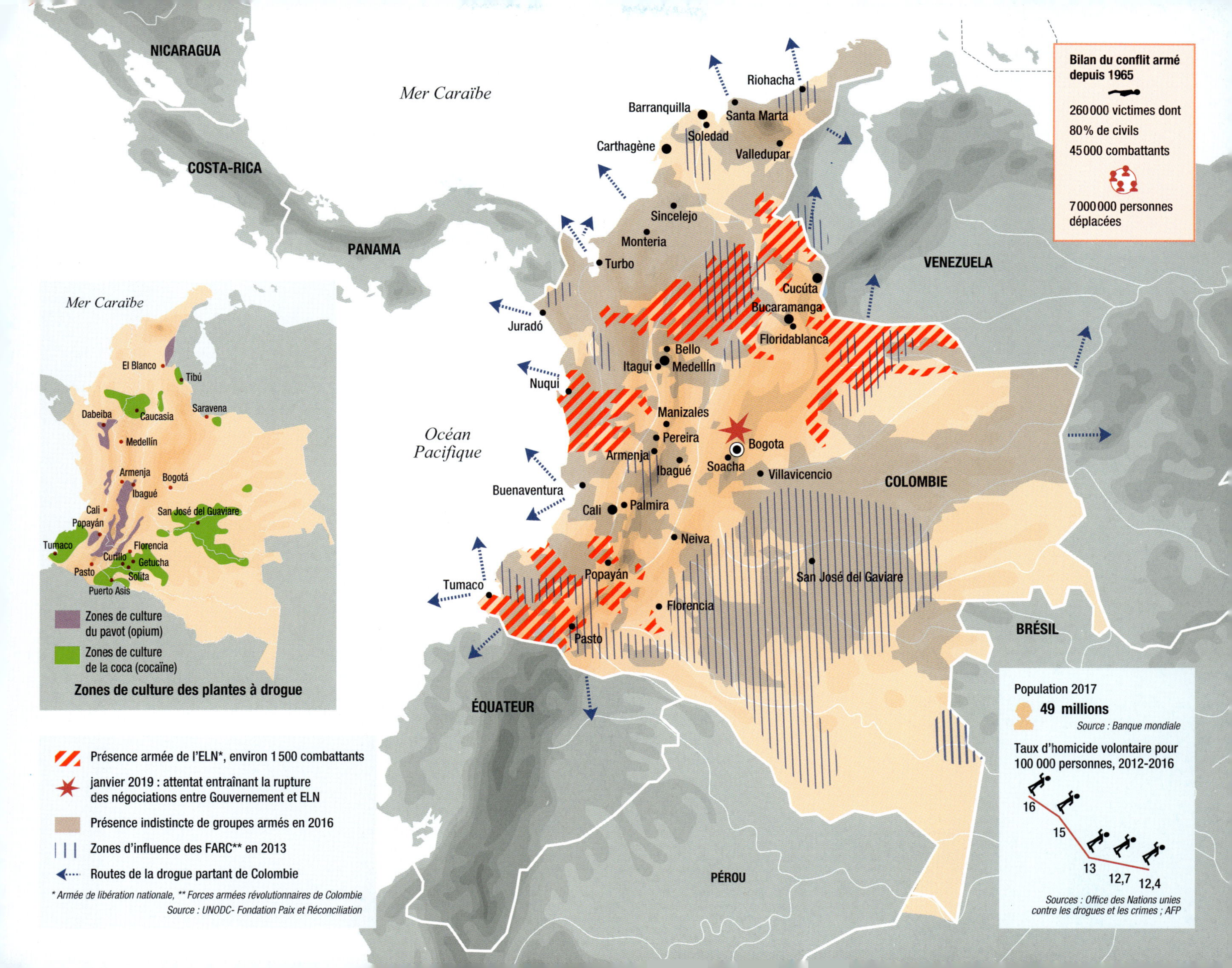
NICARAGUA
COSTA-RICA
PANAMA
Mer Caraïbe
Océan Pacifique
VENEZUELA
COLOMBIE
BRÉSIL
ÉQUATEUR
PÉROU
Riohacha
Barranquilla
Santa Marta
Soledad
Carthagène
Valledupar
Sincelejo
Monteria
Turbo
Cucúta
Bucaramanga
Floridablanca
Juradó
Bello
Itaguí
Medellín
Nuqui
Manizales
Pereira
Armenja
Ibagué
Bogota
Soacha
Villavicencio
Buenaventura
Cali
Palmira
Neiva
San José del Gaviare
Popayán
Tumaco
Florencia
Pasto
Bilan du conflit armé depuis 1965
260 000 victimes dont
80 % de civils
45 000 combattants
7 000 000 personnes déplacées
Mer Caraïbe
El Blanco
Tibú
Saravena
Dabeiba
Caucasia
Medellín
Armenja
Bogotá
Ibagué
Cali
Popayán
San José del Guaviare
Tumaco
Florencia
Curillo
Getucha
Pasto
Solita
Puerto Asis
Zones de culture du pavot (opium)
Zones de culture de la coca (cocaïne)
Zones de culture des plantes à drogue
Présence armée de l'ELN*, environ 1 500 combattants
janvier 2019 : attentat entraînant la rupture des négociations entre Gouvernement et ELN
Présence indistincte de groupes armés en 2016
Zones d'influence des FARC** en 2013
Routes de la drogue partant de Colombie
* Armée de libération nationale, ** Forces armées révolutionnaires de Colombie
Source : UNODC- Fondation Paix et Réconciliation
Population 2017
49 millions
Source : Banque mondiale
Taux d'homicide volontaire pour 100 000 personnes, 2012-2016
16
15
13
12,7
12,4
Sources : Office des Nations unies contre les drogues et les crimes ; AFP

Venezuela

Les origines

Le quadruplement du prix du baril de pétrole en 1974 enrichit le Venezuela (18 % des réserves mondiales de pétrole, plus que l'Arabie saoudite). Il passe d'une économie agricole à une économie de rente basée sur le pétrole. Le Venezuela, démocratie depuis 1958, échappe à la dictature militaire, mais la rente pétrolière ne bénéficie pas à la population et la corruption est endémique. Les injustices sociales dans un pays riche deviennent de plus en plus insupportables. Hugo Chavez est élu démocratiquement en 1998 sur un programme de redistribution des richesses du pays. Il proclame sa proximité idéologique avec Fidel Castro et se rapproche de Cuba. Il profite de l'augmentation des cours du pétrole pour mettre en place une politique sociale généreuse et populaire, mais qui se heurte au patronat. Les États-Unis, de leur côté, s'inquiètent du rapprochement diplomatique avec Cuba, même s'ils continuent d'être les principaux acheteurs du pétrole vénézuélien.

Hugo Chavez profite de la richesse de son pays pour financer une diplomatie hyperactive et antiaméricaine. Il se rapproche de la Russie, de l'Iran, de la Chine. Il offre du pétrole bon marché à Cuba qui lui fournit en échange une aide sécuritaire, mais aussi sociétale (enseignants, médecins). Il se lie également avec les autres gouvernements populistes latino-américains (Équateur, Bolivie) et entretient de bonnes relations avec le Brésil de Lula. Ses diatribes contre Bush contribuent d'ailleurs à sa renommée internationale.

Cependant, il ne profite pas de la rente pétrolière ni pour diversifier l'économie du Venezuela (dont le pétrole est toujours raffiné aux États-Unis) ni pour moderniser les infrastructures. Au-delà de son côté « Caudillo » (leader autoritaire latino-américain), il respecte les échéances électorales qu'il gagne toutes, la population lui étant reconnaissante de sa politique sociale.

La crise actuelle

À la mort de Chavez en 2013, Nicolas Maduro lui succède. Ce dernier n'a ni sa légitimité historique ni son charisme. Les cours du pétrole chutent, et le Venezuela, qui importe tout ce qu'il consomme, connaît une crise économique qui débouche sur une crise politique et sociale. L'opposition politique est dénoncée par le régime comme étant liée aux États-Unis. Cette dernière, qui a gagné les élections législatives de décembre 2015, essaie d'organiser un référendum révocatoire. Les adversaires de Maduro dénoncent son incompétence, qui a conduit au chaos économique et à la répression pour seule réponse. Maduro présente les opposants comme des réactionnaires voulant mettre fin aux acquis sociaux du régime et étant des agents de l'impérialisme américain.

En mars 2017, Maduro dissout l'Assemblée, s'octroie les pouvoirs législatifs et se fait réélire président en mai 2018 lors d'élections boycottées par l'opposition. La contestation s'amplifie, la production de pétrole et l'économie s'effondrent ; apparaît même une crise alimentaire. Autrefois le pays le plus riche de la région, le Venezuela est ruiné et 4 millions de Vénézuéliens (plus de 10 % de la population) s'exilent. L'inflation atteint un sommet de plus de 1 370 000 % en 2018, le chômage touche alors 35 % de la population.

En janvier 2019, le leader de l'opposition, Juan Guaido, s'autoproclame président, mais Cuba, la Russie, la Chine, la Bolivie et le Nicaragua soutiennent toujours Maduro ainsi que l'armée. La situatiuon s'enlise, tandis que la population continue de fuir la misère. Le groupe de Lima (la majorité des pays latino-américains) et la plupart des pays de l'Union européenne soutiennent Guaido. Le Mexique et l'Uruguay proposent une médiation pour sortir de la crise et éviter un affrontement. Les sanctions américaines aggravent la crise économique.

Les scénarios

1 Avec le soutien de l'armée, Maduro conserve le pouvoir, mate l'opposition par une sévère et sanglante répression, mais dirige un pays exsangue.

2 La médiation mexico-uruguayenne réussit à trouver une porte de sortie honorable à Maduro, des élections sont organisées.

3 Les États-Unis interviennent (directement ou indirectement en armant l'opposition). C'est la guerre civile.

4 La division du pays perdure et s'enlise.

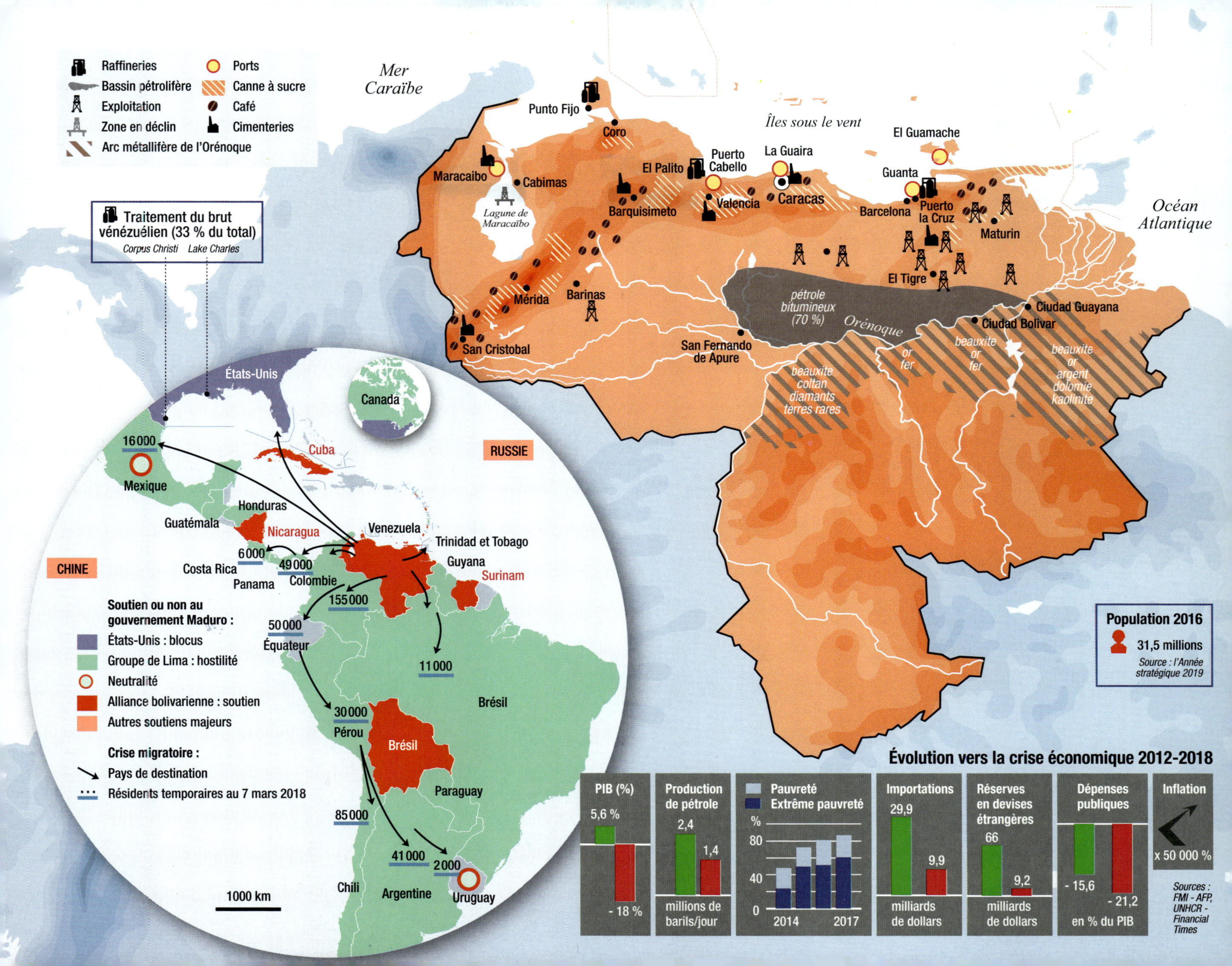
Raffineries
Bassin pétrolifère
Exploitation
Zone en déclin
Arc métallifère de l'Orénoque
Ports
Canne à sucre
Café
Cimenteries
Mer Caraïbe
Îles sous le vent
Océan Atlantique
Punto Fijo
Coro
Maracaibo
Cabimas
Lagune de Maracaïbo
El Palito
Puerto Cabello
La Guaira
El Guamache
Guanta
Barquisimeto
Valencia
Caracas
Barcelona
Puerto la Cruz
Maturin
El Tigre
Mérida
Barinas
San Cristobal
San Fernando de Apure
pétrole bitumineux (70 %)
Orénoque
Ciudad Guayana
Ciudad Bolivar
bauxite coltan diamants terres rares
or fer
bauxite or fer
bauxite or argent dolomie kaolinite
Traitement du brut vénézuélien (33 % du total)
Corpus Christi
Lake Charles
États-Unis
Canada
RUSSIE
CHINE
Cuba
16 000
Mexique
Honduras
Guatémala
Nicaragua
Venezuela
Trinidad et Tobago
Guyana
Surinam
6 000
Costa Rica
Panama
49 000
Colombie
155 000
50 000
Équateur
11 000
Brésil
30 000
Pérou
Brésil
Paraguay
85 000
41 000
2 000
Chili
Argentine
Uruguay
1000 km
Soutien ou non au gouvernement Maduro :
États-Unis : blocus
Groupe de Lima : hostilité
Neutralité
Alliance bolivarienne : soutien
Autres soutiens majeurs
Crise migratoire :
Pays de destination
Résidents temporaires au 7 mars 2018
Population 2016
31,5 millions
Source : l'Année stratégique 2019
Évolution vers la crise économique 2012-2018
PIB (%)
5,6 %
- 18 %
Production de pétrole
2,4
1,4
millions de barils/jour
Pauvreté
Extrême pauvreté
%
80
40
0
2014
2017
Importations
29,9
9,9
milliards de dollars
Réserves en devises étrangères
66
9,2
milliards de dollars
Dépenses publiques
- 15,6
- 21,2
en % du PIB
Inflation
x 50 000 %
Sources : FMI - AFP, UNHCR - Financial Times

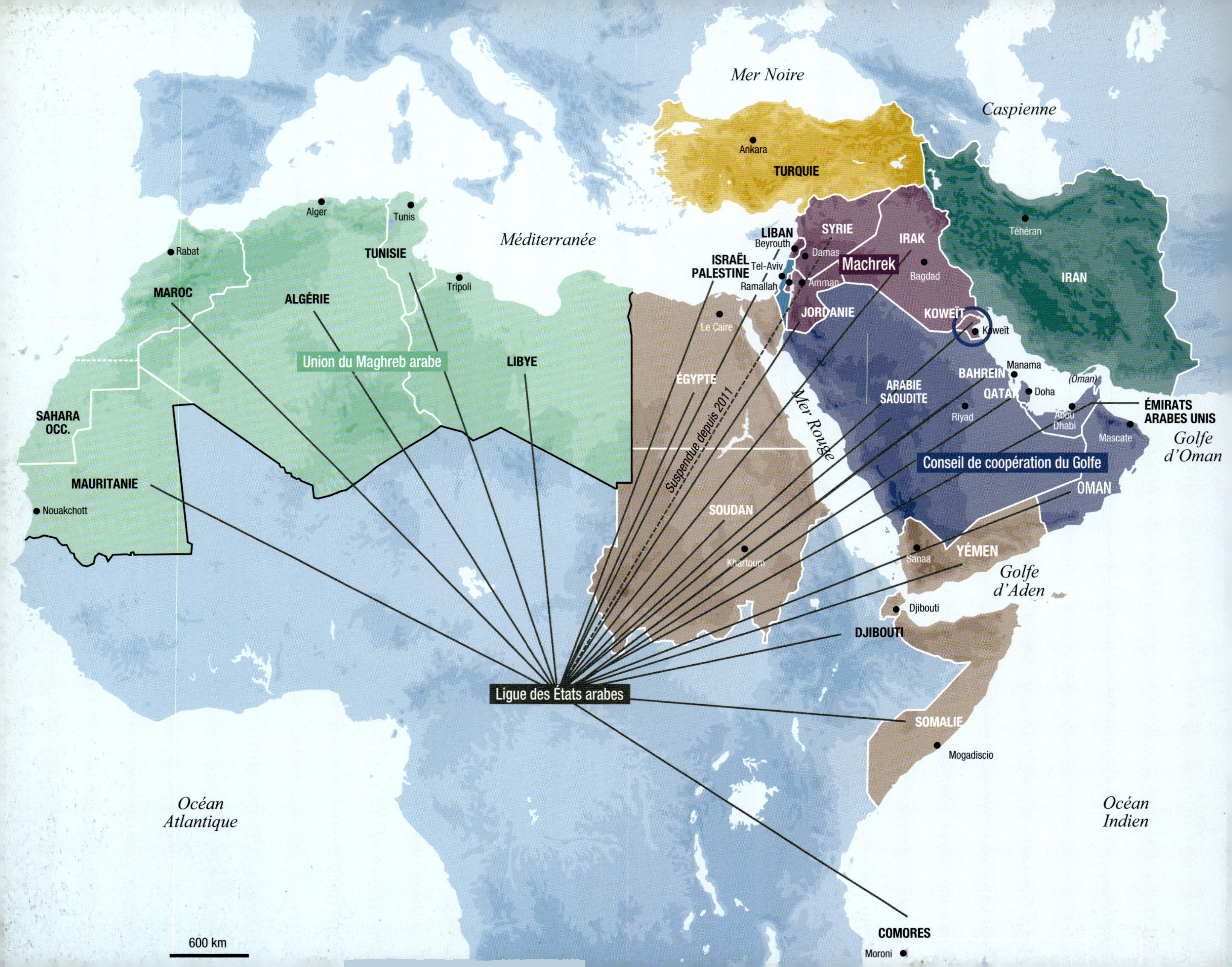

Mer Noire
Caspienne
Ankara
TURQUIE
Alger
Tunis
Rabat
TUNISIE
Méditerranée
Tripoli
MAROC
ALGÉRIE
LIBYE
Union du Maghreb arabe
SAHARA OCC.
MAURITANIE
Nouakchott
LIBAN
Beyrouth
SYRIE
Damas
IRAK
Bagdad
Téhéran
IRAN
ISRAËL
PALESTINE
Tel-Aviv
Ramallah
Amman
Machrek
JORDANIE
KOWEÏT
Koweït
Le Caire
ÉGYPTE
Suspendue depuis 2011
Mer Rouge
ARABIE SAOUDITE
Riyad
BAHREIN
Manama
QATAR
Doha
(Oman)
Abou Dhabi
ÉMIRATS ARABES UNIS
Mascate
Golfe d'Oman
Conseil de coopération du Golfe
OMAN
SOUDAN
Khartoum
Sanaa
YÉMEN
Golfe d'Aden
Djibouti
DJIBOUTI
Ligue des États arabes
SOMALIE
Mogadiscio
Océan Atlantique
Océan Indien
COMORES
Moroni
600 km

Le Moyen-Orient des crises et des conflits

Israël/Palestine/Pays arabes (1/2)

Les origines

En 1897, Theodor Herzl publie *L'État des Juifs*, qui réclame la création d'un État pour le peuple juif, où il serait protégé des persécutions antisémites. En 1917, le ministre britannique des Affaires étrangères, Lord Balfour, fait une déclaration en faveur de la création d'un « foyer national juif » en Palestine tout en promettant l'indépendance aux Arabes appartenant à l'Empire ottoman. Il parle de donner à « un peuple sans terre, une terre sans peuple », oubliant que la Palestine est déjà peuplée. Entre 1919 et 1939, sous mandat britannique, la population juive passe de 65 000 à 425 000 membres, soit de 10 à 30 % de la population, du fait de l'activisme du mouvement sioniste et de l'exode des juifs fuyant les persécutions en Europe centrale et en Allemagne. Cela provoque une hostilité arabe à l'immigration juive. Après la Seconde Guerre mondiale, l'ONU adopte un plan de partage de la Palestine attribuant 55 % des territoires aux juifs et 45 % aux Arabes. Ces derniers refusent ce partage et lancent la première guerre israélo-arabe. Ils sont vaincus et Israël, dont l'État, proclamé le 14 mai 1948 par Ben Gourion, étend son territoire de 55 % à 78 % de la Palestine. Le reste est partagé entre l'Égypte et la Jordanie. L'État arabe promis aux Palestiniens n'est donc pas créé. Dès lors, 725 000 Palestiniens doivent fuir et deviennent des réfugiés. Les pays arabes refusent de reconnaître Israël qui, pour se protéger, se rapproche des pays occidentaux et des États-Unis et passe donc pour un allié des anciennes puissances coloniales. En 1956, Israël participe, avec le Royaume-Uni et la France, à l'expédition de Suez contre l'Égypte de Nasser. L'Union soviétique intervient aux côtés de l'Égypte. En 1967, Israël gagne la guerre dite des Six Jours, occupe Jérusalem-Est, la Cisjordanie et Gaza, le Sinaï égyptien et le Golan syrien. Leur défaite sans appel est vécue comme une humiliation par tous les pays arabes. L'ONU adopte la résolution 242 qui proclame l'inadmissibilité de l'acquisition de territoires par la guerre et demande un retrait israélien des territoires occupés. Au sommet de Khartoum de 1967, les pays arabes optent pour le triple non : non à la réconciliation, non à la reconnaissance d'Israël, non aux négociations.

De leur côté, les Palestiniens prônent la lutte armée et refusent de reconnaître Israël qui rejette tout dialogue avec eux. Une nouvelle guerre oppose Israël à l'Égypte et à la Syrie en 1973, se terminant par un statu quo.

En 1978, le président égyptien Sadate prend l'initiative de se rendre à Jérusalem afin de proposer la paix aux Israéliens. Les deux pays se reconnaissent mutuellement. Le Sinaï est restitué, mais l'Égypte est exclue de la Ligue des États arabes pour avoir signé une paix séparée. Elle s'allie aux États-Unis et obtient une importante aide économique.

En 1982, Israël intervient au Liban afin de déloger les combattants palestiniens qui y ont créé un État dans l'État. Yasser Arafat, qui a créé l'Organisation de libération de la Palestine (OLP) en 1964, doit fuir Beyrouth, protégé par la France, mais l'image d'Israël est ternie par des massacres de civils (par des milices maronites) dans des camps. À partir de 1987, de jeunes Palestiniens déclenchent l'Intifada, « révolte des pierres », contre l'occupation israélienne. Après la guerre du Golfe de 1990-1991, les Américains comprennent que l'utilisation par Saddam Hussein de l'occupation israélienne des territoires mobilise facilement l'opinion arabe. George H. W. Bush contraint Israël à changer d'attitude. Des négociations directes entre Israéliens et Palestiniens conduisent à la signature des accords d'Oslo. L'OLP reconnaît l'existence d'Israël et Israël (Yitzhak Rabin), qui considérait jusqu'ici l'OLP comme une organisation terroriste, la reconnaît comme représentant légitime des Palestiniens. Les accords d'Oslo (ratifiés à Washington en septembre 1993) prévoient un retrait par étape d'Israël des territoires occupés, devant conduire à la création d'un État palestinien.

Le 1er juillet 1994, Yasser Arafat, jusqu'ici en exil, est autorisé à revenir en Palestine. Mais le Premier ministre israélien est assassiné par un extrémiste juif, le 4 novembre 1995, ce qui entraîne l'enlisement du processus de paix. À la fin de son second mandat, le président Bill Clinton essaie d'aboutir à un accord de paix, lors d'un sommet à Camp David, à l'été 2000. Celui-ci échoue et le cycle de la violence reprend, poussant les Israéliens à voter en faveur d'Ariel Sharon en février 2001. Opposé aux accords d'Oslo, il s'écarte de la ligne Rabin (combattre le terrorisme comme s'il n'y avait pas de processus de paix ; poursuivre le processus de paix comme s'il n'y avait pas de terrorisme). Il démonte point par point les accords d'Oslo, tandis que le terrorisme

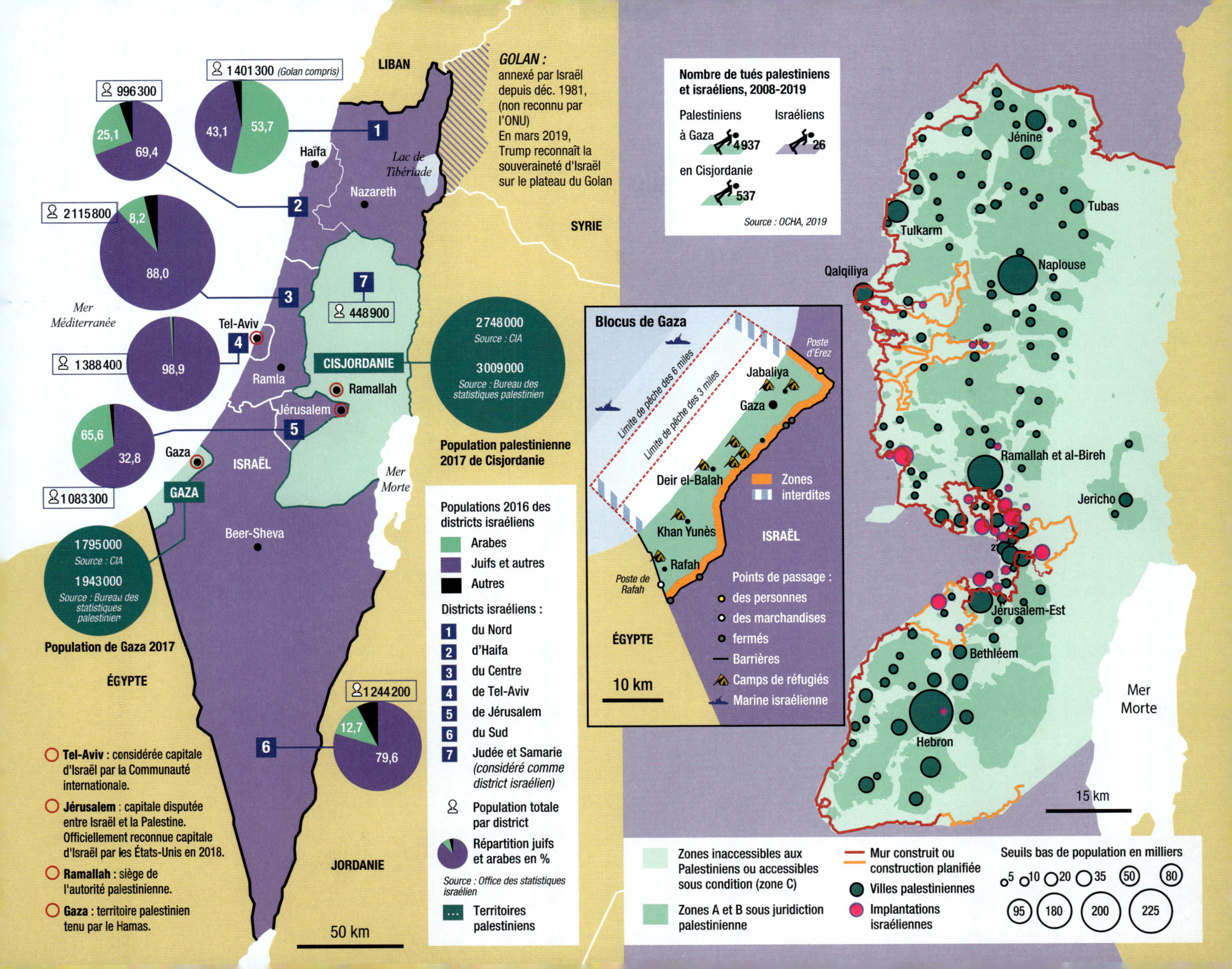

LIBAN
SYRIE
GOLAN : annexé par Israël depuis déc. 1981, (non reconnu par l'ONU)
En mars 2019, Trump reconnaît la souveraineté d'Israël sur le plateau du Golan
1 401 300 (Golan compris)
53,7
43,1
996 300
25,1
69,4
2 115 800
8,2
88,0
1 388 400
98,9
1 083 300
65,6
32,8
448 900
1 244 200
12,7
79,6
1
2
3
4
5
6
7
Haïfa
Lac de Tibériade
Nazareth
Mer Méditerranée
Tel-Aviv
Ramla
Ramallah
Jérusalem
CISJORDANIE
Gaza
GAZA
ISRAËL
Beer-Sheva
Mer Morte
ÉGYPTE
JORDANIE
2 748 000
Source : CIA
3 009 000
Source : Bureau des statistiques palestinien
Population palestinienne 2017 de Cisjordanie
1 795 000
Source : CIA
1 943 000
Source : Bureau des statistiques palestinien
Population de Gaza 2017
Tel-Aviv : considérée capitale d'Israël par la Communauté internationale.
Jérusalem : capitale disputée entre Israël et la Palestine. Officiellement reconnue capitale d'Israël par les États-Unis en 2018.
Ramallah : siège de l'autorité palestinienne.
Gaza : territoire palestinien tenu par le Hamas.
50 km
Populations 2016 des districts israéliens
Arabes
Juifs et autres
Autres
Districts israéliens :
1 du Nord
2 d'Haifa
3 du Centre
4 de Tel-Aviv
5 de Jérusalem
6 du Sud
7 Judée et Samarie (considéré comme district israélien)
Population totale par district
Répartition juifs et arabes en %
Source : Office des statistiques israélien
Territoires palestiniens
Nombre de tués palestiniens et israéliens, 2008-2019
Palestiniens
Israéliens
à Gaza
4 937
26
en Cisjordanie
537
Source : OCHA, 2019
Blocus de Gaza
Limite de pêche des 6 miles
Limite de pêche des 3 miles
Poste d'Erez
Jabaliya
Gaza
Deir el-Balah
Khan Yunès
Rafah
Poste de Rafah
ÉGYPTE
ISRAËL
Zones interdites
Points de passage :
des personnes
des marchandises
fermés
Barrières
Camps de réfugiés
Marine israélienne
10 km
Jénine
Tubas
Tulkarm
Qalqiliya
Naplouse
Ramallah et al-Bireh
Jericho
Jérusalem-Est
Bethléem
Hebron
Mer Morte
15 km
Zones inaccessibles aux Palestiniens ou accessibles sous condition (zone C)
Zones A et B sous juridiction palestinienne
Mur construit ou construction planifiée
Villes palestiniennes
Implantations israéliennes
Seuils bas de population en milliers
5
10
20
35
50
80
95
180
200
225

du Hamas reprend à une échelle significative. En 2002, la Ligue des États arabes propose un plan de paix : en échange de la reconnaissance d'Israël par les pays arabes, l'État hébreu se retire des territoires pour permettre la création d'un État palestinien. La proposition reste sans réponse. L'évacuation unilatérale, par Ariel Sharon, de la bande de Gaza, où 7 000 colons israéliens vivent entourés de 1 400 000 Palestiniens, n'empêche pas la poursuite de la colonisation en Cisjordanie. Ce blocage pousse les Palestiniens en janvier 2006 à voter majoritairement pour le Hamas, opposé aux accord d'Oslo et considéré comme une organisation terroriste par les pays occidentaux et Israël. L'Occident coupe les ponts avec le gouvernement palestinien de Gaza. Les Palestiniens sont divisés géographiquement entre Gaza et la Cisjordanie et, politiquement, entre le Hamas qui tient Gaza et le Fatah. Gaza a été évacuée mais est soumise à un blocus auquel les Palestiniens répondent par des tirs de roquettes sur les villes israéliennes. Cela entraîne une nouvelle intervention militaire et des bombardements sur Gaza qui font 1 400 morts en décembre 2008-janvier 2009, et conduit, en février 2009, à l'élection du gouvernement le plus nationaliste de l'histoire d'Israël. Les contours de la paix sont connus et ont été définis dans plusieurs documents : création d'un État palestinien à côté d'Israël, droit d'Israël à exister dans les frontières de 1967 avec d'éventuelles rectifications frontalières à condition qu'elles soient compensées territorialement et mutuellement agréées. Mais depuis, la méfiance, voire l'hostilité, a repris le dessus.

En 2009, le président Obama tente timidement d'exiger l'arrêt de la colonisation par Israël. Mais, le Premier ministre Netanyahou, tout juste élu, n'en tient pas compte et la poursuit. Il est soutenu par le Congrès américain. Le 29 novembre 2012, la Palestine a été élue « État non membre observateur de l'ONU » après un vote à l'Assemblée générale (138 voix contre 9 et 41 abstentions). Mais cela ne change rien sur le terrain. La solution de deux États est-elle encore possible du fait de l'avancée de la colonisation ?

En 2014, suite au kidnapping de trois Israéliens, le gouvernement israélien bombarde de nouveau Gaza, faisant 2 200 morts. En mars 2015, le Likoud de Benyamin Netanyahou remporte à nouveau les élections et forme un gouvernement de droite et d'extrême droite hostile aux négociations. Les sociétés palestinienne et israélienne sont de plus en plus opposées et la communauté internationale est volontairement impuissante. La situation est une véritable bombe à retardement.

L'élection de Donald Trump, très favorable à Israël, conforte Netanyahou – lié aux extrémistes religieux et au parti des colons – dans son intransigeance. Washington transfert son ambassade de Tel-Aviv à Jérusalem, rompt avec l'autorité palestinienne et reconnait la souveraineté israélienne sur le Golan. Sur le plan diplomatique, Israël remporte de nombreux succès. L'Union européenne accepte de fait la situation, ainsi que la Russie et la Chine. L'Inde et plus discrètement de nombreux pays africains, coopèrent avec Israël. L'élection de Bolsonaro au Brésil est aussi une victoire pour Israël. Un rapprochement avec l'Arabie saoudite et avec les Emirats, par hostilité commune à l'Iran est réalisé. Les gouvernements arabes ont abandonné la cause palestinienne qui reste cependant très mobilisatrice pour les opinions publiques.

Les scénarios

1 Le gouvernement Netanyahou, sans refuser officiellement la négociation, continue la colonisation en Cisjordanie en jouant sur la politique du fait accompli et en pariant sur la lassitude des Palestiniens et l'inaction des Arabes et Occidentaux.

2 Le sentiment d'injustice et du « deux poids, deux mesures » est de plus en plus vivement ressenti dans les opinions musulmanes, nourrissant l'hostilité à l'égard du monde occidental. Les violences reprennent.

3 Les pressions des opinions publiques mondiales ou un changement dans l'opinion israélienne amènent Israël à accepter réellement un État palestinien. Les débuts sont difficiles mais petit à petit les deux pays collaborent, et une paix véritable se met en place, favorisant un décollage économique de toute la région. Cette situation nouvelle contribue à détendre les relations Islam-Occident. C'est aujourd'hui le moins probable.

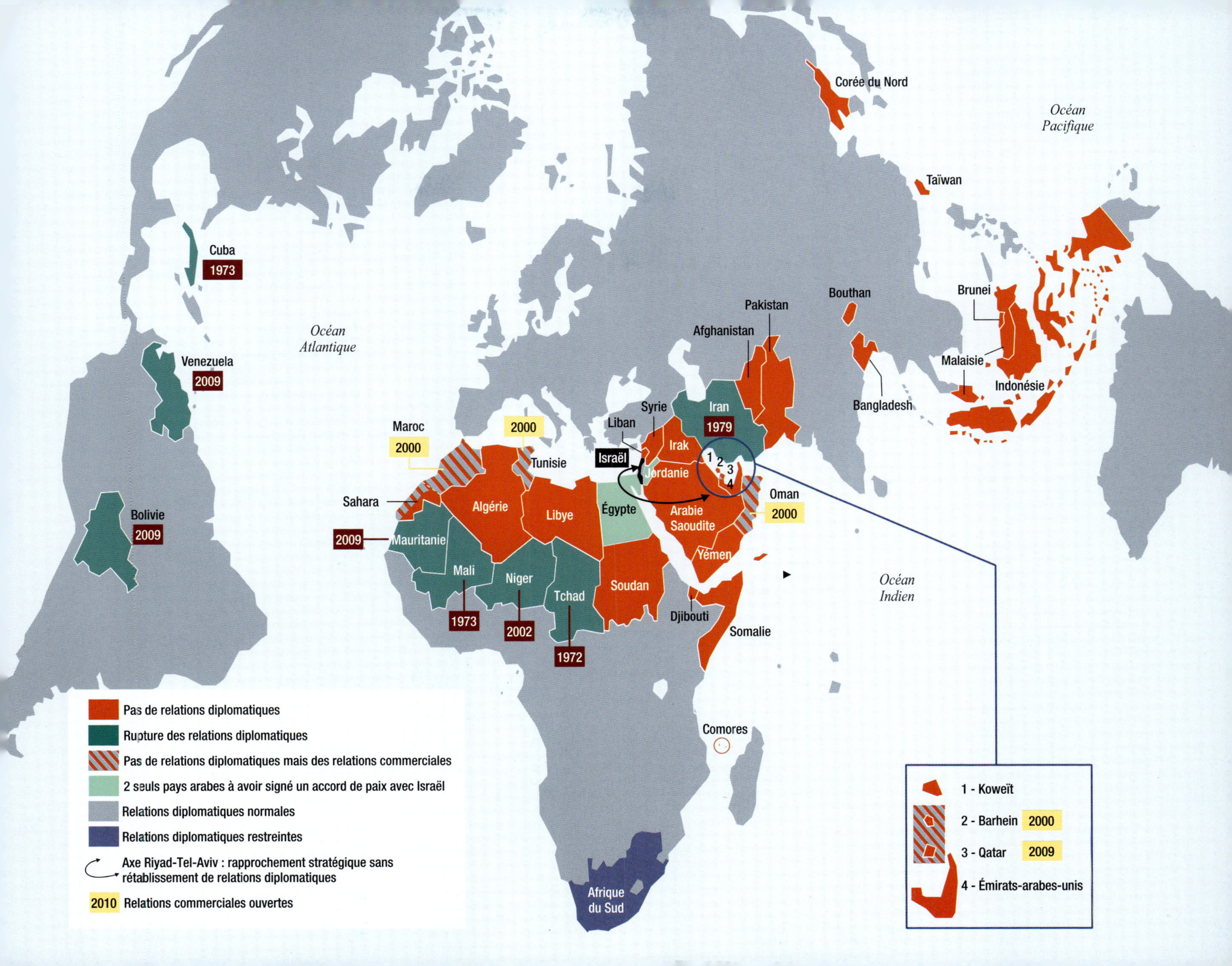

Corée du Nord
Océan Pacifique
Taïwan
Cuba
1973
Brunei
Bouthan
Pakistan
Afghanistan
Océan Atlantique
Venezuela
2009
Malaisie
Indonésie
Bangladesh
Iran
1979
Syrie
Liban
Maroc
2000
2000
Irak
Israël
Tunisie
Jordanie
1
2
3
4
Oman
2000
Sahara
Algérie
Libye
Égypte
Arabie Saoudite
Bolivie
2009
2009
Mauritanie
Yémen
Mali
Niger
Tchad
Soudan
Océan Indien
Djibouti
1973
2002
Somalie
1972
Comores
Pas de relations diplomatiques
Rupture des relations diplomatiques
Pas de relations diplomatiques mais des relations commerciales
2 seuls pays arabes à avoir signé un accord de paix avec Israël
Relations diplomatiques normales
Relations diplomatiques restreintes
Axe Riyad-Tel-Aviv : rapprochement stratégique sans rétablissement de relations diplomatiques
2010 Relations commerciales ouvertes
Afrique du Sud
1 - Koweït
2 - Barhein 2000
3 - Qatar 2009
4 - Émirats-arabes-unis

Syrie

Les origines

La Syrie, qui a appartenu à l'Empire ottoman et a été placée sous mandat français suite à la Première Guerre mondiale, obtient son indépendance en 1946. Elle déplore que le Liban ne lui soit pas incorporé.

En 1970, le général Hafez Al-Assad prend le pouvoir par un coup d'État. Il appartient à la minorité alaouite (une des branches du chiisme) qui représente environ 10 % de la population. Il instaure un régime autoritaire, lié stratégiquement à l'Union soviétique. La guerre civile au Liban, en 1976, lui permet d'y étendre son influence après y être intervenu militairement, à la demande des chrétiens, pour mettre fin aux affrontements intercommunautaires libanais. Hafez Al-Assad, auquel son fils Bachar succède en 2000, développe une rhétorique antioccidentale et anti-israélienne, mais, conscient que le rapport de force militaire est très favorable à Israël, évite toute confrontation directe avec l'État hébreu. En 2004, la résolution 1559 du Conseil de sécurité exige le retrait des troupes étrangères du Liban. Accusé d'avoir commandité l'assassinat de ceux qui s'opposaient à l'emprise syrienne au Liban, y compris l'ancien Premier ministre Rafic Hariri, la Syrie est contrainte d'évacuer ce pays en 2005.

La crise actuelle

Dans la foulée des événements égyptiens et tunisiens, des manifestations populaires contestent Bachar Al-Assad à la mi-mars 2011, dénonçant son caractère dictatorial, sa corruption, l'absence de perspectives économiques et sociales ainsi que la concentration du pouvoir et des richesses par la minorité alaouite et les proches du régime. Bachar Al-Assad répond par des promesses de réformes démocratiques, qu'il ne tient pas, et une brutale répression militaire. Dénonçant un complot de l'étranger, il transforme la contestation politique en une guerre civile, jouant sur la peur de la minorité alaouite, mais également des autres minorités, par rapport à la majorité sunnite. Le Conseil national syrien, qui s'oppose à lui par la lutte armée, est divisé. Bachar Al-Assad est soutenu par la Russie qui le protège juridiquement au Conseil de sécurité de l'ONU et lui livre des armes, ainsi que par l'Iran et le Hezbollah libanais. Soucieux de ne pas s'engager sur un front supplémentaire dans le monde arabe, au moment des retraits en Afghanistan et en Irak, les Occidentaux aident de façon minimale l'opposition armée, craignant depuis 2011 que les djihadistes n'en prennent par la suite le contrôle. Rapidement, le régime de Bachar Al-Assad d'un côté et les djihadistes de l'autre prennent le pas sur l'opposition modérée.

En 2014, est proclamé l'État islamique (Daech), groupe djihadiste sunnite disposant d'une assise territoriale, à cheval sur la Syrie et l'Irak représentant la superficie de la Grande-Bretagne. L'État islamique devient un sanctuaire pour terroristes et des groupes organisent des attentats dans de nombreux pays.

En septembre 2015, la Russie – ainsi que l'Iran et le Hezbollah – aident Bachar Al-Assad à reconquérir l'essentiel de son territoire. L'État islamique perd son assise territoriale en mars 2019 grâce, notamment, aux forces arabo-kurdes.

La guerre a fait 500 000 morts, 5 millions de réfugiés, 7 millions de déplacés. Le pays est largement détruit. Le PIB a diminué de 75 % depuis le début de la guerre. Les Occidentaux et les pays du Golfe accusent Bachar Al-Assad de crime de guerre et de crime contre l'humanité. La Russie le soutien, par opposition aux thèses américaines de changement de régime (Irak, Libye), au nom de la lutte contre le terrorisme et par intérêt stratégique. La Turquie veut éviter qu'une zone kurde autonome ne s'établisse à sa frontière.

Les scénarios

1 Un accord est trouvé sur une transition politique avec des éléments du régime, sans Bachar Al-Assad et des éléments de l'opposition, sans djihadistes, entre Russes, Occidentaux et pays du Golfe, ces deux derniers acceptant de payer pour la reconstruction de la Syrie.

2 Les Russes et les Iraniens continuent de soutenir Bachar Al-Assad et de contrôler la Syrie, mais de fait, les pays du Golfe et les Occidentaux refusent d'en payer la reconstruction. Bachar dirige un pays détruit, aidé par la Russie et la Chine.

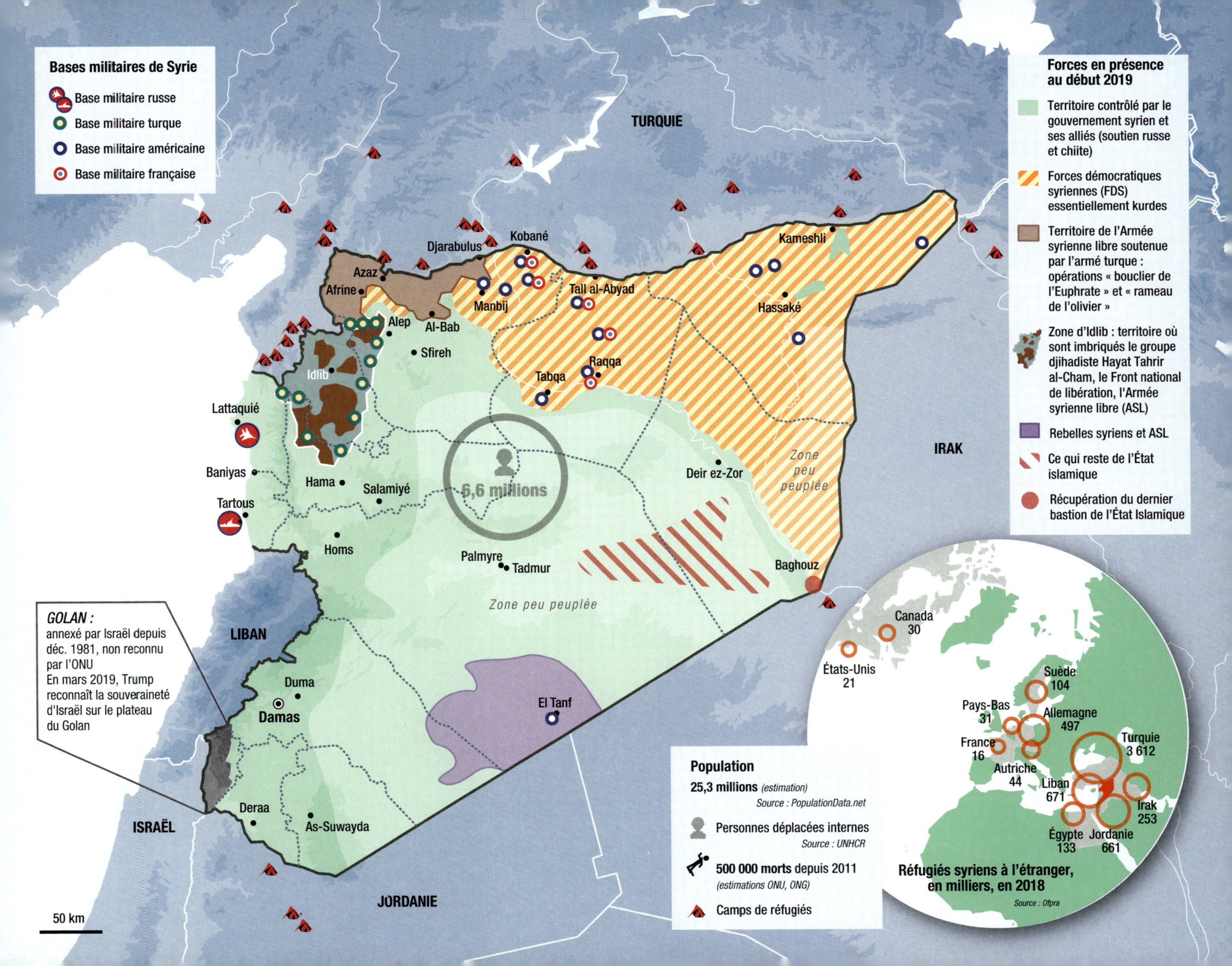

Bases militaires de Syrie
Base militaire russe
Base militaire turque
Base militaire américaine
Base militaire française
Forces en présence au début 2019
Territoire contrôlé par le gouvernement syrien et ses alliés (soutien russe et chiite)
Forces démocratiques syriennes (FDS) essentiellement kurdes
Territoire de l'Armée syrienne libre soutenue par l'armé turque : opérations « bouclier de l'Euphrate » et « rameau de l'olivier »
Zone d'Idlib : territoire où sont imbriqués le groupe djihadiste Hayat Tahrir al-Cham, le Front national de libération, l'Armée syrienne libre (ASL)
Rebelles syriens et ASL
Ce qui reste de l'État islamique
Récupération du dernier bastion de l'État Islamique
TURQUIE
IRAK
LIBAN
ISRAËL
JORDANIE
Kobané
Djarabulus
Azaz
Afrine
Alep
Al-Bab
Manbij
Tall al-Abyad
Kameshli
Hassaké
Sfireh
Idlib
Raqqa
Tabqa
Lattaquié
Baniyas
Tartous
Hama
Salamiyé
Homs
6,6 millions
Deir ez-Zor
Zone peu peuplée
Palmyre
Tadmur
Baghouz
Zone peu peuplée
El Tanf
Duma
Damas
Deraa
As-Suwayda
GOLAN :
annexé par Israël depuis déc. 1981, non reconnu par l'ONU
En mars 2019, Trump reconnaît la souveraineté d'Israël sur le plateau du Golan
50 km
Population
25,3 millions (estimation)
Source : PopulationData.net
Personnes déplacées internes
Source : UNHCR
500 000 morts depuis 2011
(estimations ONU, ONG)
Camps de réfugiés
Canada 30
États-Unis 21
Suède 104
Pays-Bas 31
Allemagne 497
France 16
Autriche 44
Turquie 3 612
Liban 671
Irak 253
Égypte 133
Jordanie 661
Réfugiés syriens à l'étranger, en milliers, en 2018
Source : Ofpra

Liban

Les origines

En 1860, suite au massacre des chrétiens maronites par les Druzes, la France de Napoléon III envoie un corps expéditionnaire et oblige l'Empire ottoman à créer une province autonome, le mont Liban. Les Français s'y installent pour protéger les chrétiens.

Paris et Londres, en 1916, délimitent leurs zones d'influence par les accords Sykes-Picot au Proche-Orient, alors partie intégrante de l'Empire ottoman. La France y obtient le Liban et le nord de la Syrie actuelle, dont le sud, la Palestine revient au Royaume-Uni.

Le Liban devient indépendant en 1943 sur la base d'un pacte communautaire : les musulmans renoncent à l'union avec la Syrie et les chrétiens maronites reconnaissent l'arabité du Liban. Mais, la Syrie considérant qu'elle a été dépossédée du Liban par les puissances coloniales, ne reconnaît pas son indépendance. Les maronites obtiennent la présidence de la République, la présidence du Conseil des ministres va aux sunnites et celle du Parlement aux chiites. La cohabitation est harmonieuse. Le Liban devient le centre économique et intellectuel du monde arabe.

La crise actuelle

Suite aux guerres entre Israël et les pays arabes, de nombreux réfugiés palestiniens s'établissent au Liban sans avoir le droit de s'y intégrer. En 1975, une guerre civile éclate entre les différentes communautés. Les troupes syriennes interviennent, initialement à la demande des chrétiens, pour y restaurer l'ordre. Israël occupe une partie du sud du Liban afin d'empêcher les Palestiniens d'en faire une base arrière pour mener des opérations militaires. En 1982, Israël lance une offensive qui la mène jusqu'à Beyrouth et qui est marquée par des massacres de civils palestiniens par les Phalanges chrétiennes dans les camps de Sabra et Chatila. En 1989 est signé l'accord de Taëf – en Arabie Saoudite – qui met fin à la guerre civile. Les troupes israéliennes se retirent du Sud-Liban en 2000. Les troupes syriennes quant à elles se retirent du Liban en 2005. En 2006, après un affrontement entre le Hezbollah, la milice chiite et l'armée israélienne, Israël lance une nouvelle guerre contre le Liban.

La Syrie reconnaît le Liban en 2008. Mais, sur le plan intérieur, celui-ci est toujours divisé politiquement entre deux camps qualifiés de pro-américain et de pro-syrien. Le Liban reste fragile. Il est difficile d'imaginer une vraie solution aux problèmes de ce pays tant que les conflits israélo-palestinien et syrien n'auront pas été réglés. La guerre civile en Syrie crée un afflux de réfugiés au Liban (1,5 million, pour 6 millions d'habitants) et fait craindre par contagion une déstabilisation du pays où Daech et Al-Qaïda cherchent, pour le moment, à s'implanter. Le Hezbollah, qui s'est renforcé – ce qui suscite l'hostilité de l'Arabie saoudite – et une partie des chrétiens soutiennent Bachar Al-Assad, alors que les autres forces politiques syriennes souhaitent son départ. Le pays reste instable, les équilibres sont fragiles.

Les scénarios

1 Le scénario idéal : la paix entre Israéliens et Palestiniens et en Syrie permet au Liban de se stabiliser, de mettre fin aux divisions communautaires et aux ingérences extérieures, et de retrouver un dynamisme économique et intellectuel. Ce scénario est peu probable à court terme.

2 Le Liban reste soumis aux différentes influences extérieures (syrienne, iranienne, israélienne, américaine) et, du fait de divisions internes, l'économie stagne et les élites fuient de plus en plus le pays.

3 La guerre civile en Syrie s'étend au Liban.

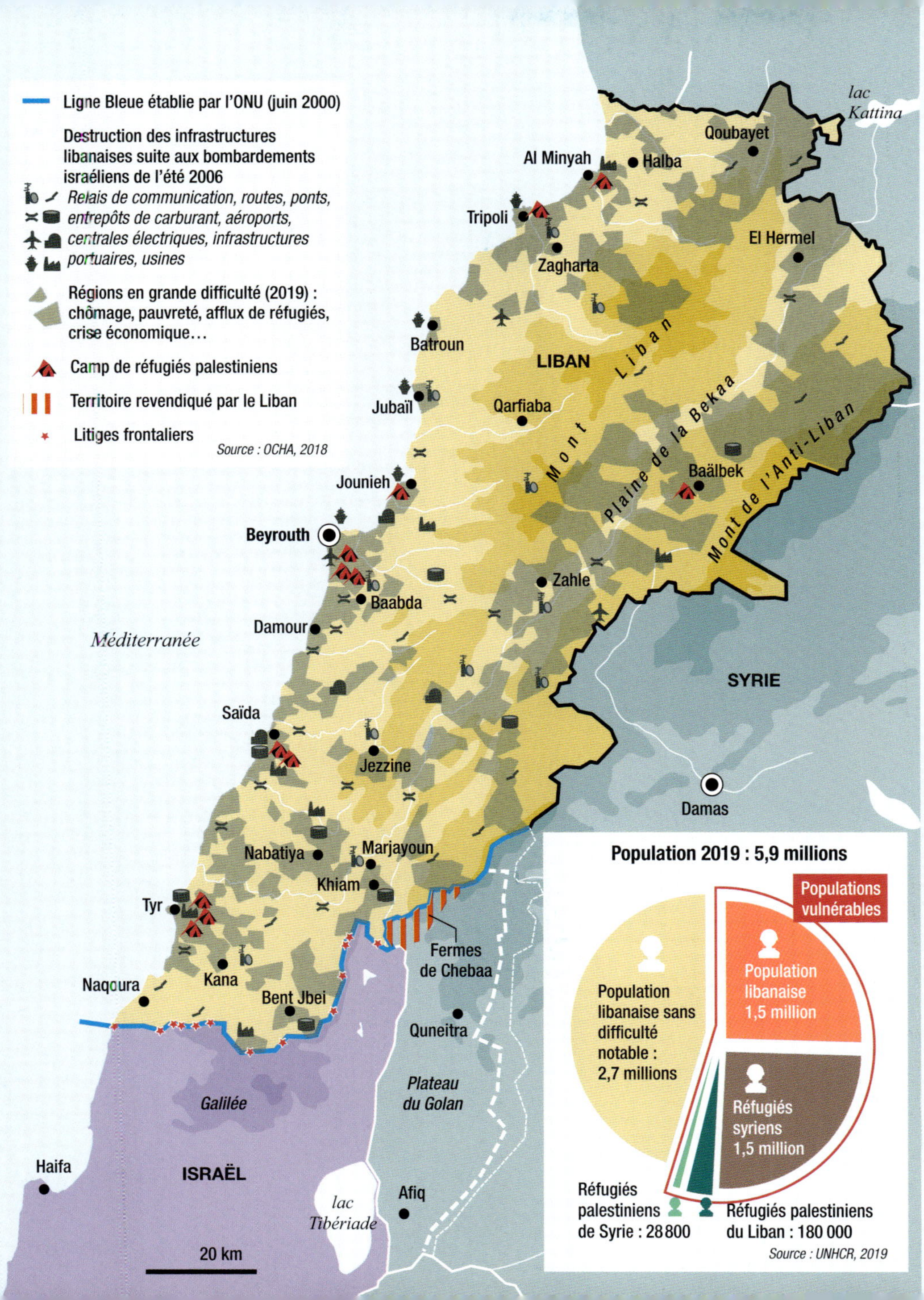

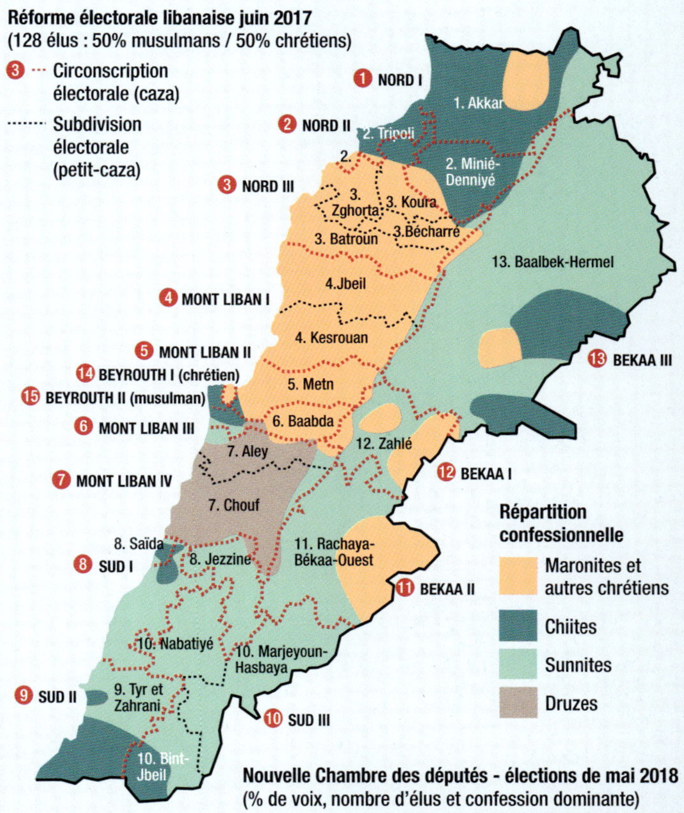

Nouvelle Chambre des députés - élections de mai 2018
(% de voix, nombre d'élus et confession dominante)

CdF	CPL	Amal	FL	Hezb.	PSP	Autres
14,6 %	15,7 %	11,6 %	9,2 %	16,8 %	5,0 %	27,0 %
20	29	16	15	13	9	26

CdF : Courant du futur – CPL : Courant patriotique libre – Amal : Mouvement Amal – FL : Forces libanaises – Hezbh : Hezbollah – PSP : Parti socialiste progressiste

Source : lorientlejour.com

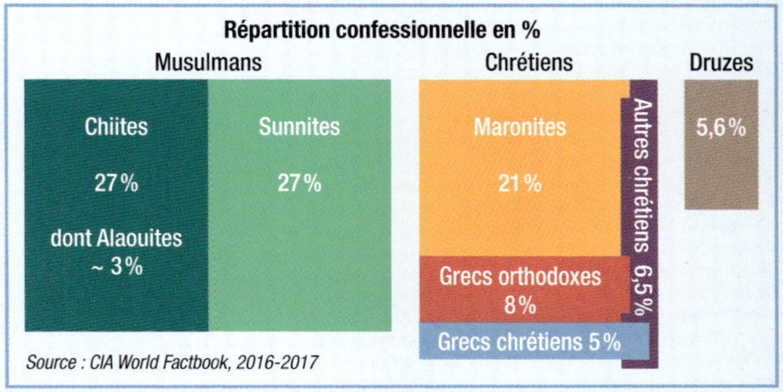

Israël/Iran

Les origines

Au pouvoir en Iran depuis 1941, le Shah est renforcé en 1953 par le renversement, à l'instigation de la CIA, du Premier ministre Mossadegh qui avait osé nationaliser le pétrole iranien en 1951. L'Iran fait d'Israël un allié majeur et se brouille avec les pays arabes. Les défaites arabes de 1967, et l'impasse militaire de 1973, confortent le Shah dans son option israélienne. Lorsqu'il est renversé en 1979 par l'ayatollah Khomeiny, la rhétorique entre les deux pays devient violente. Néanmoins, Israël va aider l'Iran au cours de la guerre contre l'Irak (1980-1988) en lui fournissant des armes. C'est une façon de prolonger la guerre et d'épuiser ses deux adversaires. Après la guerre du Golfe de 1990-1991 l'Iran apparaît alors comme le pays potentiellement le plus puissant de la région et défie ouvertement les États-Unis et Israël. La création du Hezbollah au Liban en 1982 donne à Téhéran un moyen de pression supplémentaire grâce à une connexion chiite, autrefois inexistante, dans l'environnement immédiat d'Israël.

La crise actuelle

La dénonciation par George W. Bush en 2002 de l'« axe du mal », qui inclut l'Iran, et la guerre d'Irak en 2003, amènent le régime iranien à se radicaliser de nouveau suite à l'élection du président Ahmadinejad. Ce dernier voit dans la dénonciation virulente d'Israël un moyen de conforter sa popularité en Iran et au sein du monde musulman, et va jusqu'à évoquer la possibilité que l'État hébreu soit rayé de la carte.

La poursuite du programme nucléaire iranien, soupçonné d'avoir une finalité militaire, et le renforcement relatif de l'Iran après la guerre d'Irak inquiètent Israël au point de voir certains de ses responsables prôner une attaque militaire visant à détruire le programme nucléaire iranien. Si l'État hébreu n'a pas convaincu les Américains, ni G. W. Bush et encore moins B. Obama, qui se retire d'Irak et d'Afghanistan, d'y procéder ni d'obtenir les armes pour y aller seul, il continue néanmoins à menacer régulièrement de frapper l'Iran. Des assassinats de scientifiques iraniens, attribués à Israël, ont lieu tandis qu'un virus informatique endommage les capacités iraniennes.

En juin 2010, l'ONU renforce encore les sanctions à l'égard de l'Iran. En juin 2013, l'élection du président Rohani, le plus modéré des candidats, fait espérer une évolution plus favorable. En juillet 2015, un accord 5+1 (États-Unis, Russie, Chine, France, Royaume-Uni, Allemagne) est signé avec l'Iran sous l'impulsion de Barack Obama, ce qui éloigne les deux scénarios catastrophes : l'Iran doté de l'arme nucléaire ou une guerre pour l'éviter. Mais Israël craint plus encore la perspective de la réintégration de l'Iran dans la communauté internationale et son développement économique en cas de levée des sanctions internationales et américaines. Netanyahou continue de faire campagne sur la dénonciation d'un programme nucléaire iranien secret et la déstabilisation de la région par l'Iran, dénonçant sa présence en Syrie et son soutien au Hezbollah au Liban. L'élection de Donald Trump, hostile à l'Iran et qui dénonce l'accord signé par Barack Obama, ainsi que le rapprochement spectaculaire d'Israël avec l'Arabie saoudite sur fonds de crainte commune de l'Iran, renforcent Netanyahou. Les sanctions américaines affaiblissent économiquement l'Iran, Rohani étant critiqué par les radicaux pour l'échec de sa politique de rapprochement avec les Occidentaux et par la population lassée des restrictions.

Les scénarios

1 Israël pousse les États-Unis à intervenir conjointement contre l'Iran. Le scénario irakien de chao se répète, en pire.

2 Israël veut contenir l'Iran en l'étouffant économiquement grâce aux sanctions américaines.

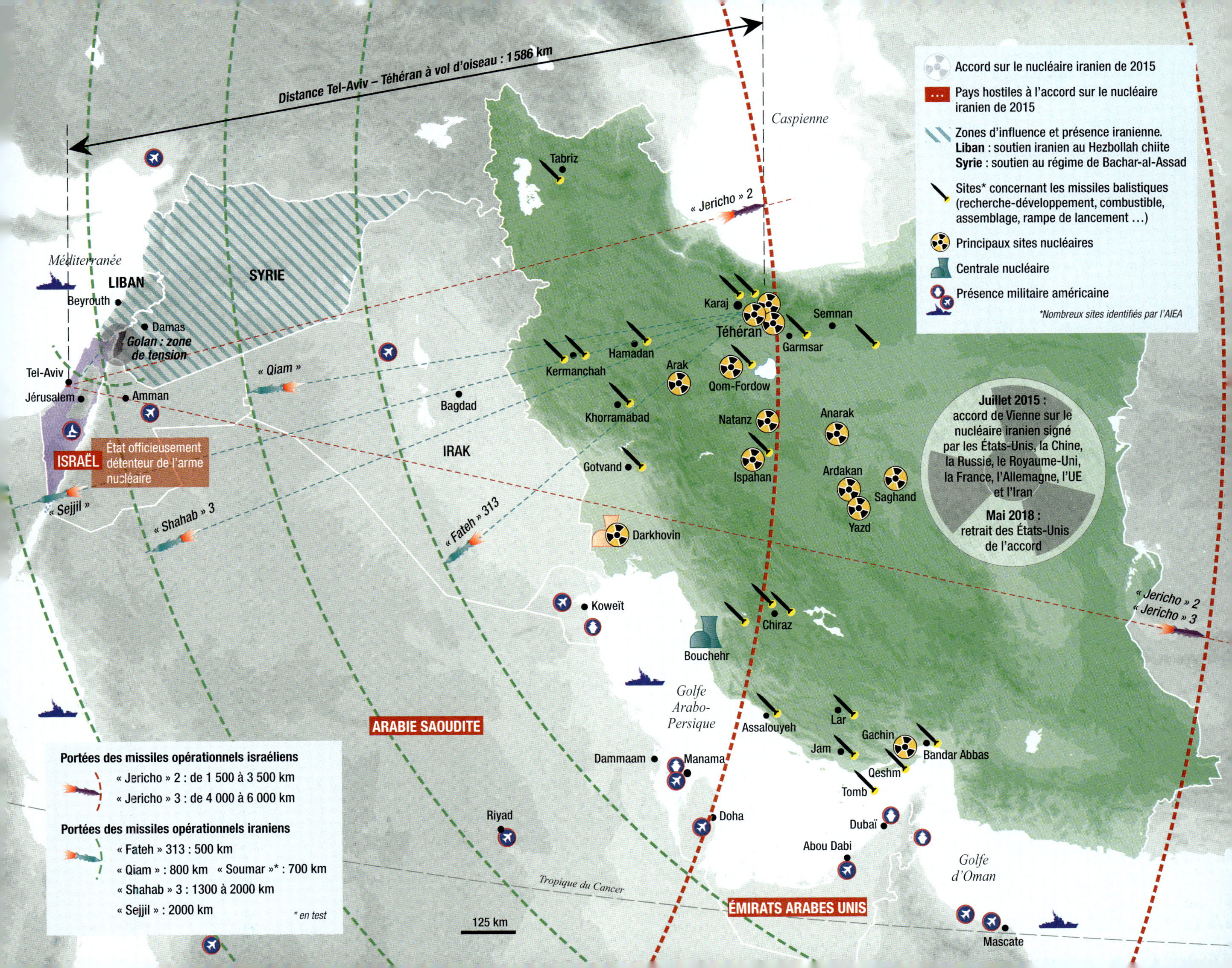

Distance Tel-Aviv – Téhéran à vol d'oiseau : 1 586 km
Caspienne
Accord sur le nucléaire iranien de 2015
Pays hostiles à l'accord sur le nucléaire iranien de 2015
Zones d'influence et présence iranienne.
Liban : soutien iranien au Hezbollah chiite
Syrie : soutien au régime de Bachar-al-Assad
Sites* concernant les missiles balistiques (recherche-développement, combustible, assemblage, rampe de lancement …)
Principaux sites nucléaires
Centrale nucléaire
Présence militaire américaine
*Nombreux sites identifiés par l'AIEA
Méditerranée
LIBAN
SYRIE
Beyrouth
Damas
Golan : zone de tension
Tel-Aviv
Jérusalem
Amman
ISRAËL
État officieusement détenteur de l'arme nucléaire
« Sejjil »
« Qiam »
« Shahab » 3
« Fateh » 313
Bagdad
IRAK
« Jericho » 2
Tabriz
Karaj
Téhéran
Semnan
Garmsar
Hamadan
Kermanchah
Arak
Qom-Fordow
Khorramabad
Natanz
Anarak
Gotvand
Ispahan
Ardakan
Saghand
Yazd
Darkhovin
Juillet 2015 :
accord de Vienne sur le nucléaire iranien signé par les États-Unis, la Chine, la Russie, le Royaume-Uni, la France, l'Allemagne, l'UE et l'Iran
Mai 2018 :
retrait des États-Unis de l'accord
« Jericho » 2
« Jericho » 3
Koweït
Chiraz
Bouchehr
Golfe Arabo-Persique
Assalouyeh
Lar
Gachin
Jam
Bandar Abbas
Qeshm
Tomb
Dammaam
Manama
ARABIE SAOUDITE
Riyad
Doha
Dubaï
Abou Dabi
Golfe d'Oman
Tropique du Cancer
ÉMIRATS ARABES UNIS
Mascate
125 km
Portées des missiles opérationnels israéliens
« Jericho » 2 : de 1 500 à 3 500 km
« Jericho » 3 : de 4 000 à 6 000 km
Portées des missiles opérationnels iraniens
« Fateh » 313 : 500 km
« Qiam » : 800 km « Soumar »* : 700 km
« Shahab » 3 : 1300 à 2000 km
« Sejjil » : 2000 km
* en test

Iran/États-Unis

Les origines

Après la Seconde Guerre mondiale, l'Iran cherche la protection américaine contre les ambitions soviétiques. Les États-Unis aident le Shah à écarter Mossadegh, le populaire Premier ministre progressiste élu. Le Shah passe une alliance stratégique avec Washington, reconnaît Israël et lui fournit du pétrole, à la grande fureur des pays arabes.

Le choc pétrolier de 1973, lui permet un fort développement économique qui, ajouté à son poids démographique et à la bonne relation avec Israël, va faire de l'Iran un allié majeur des États-Unis et, à leurs yeux, le « gendarme du Golfe ».

La révolution khomeyniste de 1979 et la prise d'otages par des étudiants islamiques des diplomates américains, de novembre 1979 à janvier 1981, provoquent une rupture des relations diplomatiques et des relations commerciales. Chaque pays diabolise l'autre.

Dans la guerre de 8 ans entre l'Irak à l'Iran, Washington joue sur les deux tableaux. En 1986, éclate le scandale de l'*Irangate*: les États-Unis fournissent des armes à Téhéran pour obtenir la libération d'otages au Liban.

La situation actuelle

Après une tentative de reprise de dialogue sous la présidence Clinton, les relations se dégradent lorsqu'en janvier 2002, George W. Bush classe l'Iran dans les pays de l'« axe du mal », aux côtés de l'Irak et la Corée du Nord. La guerre d'Irak de 2003 débarrasse Téhéran d'un ennemi traditionnel mais lui fait craindre une prochaine opération militaire américaine contre lui. L'Iran est accusé de soutenir le terrorisme et de développer un programme nucléaire dont la vocation serait avant tout militaire. Les Européens, qui ont engagé dans les années 1990 un dialogue critique avec les Iraniens, essaient d'abord de trouver une issue diplomatique à la crise nucléaire, puis adoptent une position commune avec les États-Unis. La Chine et la Russie verraient d'un mauvais œil l'Iran accéder à l'arme nucléaire, mais veulent conserver de bonnes relations avec Téhéran et ne pas accorder le monopole du pouvoir dans la région aux États-Unis. Mais l'Iran se sent encerclé par le dispositif militaire américain. En mars 2009, Barack Obama propose un « dialogue sans conditions ». Cette politique de la main tendue gêne les conservateurs iraniens qui la refusent. Ils doivent truquer l'élection présidentielle de 2009 pour permettre la réélection d'Ahmadinejad. Obama résiste aux demandes israéliennes de frappes sur les installations nucléaires iraniennes, mais durcit les sanctions.

L'élection du modéré Rohani à la présidence en 2013 change la donne. En juillet 2015, un accord est signé qui prévoit le contrôle international de la non-militarisation du programme nucléaire iranien en échange de la levée des sanctions. La réconciliation historique entre Washington et Téhéran est en route.

Mais l'élection de Donald Trump, qui dénonce cet accord et plaide ouvertement pour un changement de régime à Téhéran – contre l'avis des Européens, de la Russie et de la Chine – change la donne. Les deux principaux alliés des États-Unis dans la région, Israël et l'Arabie saoudite, se rapprochent pour soutenir la position de Trump. Les radicaux en Iran reprochent à Rohani l'échec de sa politique de rapprochement avec les Occidentaux. En mai 2019, Donald Trump annonce l'interdiction pour tout pays d'acheter du pétrole à l'Iran. Le pays, asphyxié, annonce sa volonté de dépasser les seuils d'uranium enrichi fixés par l'accord de 2015. La tension entre les deux pays est maximale.

Les scénarios

1 L'Iran reprend son programme nucléaire. Israël et les États-Unis procèdent à des frappes contre le régime iranien pour le faire tomber.

2 Les sanctions américaines et leur extension extra-territoriale étouffent le régime iranien. La population se révolte et le renverse. C'est le scénario espéré par Washington, Tel-Aviv et Riyad.

3 La politique américaine de changement de régime conduit au même résultat qu'en Irak et en Libye. C'est le chaos qui s'exporte.

4 Un nouveau président élu aux États-Unis en 2020 reprend la politique de dialogue de Barack Obama. Les modérés reprennent de l'influence en Iran.

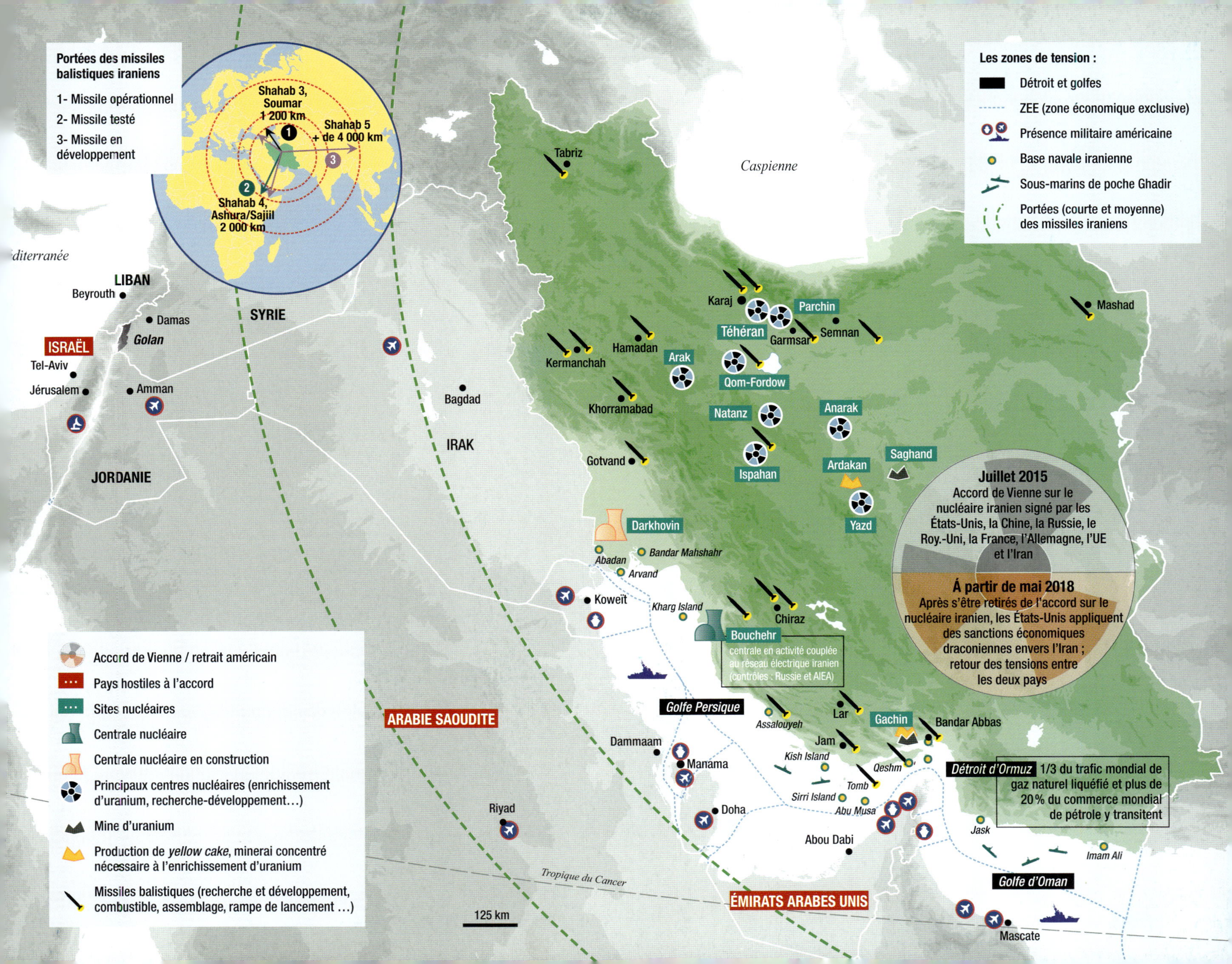
Portées des missiles balistiques iraniens
1- Missile opérationnel
2- Missile testé
3- Missile en développement
Shahab 3, Soumar 1 200 km
Shahab 5 + de 4 000 km
Shahab 4, Ashura/Sajiil 2 000 km
Les zones de tension :
Détroit et golfes
ZEE (zone économique exclusive)
Présence militaire américaine
Base navale iranienne
Sous-marins de poche Ghadir
Portées (courte et moyenne) des missiles iraniens
Caspienne
Méditerranée
LIBAN
Beyrouth
Damas
SYRIE
Golan
ISRAËL
Tel-Aviv
Jérusalem
Amman
JORDANIE
Bagdad
IRAK
Tabriz
Karaj
Parchin
Téhéran
Garmsar
Semnan
Mashad
Hamadan
Kermanchah
Arak
Qom-Fordow
Khorramabad
Natanz
Anarak
Gotvand
Ispahan
Ardakan
Saghand
Yazd
Juillet 2015
Accord de Vienne sur le nucléaire iranien signé par les États-Unis, la Chine, la Russie, le Roy.-Uni, la France, l'Allemagne, l'UE et l'Iran
À partir de mai 2018
Après s'être retirés de l'accord sur le nucléaire iranien, les États-Unis appliquent des sanctions économiques draconiennes envers l'Iran ; retour des tensions entre les deux pays
Darkhovin
Abadan
Bandar Mahshahr
Arvand
Koweït
Kharg Island
Chiraz
Bouchehr
centrale en activité couplée au réseau électrique iranien (contrôles : Russie et AIEA)
Golfe Persique
Assalouyeh
Lar
Gachin
Bandar Abbas
Jam
Kish Island
Qeshm
Détroit d'Ormuz
1/3 du trafic mondial de gaz naturel liquéfié et plus de 20 % du commerce mondial de pétrole y transitent
ARABIE SAOUDITE
Dammaam
Manama
Tomb
Sirri Island
Abu Musa
Doha
Riyad
Abou Dabi
Jask
Imam Ali
Golfe d'Oman
Tropique du Cancer
ÉMIRATS ARABES UNIS
Mascate
125 km
Accord de Vienne / retrait américain
Pays hostiles à l'accord
Sites nucléaires
Centrale nucléaire
Centrale nucléaire en construction
Principaux centres nucléaires (enrichissement d'uranium, recherche-développement…)
Mine d'uranium
Production de yellow cake, minerai concentré nécessaire à l'enrichissement d'uranium
Missiles balistiques (recherche et développement, combustible, assemblage, rampe de lancement …)

Iran/Arabie saoudite

Les origines

L'Iran et l'Arabie saoudite appartiennent au monde musulman mais diffèrent culturellement et linguistiquement ; ils n'ont jamais été stratégiquement alliés, mais le plus souvent rivaux. L'Iran (héritier de l'empire perse) est une république islamique qui se veut révolutionnaire. L'Arabie saoudite est une monarchie conservatrice. Le premier considère les États-Unis comme le « Grand Satan », l'autre comme un protecteur indispensable. La rivalité chiite (Iran)-sunnite (Arabie saoudite) existe mais ne suffit pas à expliquer leur rivalité.

Sous le règne du Shah, le pays mène une politique pro-occidentale, reconnaît Israël, lui vend du pétrole. Les États-Unis en font le « gendarme du Golfe » au grand dam des pays arabes. La révolution islamique de Khomeiny en 1979 inverse le cours de la politique iranienne, sans pour autant déboucher sur de bonnes relations avec les pays arabes voisins. La République islamique considère les pouvoirs arabes comme illégitimes et trop soumis aux États-Unis. L'Iran essaie d'exporter sa révolution islamique en s'appuyant sur les chiites, majoritaires dans certains États du Golfe, et apparaît comme une source de déstabilisation pour les États arabes. Ces derniers soutiennent l'Irak, vu comme un rempart contre la révolution islamique dans la guerre qu'il a déclenchée contre l'Iran. Ce dernier fait peur en raison de son poids démographique supérieur à l'ensemble des États arabes du Golfe.

Les tensions actuelles

Dans les années 1990, les dirigeants de la République islamique d'Iran prennent conscience des effets négatifs de leur isolement et tentent une normalisation avec l'Arabie Saoudite.

Après la guerre d'Irak de 2003, qui a vu l'influence de l'Iran s'étendre sur ce pays, les États du Golfe sont partagés entre la crainte que suscite toujours Téhéran, et notamment son programme nucléaire, et la crainte d'une nouvelle guerre dans la région, contre l'Iran cette fois, aux effets déstabilisateurs (même si certains la souhaitent). Les chiites ont pris le pouvoir en Irak, où ils sont majoritaires.

À partir de 2011, Téhéran soutient le régime de Bachar Al-Assad contre les insurgés, avec l'aide du Hezbollah libanais dont il est proche. Cela fait craindre à Riyad l'émergence d'un axe chiite qui lui serait fondamentalement hostile. La politique – d'Obama – de rapprochement avec l'Iran inquiète l'Arabie saoudite qui a peur d'être « lâché » par son protecteur américain, désormais moins dépendant de son pétrole. Le clivage chiite/sunnite dans le monde musulman s'aggrave partout. L'Iran cherche à accroître sa popularité dans les opinions arabes en se faisant le critique le plus virulent d'Israël et des États-Unis.

Alors qu'ils s'inquiètent du programme nucléaire iranien, les Saoudiens craignent que l'accord sur le nucléaire iranien de juillet 2015 et la levée des sanctions favorisent la montée en puissance de l'Iran. Cela va conduire Riyad à un rapprochement spectaculaire avec Israël, au nom d'une menace existentielle commune. Trump renforce la coopération stratégique, notamment par le biais des ventes d'armes avec l'Arabie saoudite. Le jeune prince héritier saoudien, Mohammed Ben Salmane, durcit le ton contre l'Iran.

Les scénarios

1 Riyad pousse Israël et les États-Unis à intervenir militairement en Iran pour obtenir un changement de régime. Cette intervention débouche sur le chaos à l'image de ce qui s'est produit en Irak (2003) et en Libye (2011).

2 Israël et l'Arabie saoudite poursuivent leur rapprochement et opèrent une politique d'endiguement stratégique et de sanctions économiques qui affaiblit considérablement l'Iran.

3 Sa politique de rapprochement avec les Occidentaux ayant échoué, Rohani est remplacé par des faucons qui reprennent le programme nucléaire militaire, on va vers l'affrontement.

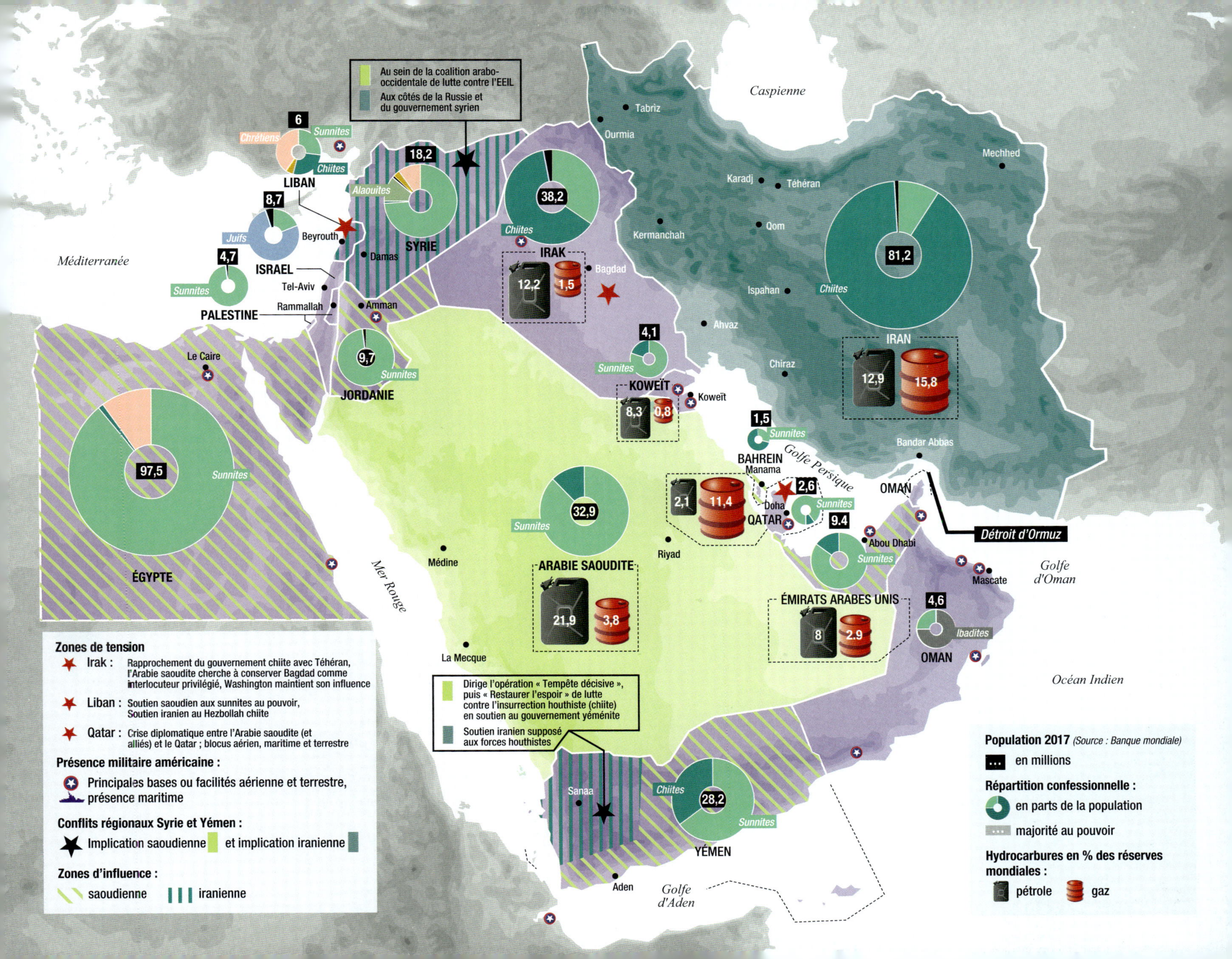

Au sein de la coalition arabo-occidentale de lutte contre l'EEIL
Aux côtés de la Russie et du gouvernement syrien
Caspienne
Tabriz
Ourmia
Mechhed
Karadj
Téhéran
Qom
Kermanchah
Ispahan
Ahvaz
Chiraz
Bandar Abbas
Méditerranée
6
Chrétiens
Sunnites
Chiites
LIBAN
Beyrouth
18,2
Alaouites
SYRIE
Damas
38,2
Chiites
IRAK
Bagdad
12,2
1,5
8,7
Juifs
ISRAEL
Tel-Aviv
4,7
Sunnites
PALESTINE
Rammallah
Amman
9,7
Sunnites
JORDANIE
81,2
Chiites
IRAN
12,9
15,8
4,1
Sunnites
KOWEÏT
Koweït
8,3
0,8
1,5
Sunnites
BAHREIN
Manama
Golfe Persique
2,1
11,4
2,6
Sunnites
Doha
QATAR
OMAN
Détroit d'Ormuz
Le Caire
97,5
Sunnites
ÉGYPTE
32,9
Sunnites
ARABIE SAOUDITE
21,9
3,8
Médine
Riyad
Mer Rouge
La Mecque
9.4
Abou Dhabi
Sunnites
ÉMIRATS ARABES UNIS
8
2.9
Golfe d'Oman
Mascate
4,6
Ibadites
OMAN
Océan Indien
Dirige l'opération « Tempête décisive », puis « Restaurer l'espoir » de lutte contre l'insurrection houthiste (chiite) en soutien au gouvernement yéménite
Soutien iranien supposé aux forces houthistes
Sanaa
Chiites
28,2
Sunnites
YÉMEN
Aden
Golfe d'Aden
Zones de tension
Irak : Rapprochement du gouvernement chiite avec Téhéran, l'Arabie saoudite cherche à conserver Bagdad comme interlocuteur privilégié, Washington maintient son influence
Liban : Soutien saoudien aux sunnites au pouvoir, Soutien iranien au Hezbollah chiite
Qatar : Crise diplomatique entre l'Arabie saoudite (et alliés) et le Qatar ; blocus aérien, maritime et terrestre
Présence militaire américaine :
Principales bases ou facilités aérienne et terrestre, présence maritime
Conflits régionaux Syrie et Yémen :
Implication saoudienne et implication iranienne
Zones d'influence :
saoudienne
iranienne
Population 2017 (Source : Banque mondiale)
... en millions
Répartition confessionnelle :
en parts de la population
majorité au pouvoir
Hydrocarbures en % des réserves mondiales :
pétrole
gaz

Libye

Les origines

Après avoir été colonisée par l'Italie, la Libye est occupée par les Français et les Britanniques. À la suite de la Seconde Guerre mondiale, en 1951, elle devient indépendante sous le règne d'Idriss Ier, prenant la forme d'une monarchie fédérale. Elle réunit la Tripolitaine, la Cyrénaïque, indépendante dès 1949, et le Fezzan.

À partir de 1956, la découverte de gisements pétroliers permet le développement d'un État jusqu'ici très pauvre. En 1969, le colonel Kadhafi renverse le roi qui n'a pas fait profiter le pays de sa richesse nouvelle et qui apparaît comme trop soumis aux puissances étrangères. Il prône le socialisme, le panarabisme et le panafricanisme. Son discours est radicalement antioccidental. Il finance les mouvements armés et le terrorisme antioccidental. Son caractère fantasque et provocateur empêche la réussite de ses projets panarabes puis panafricains. Soumis à un embargo de l'ONU à partir de 1992 (il sera levé en 2003), du fait de ses liens avec les mouvements terroristes, bombardé par les États-Unis en 1986, menacé sur son territoire par des mouvements djihadistes, angoissé par l'attaque américaine en Irak de 2003, il effectue un virage pro-occidental, coopérant avec les États-Unis et leurs alliés dans la lutte contre Al-Qaïda, tout en perpétuant un régime à la fois ubuesque et dictatorial.

La crise actuelle

Dans la foulée des événements tunisiens et égyptiens, la contestation se développe en février 2011 à Benghazi. L'arrestation d'un militant des droits de l'homme provoque des émeutes. Kadhafi réagit par une répression sanglante. Le 17 mars, après un appel de la Ligue des États arabes, le Conseil de sécurité des Nations unies adopte la résolution 1973, évoquant « la responsabilité de protéger » les populations civiles face aux menaces de Kadhafi. La Russie, la Chine, l'Afrique du Sud, le Brésil et l'Allemagne s'abstiennent. Avec l'aide des États-Unis, la France et le Royaume-Uni lancent des raids aériens contre les forces libyennes pour les empêcher de reprendre Benghazi et de massacrer ses habitants. Kadhafi ne renonce pas à la répression. Le mandat initial de l'ONU lié à la protection de la population est interprété comme justifiant un changement de régime. Londres et Paris aident les insurgés à prendre le pouvoir et à renverser Kadhafi, qui sera assassiné lors de son arrestation, le 20 octobre 2011.

Un nouveau gouvernement est mis en place qui doit faire face à une situation anarchique, à l'impossibilité d'instaurer un pouvoir central face aux tentations sécessionnistes, à l'autonomie des tribus et aux résistances des différentes factions armées. La déstabilisation de la Libye va aggraver la situation déjà fragile dans l'ensemble du Sahel, notamment au Mali.

Le chaos s'installe dans le pays où Daech parvient à s'établir. Deux gouvernements – l'un à Tripoli, l'autre à Tobrouk – s'affrontent, sans que les médiations française, italienne et onusienne ne parviennent à les réconcilier. Des milices liées à Al-Qaïda et Daech s'installent. Des réseaux de trafic humain s'établissent, maltraitant ou réduisant à l'esclavage les migrants venus d'Afrique subsaharienne.

À partir de début 2019, le général Haftar, soutenu par l'Arabie saoudite, les Émirats arabes unis et l'Égypte, lance une série d'offensives et atteint Tripoli en avril. Le chaos se poursuit.

Les scénarios

1 Un accord est trouvé entre les deux gouvernements, ou l'un d'entre eux gagne la guerre sur l'autre et parvient à asseoir son autorité et les immenses ressources pétrolières permettent de développer le pays.

2 Les régions pétrolières essaient de faire sécession pour ne plus avoir à partager leur rente avec l'État central. Des affrontements débouchent sur une guerre civile et Daech s'établit durablement en Libye.

3 Sans qu'il y ait sécession, l'État central ne parvient pas à asseoir son autorité, notamment sur le Sud. Les troubles, sur fond de rivalités entre factions armées, se poursuivent.

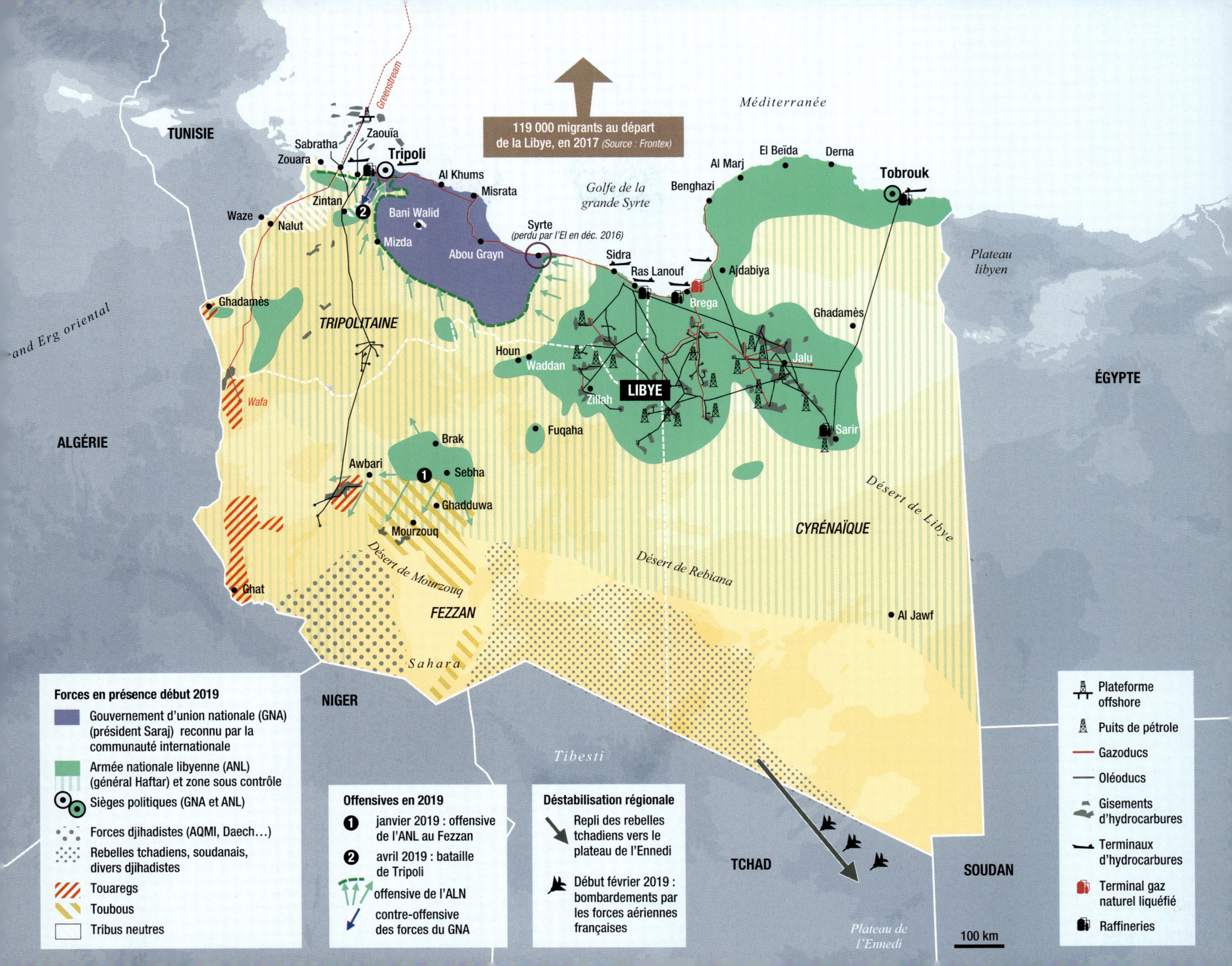

119 000 migrants au départ de la Libye, en 2017 (Source : Frontex)
Méditerranée
Golfe de la grande Syrte
Greenstream
TUNISIE
ALGÉRIE
NIGER
TCHAD
SOUDAN
ÉGYPTE
LIBYE
Tripoli
Tobrouk
Sabratha
Zouara
Zaouïa
Zintan
Waze
Nalut
Al Khums
Misrata
Bani Walid
Mizda
Abou Grayn
Syrte
(perdu par l'EI en déc. 2016)
Sidra
Ras Lanouf
Brega
Ajdabiya
Benghazi
Al Marj
El Beïda
Derna
Ghadamès
Jalu
Sarir
Houn
Waddan
Zillah
Fuqaha
Brak
Sebha
Awbari
Ghadduwa
Mourzouq
Ghat
Wafa
Al Jawf
TRIPOLITAINE
CYRÉNAÏQUE
FEZZAN
Désert de Mourzouq
Désert de Rebiana
Désert de Libye
Sahara
Tibesti
Plateau libyen
Plateau de l'Ennedi
Grand Erg oriental
100 km
Forces en présence début 2019
Gouvernement d'union nationale (GNA) (président Saraj) reconnu par la communauté internationale
Armée nationale libyenne (ANL) (général Haftar) et zone sous contrôle
Sièges politiques (GNA et ANL)
Forces djihadistes (AQMI, Daech…)
Rebelles tchadiens, soudanais, divers djihadistes
Touaregs
Toubous
Tribus neutres
Offensives en 2019
1 janvier 2019 : offensive de l'ANL au Fezzan
2 avril 2019 : bataille de Tripoli
offensive de l'ALN
contre-offensive des forces du GNA
Déstabilisation régionale
Repli des rebelles tchadiens vers le plateau de l'Ennedi
Début février 2019 : bombardements par les forces aériennes françaises
Plateforme offshore
Puits de pétrole
Gazoducs
Oléoducs
Gisements d'hydrocarbures
Terminaux d'hydrocarbures
Terminal gaz naturel liquéfié
Raffineries

Irak

Les origines

Au début des années 1980, l'Irak a tout pour réussir à devenir l'un des (si ce n'est le) pays majeurs du monde arabe. Outre ses revenus pétroliers, il dispose de terres agricoles fertiles, de ressources en eau et d'une population éduquée. Pays laïc, lié à l'URSS, il s'oppose aux régimes arabes conservateurs et pro-américains, et à l'islamisme.

En lançant en 1980 une guerre contre l'Iran, en dénonçant vigoureusement Israël, les États-Unis et les alliances passées avec ces derniers par de nombreux régimes arabes (Arabie saoudite, Égypte), Saddam Hussein essaie de prendre le leadership du monde arabe. Cette guerre, qui se termine au bout de 8 ans par le statu quo territorial malgré 2 millions de morts, l'affaiblit.

En 1990, il envahit le Koweït, mais l'URSS de Gorbatchev ne le soutient pas ; une coalition américaine et internationale, sous mandat de l'ONU, expulse l'armée irakienne de l'émirat. On découvre alors que l'Irak poursuivait un programme nucléaire militaire clandestin. Le pays est mis sous embargo, ce qui l'affaiblit et entraîne, par privation, 500 000 victimes. Le Kurdistan irakien, où l'armée irakienne n'a plus le droit d'intervenir, met en place une autonomie de fait. Affaibli mais continuant de diriger le pays d'une main de fer, Saddam Hussein se lance dans des surenchères verbales antiaméricaines et anti-israéliennes.

La crise actuelle

En 2003, prétextant un programme clandestin de fabrication d'armes de destruction massive, le président G. W. Bush déclenche une offensive américaine contre l'Irak, sans mandat de l'ONU et contre l'avis de la majorité de la communauté internationale. Cette dernière doute des motifs de cette guerre et craint qu'elle n'approfondisse le fossé entre monde musulman et monde occidental, réalimentant le terrorisme. L'Irak est rapidement écrasé. Il sera confirmé que Bagdad n'avait plus les moyens de développer des armes de destruction massive mais que Saddam Hussein l'avait fait croire, pour dissuader l'Iran.

Après leur victoire, les Américains s'enlisent en Irak, en proie à la guerre civile et qui devient alors une terre d'élection d'Al-Qaïda. Ils se heurtent à la résistance armée des sunnites minoritaires, qui dominaient auparavant le pays, et qui craignent d'être complètement marginalisés. Les violences entre sunnites et chiites font rage sur fond d'effondrement des structures étatiques.

Barak Obama, élu, entre autres, sur la promesse d'un retrait d'Irak, l'achève fin 2011. Malgré la nouvelle répartition du pouvoir à la tête du pays (le président étant kurde, le président du Conseil chiite et le président du Parlement sunnite), les attentats et les violences interconfessionnelles persistent bien qu'étant en diminution.

Face aux discriminations et à la répression qu'ils subissent de la part du régime chiite, les sunnites rallient Daech. L'État irakien rétablit sa souveraineté sur l'ensemble de son territoire en 2018. La division chiites (63 % de la population) sunnites (20 %) subsiste tandis que les Kurdes bénéficient d'une autonomie de fait, sans obtenir l'indépendance souhaitée. L'Irak est partagée entre l'influence des États-Unis et de l'Iran.

Les scénarios

1 L'Irak éclate entre trois États : un kurde, un chiite et un sunnite, ce dernier étant sans ressources pétrolières.

2 La structure fédérale mise en place en 2005 se pérennise, avec une certaine autonomie des entités qui le composent. Une péréquation des ressources pétrolières crée un équilibre acceptable.

3 Une intervention militaire ou une opération de changement de régime en Iran a des conséquences catastrophiques sur l'Irak, replongée dans le chaos et les affrontements interethniques.

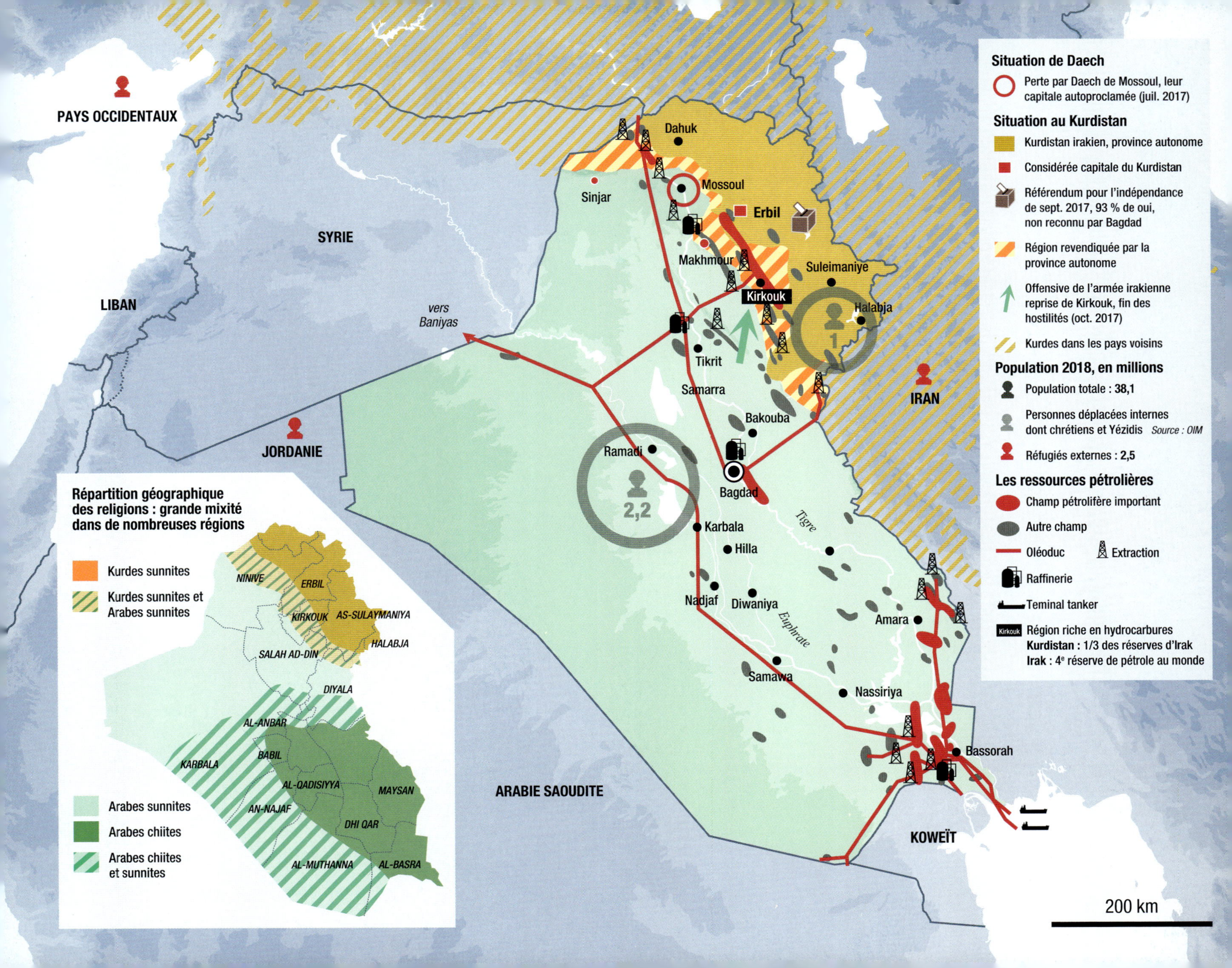
Situation de Daech
Perte par Daech de Mossoul, leur capitale autoproclamée (juil. 2017)
Situation au Kurdistan
Kurdistan irakien, province autonome
Considérée capitale du Kurdistan
Référendum pour l'indépendance de sept. 2017, 93 % de oui, non reconnu par Bagdad
Région revendiquée par la province autonome
Offensive de l'armée irakienne reprise de Kirkouk, fin des hostilités (oct. 2017)
Kurdes dans les pays voisins
Population 2018, en millions
Population totale : 38,1
Personnes déplacées internes dont chrétiens et Yézidis
Source : OIM
Réfugiés externes : 2,5
Les ressources pétrolières
Champ pétrolifère important
Autre champ
Oléoduc
Extraction
Raffinerie
Teminal tanker
Région riche en hydrocarbures
Kurdistan : 1/3 des réserves d'Irak
Irak : 4e réserve de pétrole au monde
PAYS OCCIDENTAUX
SYRIE
LIBAN
JORDANIE
ARABIE SAOUDITE
IRAN
KOWEÏT
vers Baniyas
Dahuk
Sinjar
Mossoul
Erbil
Makhmour
Suleimaniye
Kirkouk
Halabja
Tikrit
Samarra
Bakouba
Ramadi
Bagdad
Karbala
Hilla
Nadjaf
Diwaniya
Samawa
Nassiriya
Amara
Bassorah
Tigre
Euphrate
1
2,2
200 km
Répartition géographique des religions : grande mixité dans de nombreuses régions
Kurdes sunnites
Kurdes sunnites et Arabes sunnites
Arabes sunnites
Arabes chiites
Arabes chiites et sunnites
NINIVE
ERBIL
KIRKOUK
AS-SULAYMANIYA
HALABJA
SALAH AD-DIN
DIYALA
AL-ANBAR
BABIL
KARBALA
AL-QADISIYYA
MAYSAN
AN-NAJAF
DHI QAR
AL-MUTHANNA
AL-BASRA

Yémen

Les origines

Le Yémen est un pays arabe relativement peuplé (27 millions d'habitants) mais très pauvre. L'Arabie Saoudite, qui partage une longue frontière avec lui, a toujours jugé vital d'y exercer un contrôle au moins indirect.

Dans les années 1970, le pays est divisé entre le Yémen du Sud (Aden), prosoviétique et le Yémen du Nord (Sanaa), pro-occidental et soutenu par l'Arabie saoudite. Réunifié en 1990, le Yémen choisit de soutenir l'Irak qui vient d'annexer le Koweït, il se heurtera aux sanctions des États-Unis et de l'Arabie saoudite qui expulse des millions de travailleurs yéménites.

En 2004, les Zaïdites (Chiites) – qui représentent 30 à 40 % de la population – s'estimant discriminés, prennent les armes sous la conduite d'Hussein al-Houti. Al-Qaïda profite de la faiblesse de l'État pour y établir des bases. Les Américains procèdent à des frappes régulières.

En 2011, dans la foulée des « printemps arabes », le président Saleh, au pouvoir depuis 33 ans, vivement critiqué pour sa corruption et son immobilisme, doit démissionner en février 2012. Un accord de transition parrainé par le Conseil de coopération du Golfe échoue. Les « houthistes » s'emparent de Sanaa en septembre 2014 et arrivent aux portes d'Aden. Ils s'allient avec les forces loyales à l'ex-président Saleh qui espère revenir au pouvoir.

La crise actuelle

En mars 2015, les Saoudiens – avec l'aide de 9 pays arabes et le soutien des Occidentaux – lancent l'opération « Tempête décisive ». Des frappes aériennes sont suivies de troupes au sol contre les houthistes. L'objectif affiché est d'aider le gouvernement à lutter contre une rébellion chiite soutenue par l'Iran. Si l'implication iranienne qui existe est venue se greffer sur la rébellion houthiste, elle ne l'a pas créée. L'Arabie Saoudite réagit par crainte d'une montée en puissance régionale de l'Iran en cas d'accord sur son programme nucléaire (confirmé le 14 juillet 2015) et d'un renversement d'alliance régionale de Washington au profit de Téhéran et au détriment de Riyad. Les Saoudiens ont été traumatisés par l'abandon d'Hosni Moubarak par les États-Unis, un allié pourtant ancien et essentiel. De plus, la découverte du gaz de schiste a rendu l'Amérique moins dépendante de l'or noir saoudien.

La guerre aurait fait près de 50000 morts, 170000 exilés et 2,5 millions de personnes déplacées à l'intérieur du pays. S'ensuit une crise humanitaire majeure, la pire existant actuellement selon l'ONU – 18 millions de Yéménites ont besoin d'une aide alimentaire, 1,2 millions souffrent du choléra. Al-Qaïda en profite pour intensifier ses actions (attentats contre des chiites, enlèvements d'étrangers) et l'État islamique fait son apparition, surtout, au sud sur fond d'écroulement des structures étatiques.

Les médias occidentaux commencent à évoquer le conflit, il devient plus difficile pour les gouvernements occidentaux de rester muet face à l'action de l'Arabie saoudite. Paradoxalement, c'est le meurtre par le régime saoudien d'un opposant très connu à Washington qui va attirer l'attention sur les actes de Riyad au Yémen. Les bombardements saoudiens, malgré leur intensité, ne permettent pas d'obtenir une victoire militaire – on évoque un « Vietnam saoudien ». Des négociations de sortie de crise s'ouvrent en décembre 2018.

Les scénarios

1 Les pressions occidentales et l'échec de l'intervention militaire contraignent l'Arabie saoudite et ses alliés à y mettre fin.

2 L'Arabie saoudite fait le dos rond face aux critiques occidentales, se sachant indispensable à leurs yeux. Le conflit se poursuit, de façon moins intense.

3 Les protagonistes yéménites, après une période d'accalmie, reprennent leurs affrontements. Les puissances extérieures les laissent faire tant qu'aucune ne prend le contrôle définitif du pays et que l'implantation d'Al-Qaïda reste limitée.

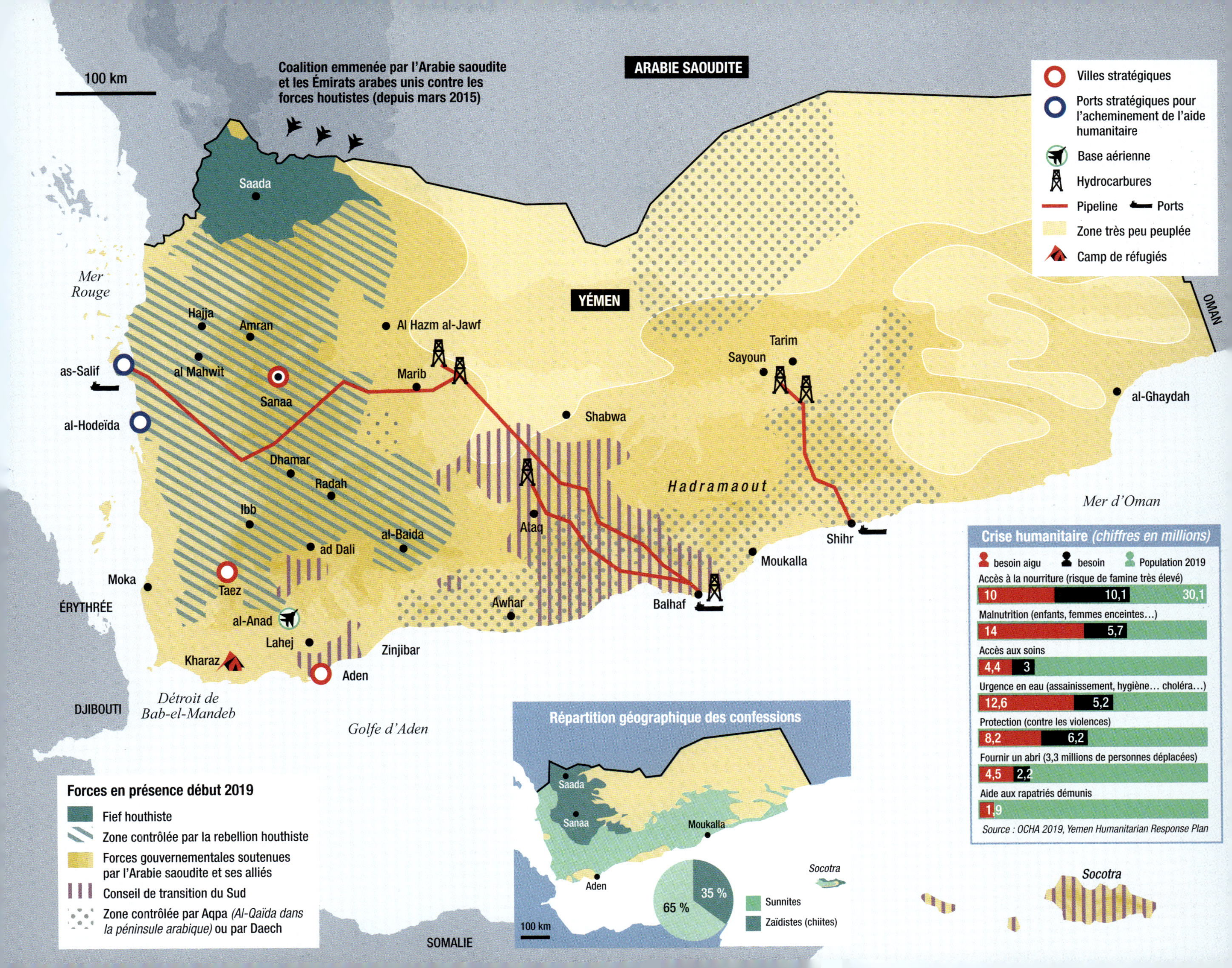
100 km
Coalition emmenée par l'Arabie saoudite et les Émirats arabes unis contre les forces houtistes (depuis mars 2015)
ARABIE SAOUDITE
Villes stratégiques
Ports stratégiques pour l'acheminement de l'aide humanitaire
Base aérienne
Hydrocarbures
Pipeline
Ports
Zone très peu peuplée
Camp de réfugiés
Saada
Mer Rouge
YÉMEN
OMAN
Hajja
Amran
Al Hazm al-Jawf
Tarim
Sayoun
as-Salif
al Mahwit
Sanaa
Marib
al-Ghaydah
al-Hodeïda
Shabwa
Dhamar
Radah
Hadramaout
Mer d'Oman
Ibb
Ataq
Shihr
al-Baida
ad Dali
Moukalla
Moka
Taez
Awhar
Balhaf
ÉRYTHRÉE
al-Anad
Lahej
Zinjibar
Kharaz
Aden
Détroit de Bab-el-Mandeb
DJIBOUTI
Golfe d'Aden
SOMALIE
Socotra
Crise humanitaire (chiffres en millions)
besoin aigu
besoin
Population 2019
Accès à la nourriture (risque de famine très élevé)
10
10,1
30,1
Malnutrition (enfants, femmes enceintes…)
14
5,7
Accès aux soins
4,4
3
Urgence en eau (assainissement, hygiène… choléra…)
12,6
5,2
Protection (contre les violences)
8,2
6,2
Fournir un abri (3,3 millions de personnes déplacées)
4,5
2,2
Aide aux rapatriés démunis
1,9
Source : OCHA 2019, Yemen Humanitarian Response Plan
Répartition géographique des confessions
Saada
Sanaa
Moukalla
Aden
Socotra
100 km
35 %
65 %
Sunnites
Zaïdistes (chiites)
Forces en présence début 2019
Fief houthiste
Zone contrôlée par la rebellion houthiste
Forces gouvernementales soutenues par l'Arabie saoudite et ses alliés
Conseil de transition du Sud
Zone contrôlée par Aqpa (Al-Qaïda dans la péninsule arabique) ou par Daech

Qatar/Arabie saoudite

Les origines

Le Qatar, protectorat britannique, devient indépendant en 1971. Il refuse de rejoindre la fédération des Émirats arabes unis, au grand regret de cette dernière. Mais il ressent la pression de l'Arabie saoudite qui aimerait étendre sa souveraineté sur la péninsule qatarienne. Tous deux sont des pays sunnites wahhabites.

L'annexion du Koweït par l'Irak ravive les craintes du Qatar. Si les États-Unis ont bien mobilisé la communauté internationale pour libérer le Koweït d'un Irak jugé antioccidental, en feraient-ils de même si leur allié saoudien annexait le Qatar ?

L'émir Hamad Bin Khalifa, qui détrône son père en 1995, va vouloir faire exister son pays sur la carte du monde. Il passe une alliance de réassurance avec la France. Il crée la chaîne de télévision Al-Jazeera, qui va mettre fin au monopole de l'information par les gouvernements dans les pays arabes (dont la chaîne critique les gouvernements), et donner au Qatar un redoutable *soft power*. Il mise sur la diplomatie sportive pour accroître sa visibilité.

Il est en grande difficulté économique à la fin du XXe siècle, du fait des faibles cours du pétrole. La découverte d'immenses gisements de gaz et la montée en flèche des matières premières énergétiques donnent à ce pays très faiblement peuplé (2.6 millions d'habitants, une puissance financière considérable.

Contrairement à Riyad, il entretient de bonnes relations avec son voisin iranien, avec lequel il partage un immense gisement gazier.

En 2003, les États-Unis y ouvrent leur principale base militaire dans le Golfe, qui servira d'appui dans la guerre d'Irak.

Le Qatar investit massivement à l'étranger, pour préparer l'après-pétrole. Il soutient les mouvements de révolte lors des printemps arabes (dans lequel Al-Jazeera a joué un rôle important) et notamment les différents mouvements proches des frères musulmans, ce qui inquiète et rend furieuse l'Arabie saoudite et les Émirats arabes unis. Son soutien au Hamas après les bombardements israéliens sur Gaza suscite l'hostilité d'Israël. L'obtention à la surprise générale de l'organisation de la Coupe du monde de football en 2022 stimule la jalousie de ses rivaux.

La crise actuelle

Hamad abdique au profit de son fils Tamin en 2013. Ce dernier donne une dimension moins flamboyante à la politique du Qatar pour apaiser ses voisins. Mais le prince héritier d'Arabie saoudite, Mohammed Ben Salman, qui prend le pouvoir à Riyad, veut imposer ses volontés par la force et faire plier le Qatar.

Sa hantise de la menace iranienne, le soutien qu'il estime inconditionnel de Trump, le rapprochement avec Israël, lui donne le sentiment de toute puissance.

Accusant le Qatar de soutien au terrorisme, du fait de ses liens avec l'Iran et les frères musulmans, l'Arabie saoudite rompt ses relations diplomatiques avec le Qatar (ainsi que l'Égypte, les E.A.U, et le Bahreïn). Elle met en place un blocus, espérant mettre l'émirat à genoux et obtenir la fermeture d'Al-Jazeera et l'annulation de la Coupe du monde au Qatar en 2002. Mais la Turquie et le Maroc soutiennent le Qatar, et l'Iran profite de la crise pour s'en rapprocher un peu plus, à l'inverse de l'objectif saoudien. Occidentaux et Russie qui entretiennent des bonnes relations avec Doha et Riyad, appellent à la retenue.

Si le blocus crée quelques difficultés économiques au Qatar, elles sont en réalité mineures, du fait de la richesse de l'Émirat.

Les scénarios

1 Le statu quo. L'Arabie saoudite et les E.A.U maintiennent le blocus qui gêne faiblement le Qatar. Celui-ci accentue son rapprochement avec la Turquie et l'Iran. Une tension de basse intensité est maintenue.

2 MBS décide d'envahir le Qatar pour régler par la force le problème. Une crise majeure aux conséquences dramatiques se déclenche. Les États-Unis ne sont plus en mesure de soutenir Riyad. L'Iran en profite.

3 Constatant l'échec de sa stratégie, l'Arabie saoudite entreprend de se réconcilier avec Doha. Une politique de profil bas est imposée à Al-Jazeera.

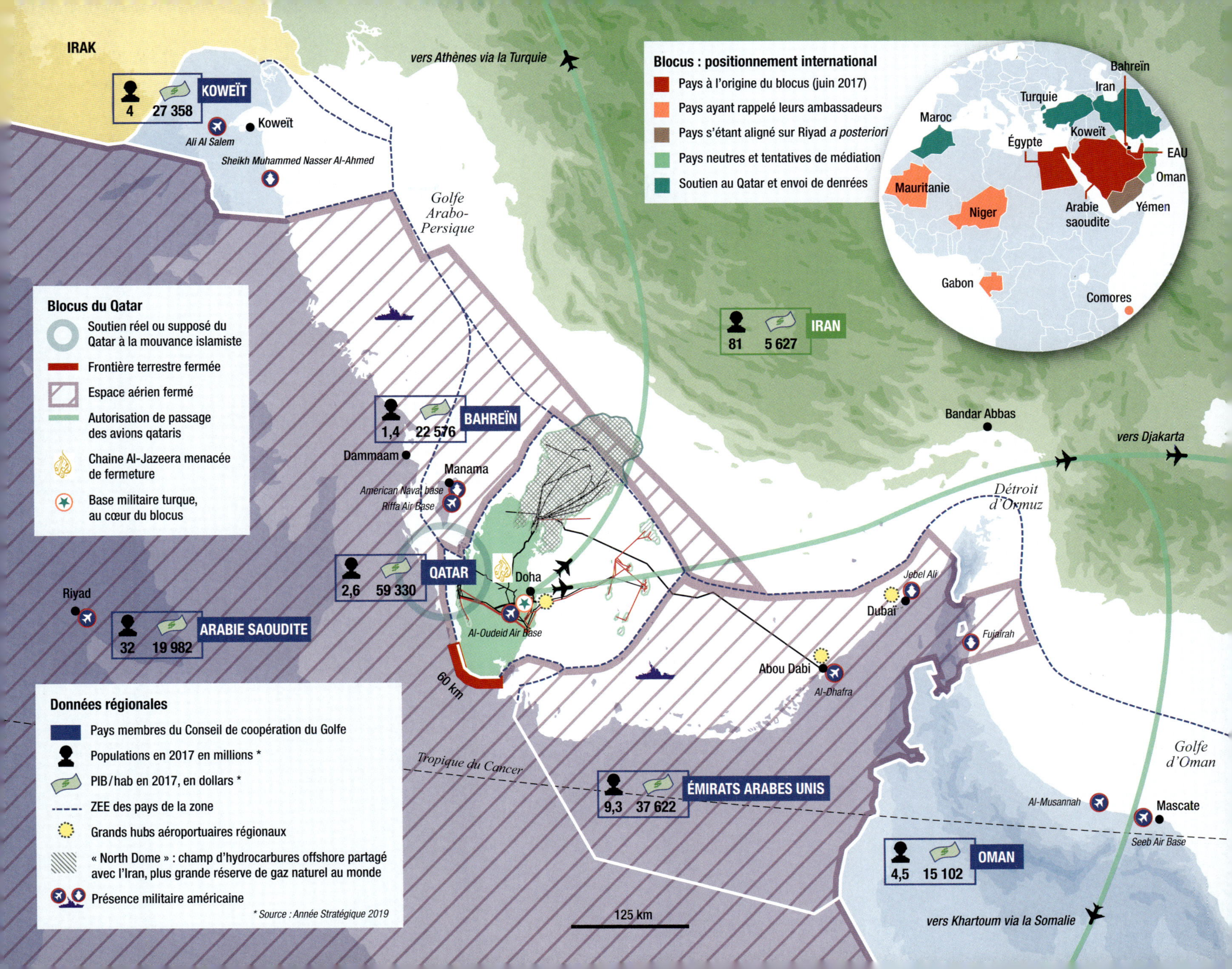

IRAK
KOWEÏT
4 27 358
Koweït
Ali Al Salem
Sheikh Muhammed Nasser Al-Ahmed
vers Athènes via la Turquie
Golfe Arabo-Persique
Blocus : positionnement international
Pays à l'origine du blocus (juin 2017)
Pays ayant rappelé leurs ambassadeurs
Pays s'étant aligné sur Riyad a posteriori
Pays neutres et tentatives de médiation
Soutien au Qatar et envoi de denrées
Bahreïn
Iran
Turquie
Maroc
Koweït
Égypte
EAU
Oman
Mauritanie
Niger
Arabie saoudite
Yémen
Gabon
Comores
IRAN
81 5 627
Blocus du Qatar
Soutien réel ou supposé du Qatar à la mouvance islamiste
Frontière terrestre fermée
Espace aérien fermé
Autorisation de passage des avions qataris
Chaine Al-Jazeera menacée de fermeture
Base militaire turque, au cœur du blocus
BAHREÏN
1,4 22 576
Dammaam
Manama
American Naval base
Riffa Air Base
Bandar Abbas
vers Djakarta
Détroit d'Ormuz
QATAR
2,6 59 330
Doha
Al-Oudeid Air Base
Riyad
ARABIE SAOUDITE
32 19 982
60 km
Jebel Ali
Dubaï
Fujairah
Abou Dabi
Al-Dhafra
Données régionales
Pays membres du Conseil de coopération du Golfe
Populations en 2017 en millions *
PIB/hab en 2017, en dollars *
ZEE des pays de la zone
Grands hubs aéroportuaires régionaux
« North Dome » : champ d'hydrocarbures offshore partagé avec l'Iran, plus grande réserve de gaz naturel au monde
Présence militaire américaine
* Source : Année Stratégique 2019
Tropique du Cancer
ÉMIRATS ARABES UNIS
9,3 37 622
Golfe d'Oman
Al-Musannah
Mascate
Seeb Air Base
OMAN
4,5 15 102
125 km
vers Khartoum via la Somalie

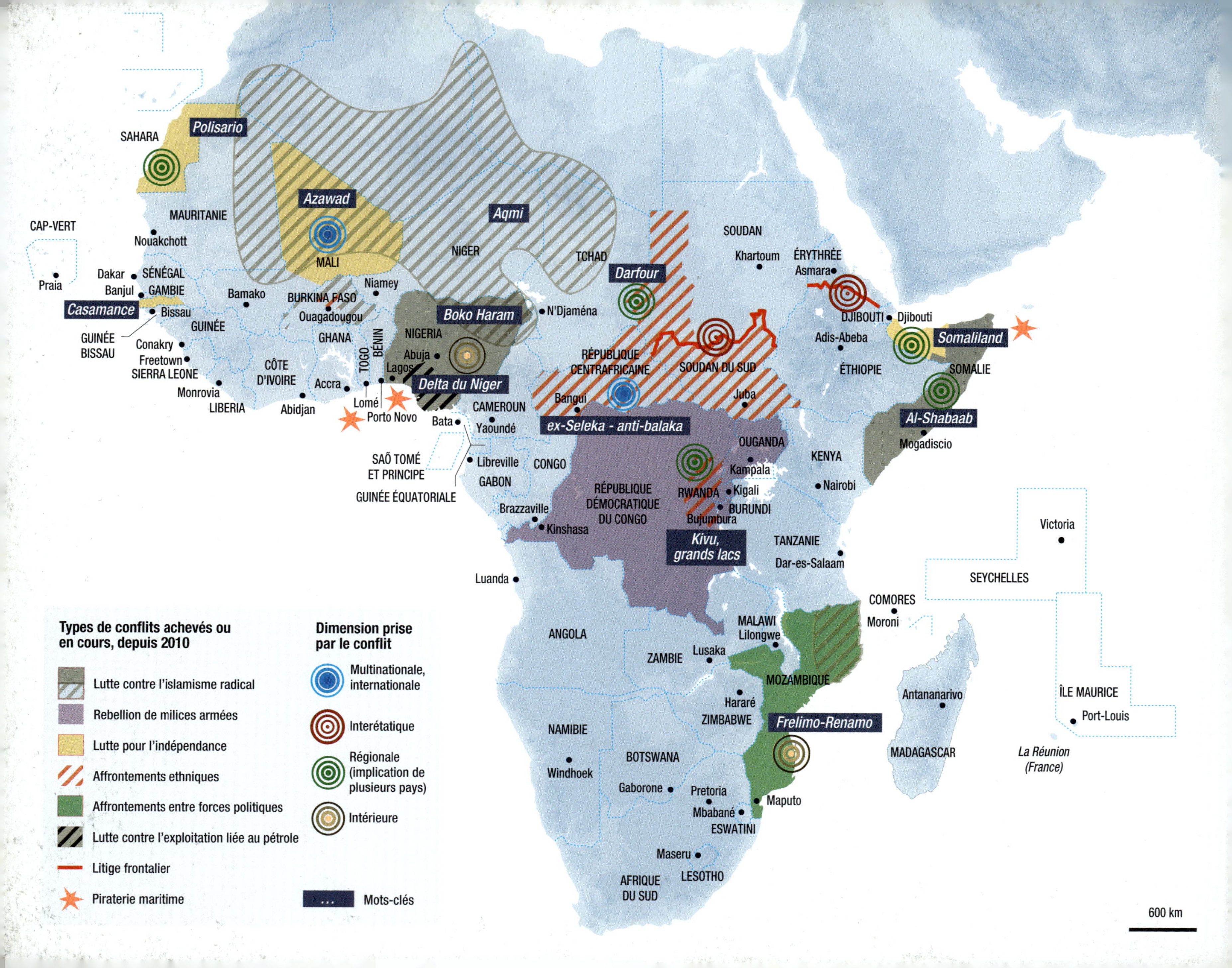

SAHARA
Polisario
Azawad
MAURITANIE
CAP-VERT
Nouakchott
Praia
MALI
Aqmi
NIGER
TCHAD
Darfour
SOUDAN
Khartoum
ÉRYTHRÉE
Asmara
Dakar
SÉNÉGAL
Banjul
GAMBIE
Casamance
Bissau
Bamako
BURKINA FASO
Niamey
Ouagadougou
GUINÉE
GUINÉE BISSAU
Conakry
Freetown
SIERRA LEONE
Monrovia
LIBERIA
CÔTE D'IVOIRE
Abidjan
GHANA
Accra
TOGO
BÉNIN
Lomé
Porto Novo
NIGERIA
Abuja
Lagos
Boko Haram
Delta du Niger
N'Djaména
RÉPUBLIQUE CENTRAFRICAINE
Bangui
SOUDAN DU SUD
Juba
DJIBOUTI
Djibouti
Adis-Abeba
ÉTHIOPIE
Somaliland
SOMALIE
Al-Shabaab
Mogadiscio
CAMEROUN
Yaoundé
Bata
SAÕ TOMÉ ET PRINCIPE
GUINÉE ÉQUATORIALE
Libreville
GABON
CONGO
ex-Seleka - anti-balaka
OUGANDA
Kampala
KENYA
Nairobi
RWANDA
Kigali
BURUNDI
Bujumbura
RÉPUBLIQUE DÉMOCRATIQUE DU CONGO
Brazzaville
Kinshasa
Kivu, grands lacs
TANZANIE
Dar-es-Salaam
Victoria
SEYCHELLES
Luanda
COMORES
Moroni
ANGOLA
MALAWI
Lilongwe
ZAMBIE
Lusaka
MOZAMBIQUE
Antananarivo
ÎLE MAURICE
Port-Louis
Hararé
ZIMBABWE
Frelimo-Renamo
NAMIBIE
Windhoek
BOTSWANA
Gaborone
Pretoria
Mbabané
ESWATINI
Maputo
MADAGASCAR
La Réunion (France)
Maseru
LESOTHO
AFRIQUE DU SUD
600 km
Types de conflits achevés ou en cours, depuis 2010
Lutte contre l'islamisme radical
Rebellion de milices armées
Lutte pour l'indépendance
Affrontements ethniques
Affrontements entre forces politiques
Lutte contre l'exploitation liée au pétrole
Litige frontalier
Piraterie maritime
Dimension prise par le conflit
Multinationale, internationale
Interétatique
Régionale (implication de plusieurs pays)
Intérieure
...
Mots-clés

L'Afrique
des crises et des conflits

Sahara

Les origines

Les Espagnols instituent un protectorat sur le Sahara occidental en 1884. Dès son indépendance en 1956, le Maroc en réclame la souveraineté, arguant de ses liens historiques avec ce territoire et donc de ses droits, antérieurs à la colonisation. La Mauritanie le revendique également, au nom de la continuité géographique, ethnique et culturelle. L'Algérie ne veut pas laisser le Maroc contrôler cette part du Sahara, qu'elle revendique également.

Créé en 1973 par des Sahraouis, le Front Polisario réclame l'indépendance du Sahara occidental, inscrit depuis 1963 sur la liste de l'ONU des territoires restant à décoloniser. En 1975, au moment de l'agonie du général Franco, l'Espagne décide de se retirer. Il est prévu, en théorie, que le Sahara occidental soit géré par une administration tripartite composée de l'Espagne, du Maroc et de la Mauritanie. Mais, en novembre 1975, le roi du Maroc déclenche sa « marche verte » : 350 000 Marocains occupent pacifiquement ce territoire. Le Front Polisario dénonce cette action et, en février 1976, proclame la République arabe sahraouie démocratique (RASD). Celle-ci, non reconnue par l'ONU, l'est par 72 États (une quarantaine aujourd'hui dont aucun pays occidental) et est admise à l'Organisation de l'Union africaine (OUA) en 1982, donc le Maroc se retire.

Le Front Polisario lance une guérilla contre le Maroc, avec l'aide de l'Algérie. La frontière entre ces deux pays est fermée. Un référendum est envisagé par le roi Hassan II pour déterminer l'avenir du Sahara mais demeure un désaccord sur la détermination du corps électoral : qui pourra participer au référendum ? Les Marocains qui se sont établis depuis la marche verte sont-ils en mesure de voter ? Plus tard, le Front Polisario rejette la proposition d'une autonomie du territoire dans le cadre d'une souveraineté marocaine.

La crise actuelle

Un cessez-le-feu est proclamé en 1991. Le Maroc propose une large autonomie au Sahara dans les frontières du royaume. Les États-Unis et la France soutiennent la position marocaine.

Le Maroc joue la carte du développement économique en investissant massivement dans la région. En 2017, il réussit à réintégrer l'Union africaine et développe une diplomatie active à l'égard du continent africain. En décembre 2018, l'ONU relance un processus de négociation réunissant Marocains, Algériens, Mauritaniens et Polisario.

Les scénarios

1 Le statu quo : le Maroc maintient *de facto* sa souveraineté sur le Sahara ; l'Algérie et le Front Polisario continuent à la contester. Cet antagonisme empêche toujours une véritable coopération entre Rabat et Alger, et la concrétisation de l'Union du Maghreb arabe (UMA).

2 Le Maroc se résigne à l'indépendance du Sahara. Cette probabilité est quasi nulle, le Sahara étant une cause sacrée dans ce pays, qui transcende tous les autres clivages.

3 La politique de développement économique et sociale du Sahara mise en place par Mohamed VI, dans le cadre d'une vraie autonomie, affaiblit les revendications indépendantistes des Sahraouis. Une nouvelle génération au pouvoir en Algérie finit par lâcher le Polisario au profit d'une politique de relance de la coopération avec le Maroc et de lutte régionale contre le terrorisme.

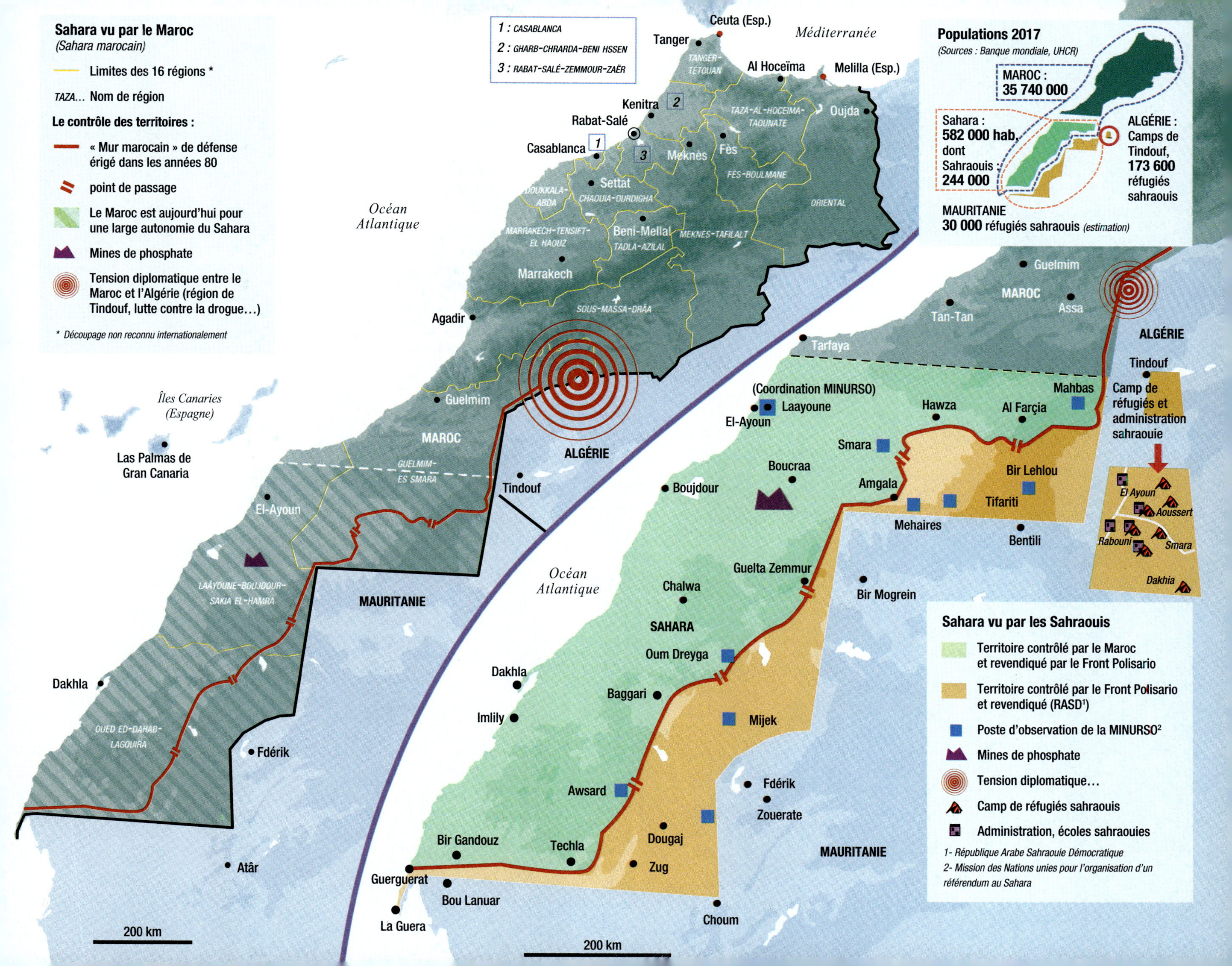
Sahara vu par le Maroc
(Sahara marocain)
Limites des 16 régions *
TAZA… Nom de région
Le contrôle des territoires :
« Mur marocain » de défense érigé dans les années 80
point de passage
Le Maroc est aujourd'hui pour une large autonomie du Sahara
Mines de phosphate
Tension diplomatique entre le Maroc et l'Algérie (région de Tindouf, lutte contre la drogue…)
* Découpage non reconnu internationalement
1 : CASABLANCA
2 : GHARB-CHRARDA-BENI HSSEN
3 : RABAT-SALÉ-ZEMMOUR-ZAËR
Ceuta (Esp.)
Méditerranée
Tanger
TANGER-TETOUAN
Al Hoceïma
Melilla (Esp.)
Oujda
TAZA-AL-HOCEIMA-TAOUNATE
Kenitra
Rabat-Salé
Casablanca
Meknès
Fès
FÈS-BOULMANE
Settat
CHAOUIA-OURDIGHA
DOUKKALA-ABDA
ORIENTAL
Océan Atlantique
MARRAKECH-TENSIFT-EL HAOUZ
Beni-Mellal
TADLA-AZILAL
MEKNÈS-TAFILALT
Marrakech
SOUS-MASSA-DRÂA
Agadir
Îles Canaries (Espagne)
Guelmim
MAROC
GUELMIM-ES SMARA
ALGÉRIE
Las Palmas de Gran Canaria
Tindouf
El-Ayoun
LAÂYOUNE-BOUJDOUR-SAKIA EL-HAMRA
MAURITANIE
Dakhla
OUED ED-DAHAB-LAGOUIRA
Fdérik
Atâr
200 km
Populations 2017
(Sources : Banque mondiale, UHCR)
MAROC : 35 740 000
Sahara : 582 000 hab. dont Sahraouis : 244 000
ALGÉRIE : Camps de Tindouf, 173 600 réfugiés sahraouis
MAURITANIE 30 000 réfugiés sahraouis (estimation)
Guelmim
MAROC
Tan-Tan
Assa
ALGÉRIE
Tarfaya
Tindouf
(Coordination MINURSO)
Laayoune
El-Ayoun
Hawza
Al Farçia
Mahbas
Camp de réfugiés et administration sahraouie
Smara
Boucraa
Amgala
Bir Lehlou
Boujdour
Tifariti
Mehaires
Bentili
El Ayoun
Aoussert
Rabouni
Smara
Dakhla
Océan Atlantique
Guelta Zemmur
Chalwa
Bir Mogrein
SAHARA
Oum Dreyga
Dakhla
Baggari
Imlily
Mijek
Fdérik
Awsard
Zouerate
Dougaj
Bir Gandouz
Techla
Zug
MAURITANIE
Guerguerat
Bou Lanuar
La Guera
Choum
200 km
Sahara vu par les Sahraouis
Territoire contrôlé par le Maroc et revendiqué par le Front Polisario
Territoire contrôlé par le Front Polisario et revendiqué (RASD[1])
Poste d'observation de la MINURSO[2]
Mines de phosphate
Tension diplomatique…
Camp de réfugiés sahraouis
Administration, écoles sahraouies
1- République Arabe Sahraouie Démocratique
2- Mission des Nations unies pour l'organisation d'un référendum au Sahara

Mali/Sahel

Les origines

Colonie française depuis 1891, le Soudan français devient indépendant en 1960 sous le nom de République du Mali. Plusieurs années de sécheresses appauvrissent gravement la population. Au nord, les Touaregs, qui estiment être depuis l'indépendance les laissés-pour-compte du régime, se rebellent à deux reprises.

Amadou Toumani Touré (ATT) prend le pouvoir par la force en 1991, pour mettre en place le multipartisme, et le quitte volontairement après avoir organisé les élections de 1992. Il se présente et est élu démocratiquement en 2002, puis est réélu en 2007.

Le Mali donne une image de bonne gouvernance démocratique, rare à l'époque en Afrique. Mais, petit à petit, la corruption et le déséquilibre entre le nord et le sud ainsi que les difficultés économiques et agricoles affaiblissent le pays.

La crise actuelle

Le Mouvement national pour la libération de l'Azawad (MNLA) est créé en octobre 2011 par des rebelles touaregs qui revendiquent l'autodétermination du Nord-Mali. Il s'allie au mouvement islamiste *Ansar Dine*, soutenu par Al-Qaïda au Maghreb islamique (Aqmi).

La rébellion se renforce après le retour au Mali de mercenaires ayant combattu aux côtés du colonel Kadhafi avant le renversement de ce dernier. Le 22 mars 2012, un coup d'État destitue le président ATT, auquel on reproche son inefficacité devant la rébellion touareg. Mais les villes du Nord-Mali tombent les unes après les autres aux mains de groupes islamistes. Le 6 avril, le MNLA proclame l'indépendance de l'Azawad (pays touareg). Le Mouvement pour l'unicité et le djihad en Afrique de l'Ouest (Mujao) se joint à lui. Ils imposent un régime ultra-répressif basé sur la charia.

Le 12 octobre, le Conseil de sécurité de l'ONU, saisi par Bamako, met en place une force internationale chargée de rétablir la souveraineté du Mali sur le nord de son territoire : la Mission multidimensionnelle intégrée des Nations unies pour la stabilisation au Mali (MINUSMA). En janvier 2013, des groupes islamistes lancent une offensive vers le sud du pays et menacent de prendre Bamako, la capitale. La force africaine n'étant pas prête, la France intervient militairement, suite à l'accord du Conseil de sécurité (opération Serval), avec le Tchad, à la demande des autorités nationales et régionales. L'avancée des islamistes est stoppée et le nord du pays reconquis.

Le 11 août 2013, Ibrahim Boubacar Keïta est élu président avec 77,6 % des suffrages. Il est réélu en 2018 avec 67 %. En février 2014, Mali, Niger, Burkina Faso, Mauritanie et Tchad créent une structure de coordination pour les questions de sécurité et de développement : le G5 Sahel. Celle-ci prévoit une force africaine de 5000 hommes mais manque de financement et d'entraînement. En juillet 2014, l'opération Barkhane, force franco-africaine, est mise en place pour lutter contre la menace terroriste au Sahel.

En juin 2015, un accord pour la paix, dit Accord d'Alger, est signé entre le gouvernement malien et les groupes séparatistes, mais des affrontements sporadiques continuent.

Les scénarios

1 La force africaine joue enfin son rôle de stabilisation. Légitimé par les élections, le pouvoir lance une politique de réconciliation et de développement du Nord. Le pays se développe peu à peu et l'Accord d'Alger est respecté.

2 Des groupes de trafiquants et/ou terroristes entretiennent un climat d'insécurité dans le nord du pays sur fond d'affrontements interethniques, ainsi qu'une menace terroriste ponctuelle sur Bamako, rendant nécessaire le maintien durable d'une présence militaire, française et africaine.

3 Le « Sahelistan » : les mouvements rebelles terroristes se disséminent au sein du Sahara et au Sahel. La crise s'aggrave et dépasse le seul cadre du Mali.

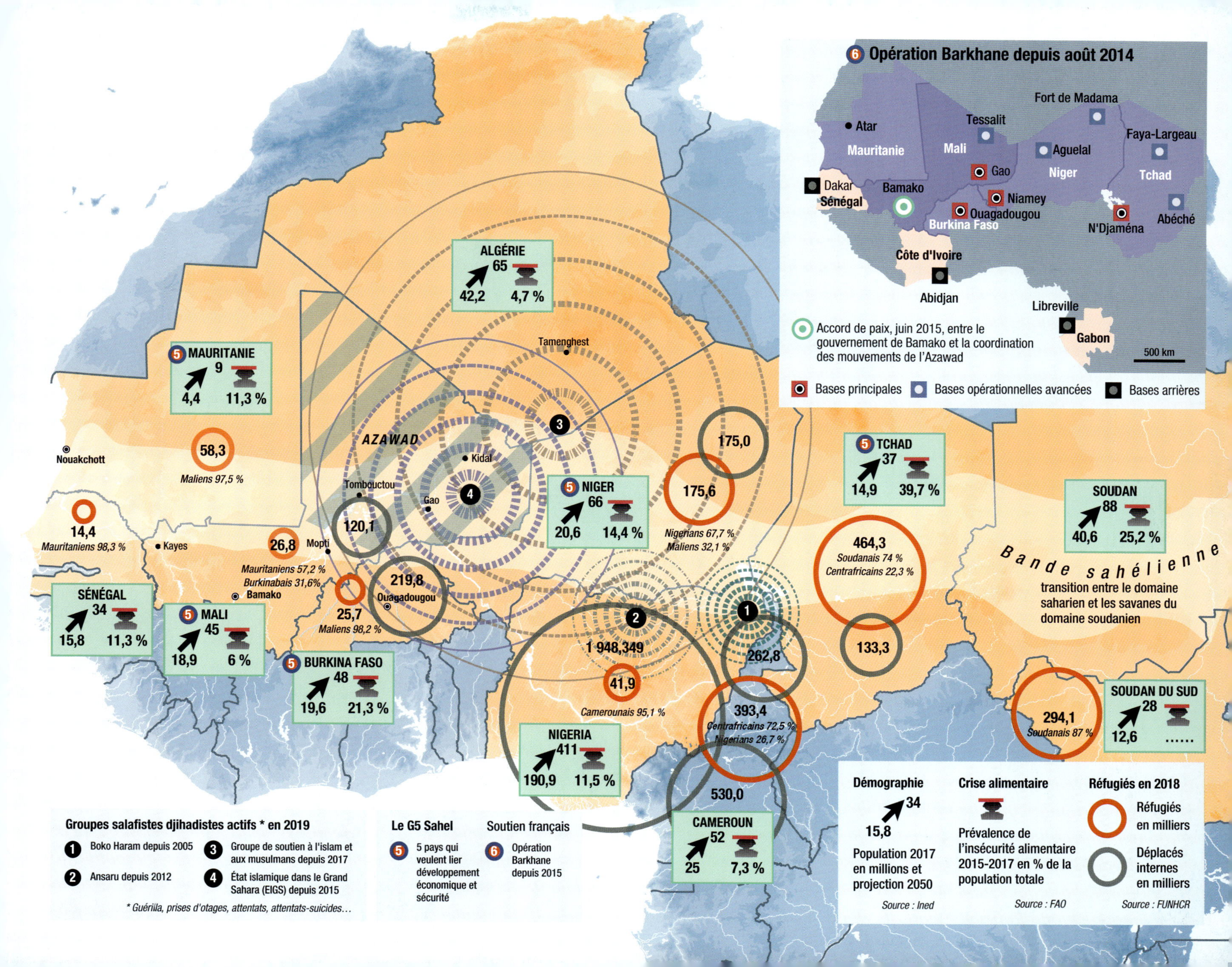

6 Opération Barkhane depuis août 2014
Fort de Madama
Tessalit
Atar
Faya-Largeau
Mauritanie
Mali
Aguelal
Gao
Niger
Tchad
Dakar
Bamako
Niamey
Sénégal
Ouagadougou
N'Djaména
Abéché
Burkina Faso
Côte d'Ivoire
Abidjan
Libreville
Gabon
500 km
Accord de paix, juin 2015, entre le gouvernement de Bamako et la coordination des mouvements de l'Azawad
Bases principales
Bases opérationnelles avancées
Bases arrières
ALGÉRIE 65 42,2 4,7 %
Tamenghest
5 MAURITANIE 9 4,4 11,3 %
3
AZAWAD
Kidal
Tombouctou
Gao
4
Nouakchott
58,3
Maliens 97,5 %
14,4
Mauritaniens 98,3 %
Kayes
26,8
Mopti
Mauritaniens 57,2 %
Burkinabais 31,6%
Bamako
120,1
219,8
Ouagadougou
25,7
Maliens 98,2 %
175,0
175,6
Nigerians 67,7 %
Maliens 32,1 %
5 NIGER 66 20,6 14,4 %
5 TCHAD 37 14,9 39,7 %
SOUDAN 88 40,6 25,2 %
464,3
Soudanais 74 %
Centrafricains 22,3 %
Bande sahélienne
transition entre le domaine saharien et les savanes du domaine soudanien
SÉNÉGAL 34 15,8 11,3 %
5 MALI 45 18,9 6 %
5 BURKINA FASO 48 19,6 21,3 %
2
1
1 948,349
262,8
133,3
41,9
Camerounais 95,1 %
393,4
Centrafricains 72,5 %
Nigerians 26,7 %
294,1
Soudanais 87 %
SOUDAN DU SUD 28 12,6 ......
NIGERIA 411 190,9 11,5 %
530,0
CAMEROUN 52 25 7,3 %
Groupes salafistes djihadistes actifs * en 2019
1 Boko Haram depuis 2005
2 Ansaru depuis 2012
3 Groupe de soutien à l'islam et aux musulmans depuis 2017
4 État islamique dans le Grand Sahara (EIGS) depuis 2015
* Guérilla, prises d'otages, attentats, attentats-suicides…
Le G5 Sahel
5 5 pays qui veulent lier développement économique et sécurité
Soutien français
6 Opération Barkhane depuis 2015
Démographie
34
15,8
Population 2017 en millions et projection 2050
Source : Ined
Crise alimentaire
Prévalence de l'insécurité alimentaire 2015-2017 en % de la population totale
Source : FAO
Réfugiés en 2018
Réfugiés en milliers
Déplacés internes en milliers
Source : FUNHCR

Nigeria

Les origines

Ancienne colonie britannique, le Nigeria est indépendant depuis 1960. C'est le pays le plus peuplé d'Afrique (186 millions d'habitants) et un territoire riche en pétrole.

En 1967, les chrétiens Ibos situés au Biafra, s'estimant discriminés par les musulmans au pouvoir à Lagos et possédant l'essentiel des réserves de pétrole du pays, veulent faire sécession. L'armée nigériane mate cette révolte et met en place un blocus qui provoque une famine telle qu'elle suscite la première mobilisation humanitaire moderne, suite aux chocs des images télévisuelles. Ce conflit fait plus de 1 million de morts. Le pays s'enfonce ensuite pendant 30 ans dans une succession de coups d'État et de dictatures militaires, avant de devenir démocratique en 1999.

Le partage de la manne pétrolière, la différence de développement entre le Nord et le Sud, les conflits opposant musulmans majoritaires au nord et chrétiens majoritaires au sud, les actions de groupes terroristes et un haut degré de corruption continuent à handicaper le développement du pays. Malgré cela, le taux de croissance annuel moyen est de 9 % de 2000 à 2010 et d'environ 5% depuis. Le Nigeria dépasse désormais l'Afrique du Sud, devenant la première puissance économique du continent.

La crise actuelle

Le président chrétien élu en 2010, Goodluck Jonathan, tente de stabiliser le pays. Un prêcheur intégriste, Mohamed Yusuf, fonde la secte Boko Haram en 2002. Il sera tué par l'armée en 2009 et le mouvement radicalise ses actions, puis s'internationalise après le renversement de Kadhafi et la guerre au Sahel. Certains de ses éléments nouent des liens avec des groupes djihadistes extérieurs. Des attentats commis par ce groupe font plusieurs centaines de morts. Le président Goodluck Jonathan décrète l'état d'urgence et déploie massivement l'armée dans le nord du pays. Boko Haram proclame son allégeance à Daech en mars 2015 et devient l'« État islamique en Afrique de l'Ouest ». Ce conflit fait 30 000 victimes et 2 millions de déplacés. Le cercle vicieux répression-radicalisation se met en place.

En avril 2015, Muhammadu Buhari, un musulman du Nord, est élu président sur un programme anti-corruption qu'il met effectivement en œuvre. Il est réélu en 2019 malgré des résultats économiques décevants.

Le Nigeria doit également faire face à des affrontements confessionnels au centre entre éleveurs peuls musulmans et agriculteurs birom chrétiens.

Un autre groupe, les Vengeurs du delta du Niger, apparaît en 2016. Ils sabotent des installations pétrolières de multinationales étrangères dans le Sud du pays en réclamant une meilleure répartition de la rente pétrolière.

Les scénarios

1 Le président Buhari, avec l'aide régionale et internationale (dont la France), parvient à neutraliser l'État islamique en Afrique de l'Ouest et à gérer les revendications régionales. En combattant la corruption, il met à profit la richesse pétrolière du pays pour opérer une meilleure redistribution et fédérer largement autour de lui, et met fin aux exactions de l'armée. L'influence du Nigeria croît en Afrique.

2 La lutte contre la corruption s'enlise. La baisse du prix du pétrole réduit la croissance. Tous les problèmes du Nigeria perdurent : corruption, rébellion, terrorisme, répression, etc.

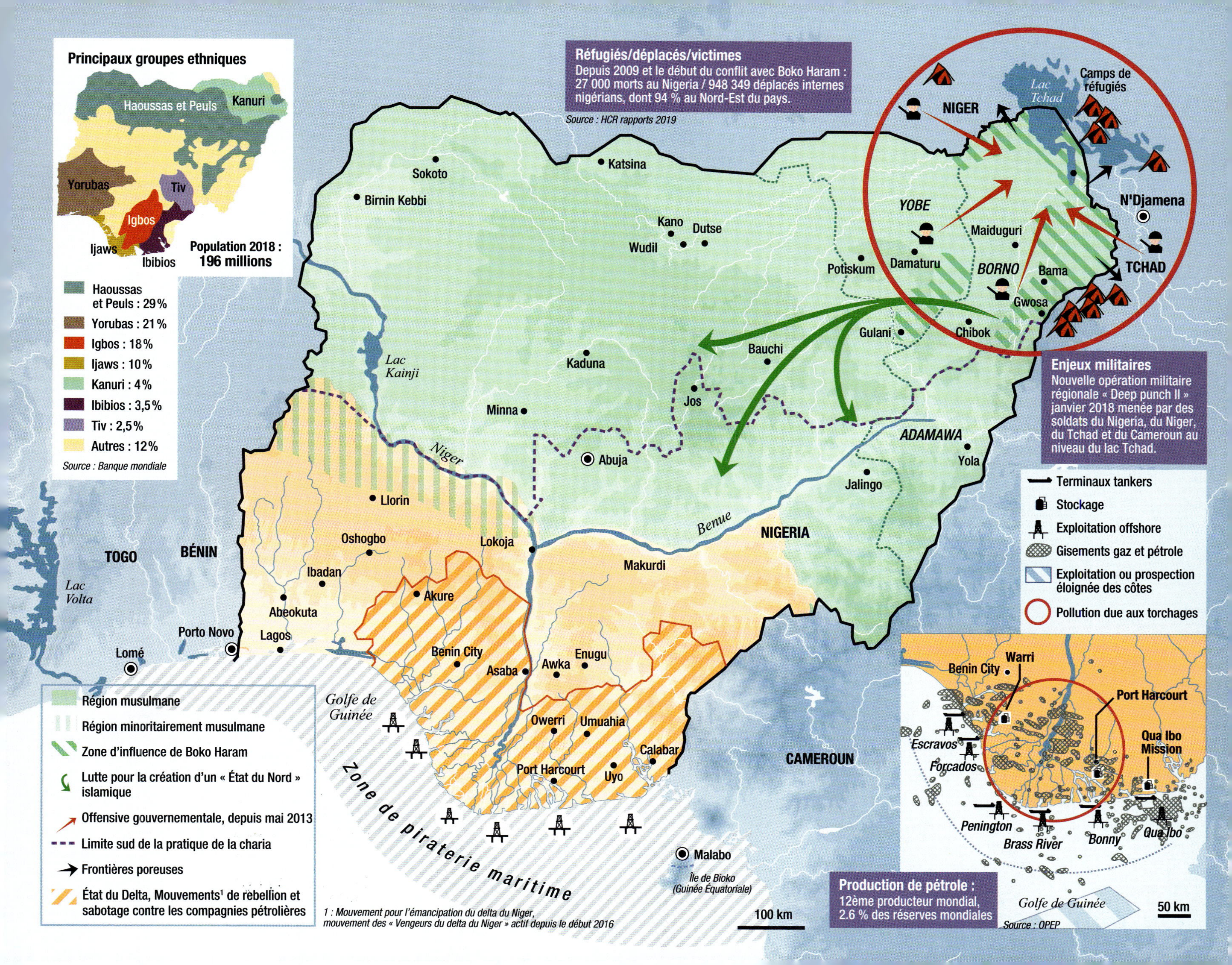

Principaux groupes ethniques
Haoussas et Peuls
Kanuri
Yorubas
Tiv
Igbos
Ijaws
Ibibios
Population 2018 : 196 millions
Haoussas et Peuls : 29%
Yorubas : 21%
Igbos : 18%
Ijaws : 10%
Kanuri : 4%
Ibibios : 3,5%
Tiv : 2,5%
Autres : 12%
Source : Banque mondiale
Réfugiés/déplacés/victimes
Depuis 2009 et le début du conflit avec Boko Haram : 27 000 morts au Nigeria / 948 349 déplacés internes nigérians, dont 94 % au Nord-Est du pays.
Source : HCR rapports 2019
Camps de réfugiés
Lac Tchad
NIGER
N'Djamena
TCHAD
YOBE
BORNO
Damaturu
Maiduguri
Potiskum
Bama
Gwosa
Gulani
Chibok
Enjeux militaires
Nouvelle opération militaire régionale « Deep punch II » janvier 2018 menée par des soldats du Nigeria, du Niger, du Tchad et du Cameroun au niveau du lac Tchad.
Sokoto
Katsina
Birnin Kebbi
Kano
Dutse
Wudil
Bauchi
Kaduna
Jos
Lac Kainji
Minna
Abuja
Niger
ADAMAWA
Yola
Jalingo
Benue
NIGERIA
Ilorin
Oshogbo
Lokoja
Makurdi
Ibadan
Akure
Abeokuta
Lagos
Porto Novo
Lomé
TOGO
BÉNIN
Lac Volta
Benin City
Asaba
Awka
Enugu
Owerri
Umuahia
Port Harcourt
Uyo
Calabar
Golfe de Guinée
Zone de piraterie maritime
CAMEROUN
Malabo
Île de Bioko (Guinée Équatoriale)
100 km
Région musulmane
Région minoritairement musulmane
Zone d'influence de Boko Haram
Lutte pour la création d'un « État du Nord » islamique
Offensive gouvernementale, depuis mai 2013
Limite sud de la pratique de la charia
Frontières poreuses
État du Delta, Mouvements1 de rebellion et sabotage contre les compagnies pétrolières
1 : Mouvement pour l'émancipation du delta du Niger, mouvement des « Vengeurs du delta du Niger » actif depuis le début 2016
Terminaux tankers
Stockage
Exploitation offshore
Gisements gaz et pétrole
Exploitation ou prospection éloignée des côtes
Pollution due aux torchages
Benin City
Warri
Port Harcourt
Escravos
Forcados
Qua Ibo Mission
Penington
Brass River
Bonny
Qua Ibo
Golfe de Guinée
50 km
Production de pétrole :
12ème producteur mondial, 2.6 % des réserves mondiales
Source : OPEP

République démocratique du Congo (RDC)

Les origines

Le Zaïre (ancien nom de la RDC) a pu être qualifié de « scandale géologique » tant il regorge de matières premières. Malgré cela, le PIB par habitant n'y est que de 500 dollars (184e rang mondial sur 193).

Pendant 32 ans, le président Mobutu (1965-1997) s'approprie pour lui et ses proches les profits de la rente minérale.

Après le génocide commis au Rwanda voisin en 1994, des centaines de milliers de Hutus, dont de nombreux ex-génocidaires, se réfugient en RDC. L'armée du nouveau président rwandais, Paul Kagamé, les y pourchasse et aide Laurent-Désiré Kabila à renverser Mobutu à Kinshasa. Entre 1998 et 2002, une dizaine de pays africains, dont le Rwanda et l'Ouganda, cherchent à s'emparer des richesses géologiques du Kivu (Est) et du reste du pays.

La population civile, avec 4 millions de morts, a payé un lourd tribut. Un accord de paix est finalement signé sous les auspices de l'Afrique du Sud en 2002.

La crise actuelle

Malgré le déploiement d'une opération de maintien de la paix des Nations unies comptant 17 000 soldats, les affrontements reprennent en 2008 au Kivu du fait de Laurent Nkunda, un Congolais d'origine Tutsi, proche du régime rwandais. Le président du Rwanda, Paul Kagamé, a largement alimenté, comme d'autres, la guerre au Congo entre 1998 et 2002 (*cf.* le rapport « Mapping » par l'ONU). Avec la reprise des combats, il pouvait espérer profiter d'une plus grande part des richesses de l'Est (le Kivu). Mais, en janvier 2009, accusé d'être responsable de la reprise de la guerre et du pillage des ressources du Kivu, Paul Kagamé accepte brusquement une réconciliation avec le président congolais Joseph Kabila, qui a succédé à son père, assassiné en 2001, et met fin à la rébellion de Nkunda, qui est arrêté. En novembre 2011, Kabila est réélu, à l'issue d'un scrutin contesté. Un nouveau mouvement, le M23, reprend la rébellion au Kivu, à nouveau avec l'aide du Rwanda. En février 2013, sous l'égide du Secrétaire général de l'ONU, un accord-cadre pour la paix, la sécurité et la coopération pour la République démocratique du Congo et la région, est signé par 11 États africains, prévoyant le renforcement de la force des Nations unies et appelant les pays extérieurs à cesser d'aider les rebelles. L'un de leurs principaux responsables, le général Bosco Ntaganda, est livré à la Cour pénale internationale (CPI). Son procès s'ouvre en septembre 2015.

En 2018, deux ans après la fin de son terme légal, Joseph Kabila accepte d'organiser des élections auxquelles il n'a pas le droit de participer. Son candidat étant quasi unanimement rejeté, les élections – organisées de façon contestable – donne comme vainqueur Félix Tshisekedi, ancien opposant au régime qui s'est finalement rallié à Kabila, au détriment de Martin Fayulu qui semble pourtant être le véritable vainqueur.

On compte 1,6 million de personnes déplacées internes en RDC, notamment à l'Est où environ 70 groupes armés continuent à s'affronter.

Les scénarios

1 Malgré les protestations de l'Église et de l'opposition, Tshisekedi reste au pouvoir. À terme, les Congolais satisfaits de voir pour la première fois une transition pacifique au pouvoir s'en accommodent. Il prend des mesures cosmétiques pour calmer la population, mais le pays reste sous-développé et dans un climat d'insécurité.

2 Les Nations unies et la CPI affaiblie n'ont plus d'effet dissuasif. Les conflits pour accaparer les ressources minières reprennent.

3 Tshisekedi s'émancipe de Kabila et entame une véritable politique de mise en valeur des richesses du pays pour un développement plus inclusif.

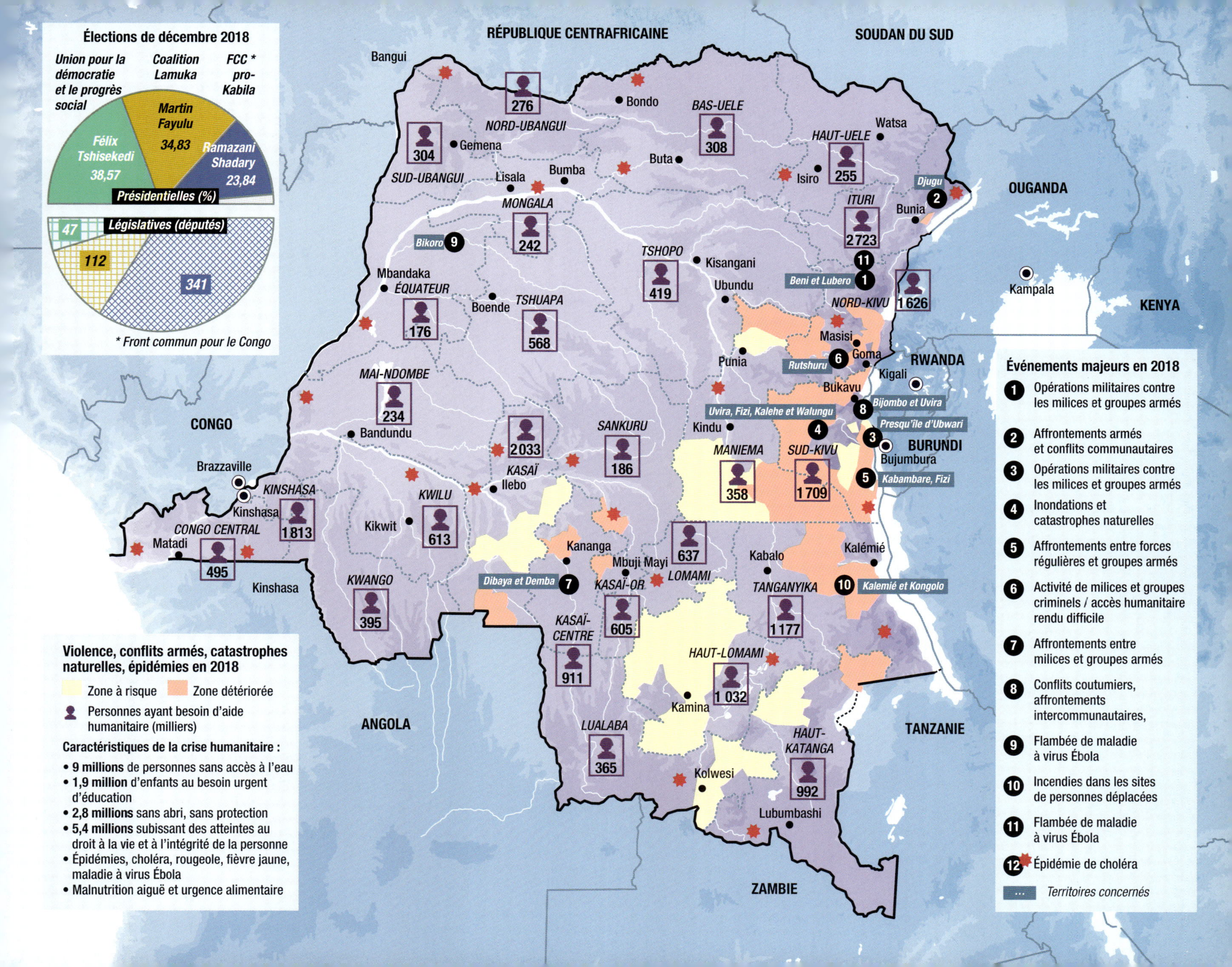

Élections de décembre 2018
Union pour la démocratie et le progrès social
Coalition Lamuka
FCC * pro-Kabila
Félix Tshisekedi 38,57
Martin Fayulu 34,83
Ramazani Shadary 23,84
Présidentielles (%)
Législatives (députés)
47
112
341
* Front commun pour le Congo
RÉPUBLIQUE CENTRAFRICAINE
SOUDAN DU SUD
OUGANDA
KENYA
RWANDA
BURUNDI
TANZANIE
ZAMBIE
ANGOLA
CONGO
Bangui
Bondo
Gemena
Buta
Watsa
Isiro
Bumba
Lisala
Bunia
Kisangani
Ubundu
Mbandaka
Boende
Kampala
Masisi
Goma
Punia
Kigali
Bukavu
Kindu
Bandundu
Bujumbura
Brazzaville
Kinshasa
Ilebo
Kikwit
Matadi
Kananga
Mbuji Mayi
Kabalo
Kalémié
Kamina
Kolwesi
Lubumbashi
NORD-UBANGUI
BAS-UELE
HAUT-UELE
SUD-UBANGUI
MONGALA
ITURI
TSHOPO
ÉQUATEUR
TSHUAPA
NORD-KIVU
MAI-NDOMBE
SANKURU
MANIEMA
SUD-KIVU
KASAÏ
KWILU
KINSHASA
CONGO CENTRAL
KWANGO
KASAÏ-OR
LOMAMI
TANGANYIKA
KASAÏ-CENTRE
HAUT-LOMAMI
LUALABA
HAUT-KATANGA
276
304
308
255
242
2 723
419
1 626
176
568
234
2 033
186
358
1 709
613
1 813
495
637
395
605
1 177
911
1 032
365
992
Djugu
Bikoro
Beni et Lubero
Rutshuru
Uvira, Fizi, Kalehe et Walungu
Bijombo et Uvira
Presqu'île d'Ubwari
Kabambare, Fizi
Dibaya et Demba
Kalemié et Kongolo
Violence, conflits armés, catastrophes naturelles, épidémies en 2018
Zone à risque
Zone détériorée
Personnes ayant besoin d'aide humanitaire (milliers)
Caractéristiques de la crise humanitaire :
• 9 millions de personnes sans accès à l'eau
• 1,9 million d'enfants au besoin urgent d'éducation
• 2,8 millions sans abri, sans protection
• 5,4 millions subissant des atteintes au droit à la vie et à l'intégrité de la personne
• Épidémies, choléra, rougeole, fièvre jaune, maladie à virus Ébola
• Malnutrition aiguë et urgence alimentaire
Événements majeurs en 2018
1 Opérations militaires contre les milices et groupes armés
2 Affrontements armés et conflits communautaires
3 Opérations militaires contre les milices et groupes armés
4 Inondations et catastrophes naturelles
5 Affrontements entre forces régulières et groupes armés
6 Activité de milices et groupes criminels / accès humanitaire rendu difficile
7 Affrontements entre milices et groupes armés
8 Conflits coutumiers, affrontements intercommunautaires,
9 Flambée de maladie à virus Ébola
10 Incendies dans les sites de personnes déplacées
11 Flambée de maladie à virus Ébola
12 Épidémie de choléra
Territoires concernés

Grands Lacs

Les origines

Le Ruanda-Urundi est jusqu'en 1918 une colonie allemande réunissant les actuels Burundi et Rwanda. La Belgique en reçoit le contrôle après la Première Guerre mondiale. À partir de différences ethniques discutées, le système colonial belge va renforcer une distinction profonde entre Hutus et Tutsis qui parlent la même langue et partagent la même histoire. Ce clivage est aussi social : les Tutsis, d'origine nilotique, sont éleveurs et socialement plus considérés, les Hutus, du groupe bantou, agriculteurs. Les Hutus qui réussissent à acquérir du bétail sont progressivement considérés comme des Tutsis. Ces derniers, très minoritaires, sont choisis comme relais par les colonisateurs belges qui les favorisent en permettant aux meilleurs d'entre eux un accès à l'école, refusé aux Hutus. Les Tutsis fournissent les cadres de l'administration coloniale belge et sont considérés comme des « Européens noirs ». Ils développent un sentiment de supériorité face aux Hutus, chez lesquels la rancœur et le désir de vengeance s'installent. Dans les années 1950, les Tutsis, plus instruits, développent des thèses anticoloniales alors que les Hutus restent majoritairement loyalistes.

La crise actuelle

Des massacres interethniques ponctuent l'existence du Rwanda et du Burundi depuis leur indépendance en 1960-1962. Ceux du Rwanda, au moment de l'indépendance, entraînent le départ de nombreux Tutsis en Ouganda. Au Burundi, des massacres ont eu lieu en 1965, 1969, 1972, 1988, 1991 et 1993. Les Tutsis rwandais partis en Ouganda essayent de reconquérir le pouvoir en 1963, sans succès. Ils recommencent en 1990, et sont alors arrêtés par des interventions française, belge et zaïroise. Le premier président burundais Hutu élu démocratiquement est assassiné en 1993.

Trois ans après l'offensive du Front patriotique rwandais (FPR) et de Paul Kagamé en 1990, les accords d'Arusha, signés sous parrainage français, semblent avoir réglé la question de la cohabitation des Hutus (85 %) et des Tutsis (15 %) au Rwanda. Mais l'attentat, le 6 avril 1994, contre les présidents rwandais et burundais, abattus dans le même avion, déclenche le génocide d'environ 800 000 Tutsis et « Hutus modérés » au Rwanda par les Hutus, puis d'environ 250 000 Hutus par les Tutsis.

Après avoir reconquis le Rwanda à la tête du FPR avec l'aide de l'Ouganda, le président Kagamé dirige depuis lors le pays et est candidat à sa réélection en 2017 avec 99% des voix. La corruption est combattue et le pays connaît une forte croissance économique (7 % par an entre 2008 et 2017) mais le gouvernement fait taire l'opposition par tous les moyens. En 2005, au Burundi, Pierre Nkurunziza, leader de l'ancien groupe rebelle Hutu, les Forces de défense de la démocratie (FDD), est élu président.

Les tensions interethnique et régionale restent fortes. À l'Est de la RDC, le Kivu devient un terrain d'affrontement entre la RDC d'un côté, le Rwanda et l'Ouganda de l'autre. Au Burundi, Pierre Nkurunziza se fait élire en 2015 pour un troisième mandat (violant ainsi la Constitution). Des émeutes éclatent et sont violemment réprimées. L'ONU envoie une force de 3 000 hommes mais la situation reste instable. Le Burundi accuse le Rwanda de tenter de le déstabiliser. Nkurunziza renonce à briguer un quatrième mandat pour 2020 mais les tensions restent vives et la répression de l'opposition féroce. 500 000 Burundais ont fui leur pays.

Les scénarios

1 La réconciliation au Burundi tourne court. Les relations Rwanda/RDC se dégradent à nouveau à propos du Kivu, ainsi que les relations Rwanda/Burundi. La région reste instable, en particulier l'Est de la RDC, au Kivu. Des affrontements peuvent reprendre à tout moment.

2 Les pressions internationales exercées sur le Rwanda et l'Ouganda les amènent à lâcher prise sur la RDC et le Burundi. L'amélioration des relations RDC/Rwanda/Burundi/Ouganda, encouragée par les Américains et les Européens, entraîne peu à peu le développement de la région et des coopérations pour l'exploitation des ressources du sous-sol dans le respect de la souveraineté de la RDC sur le Kivu.

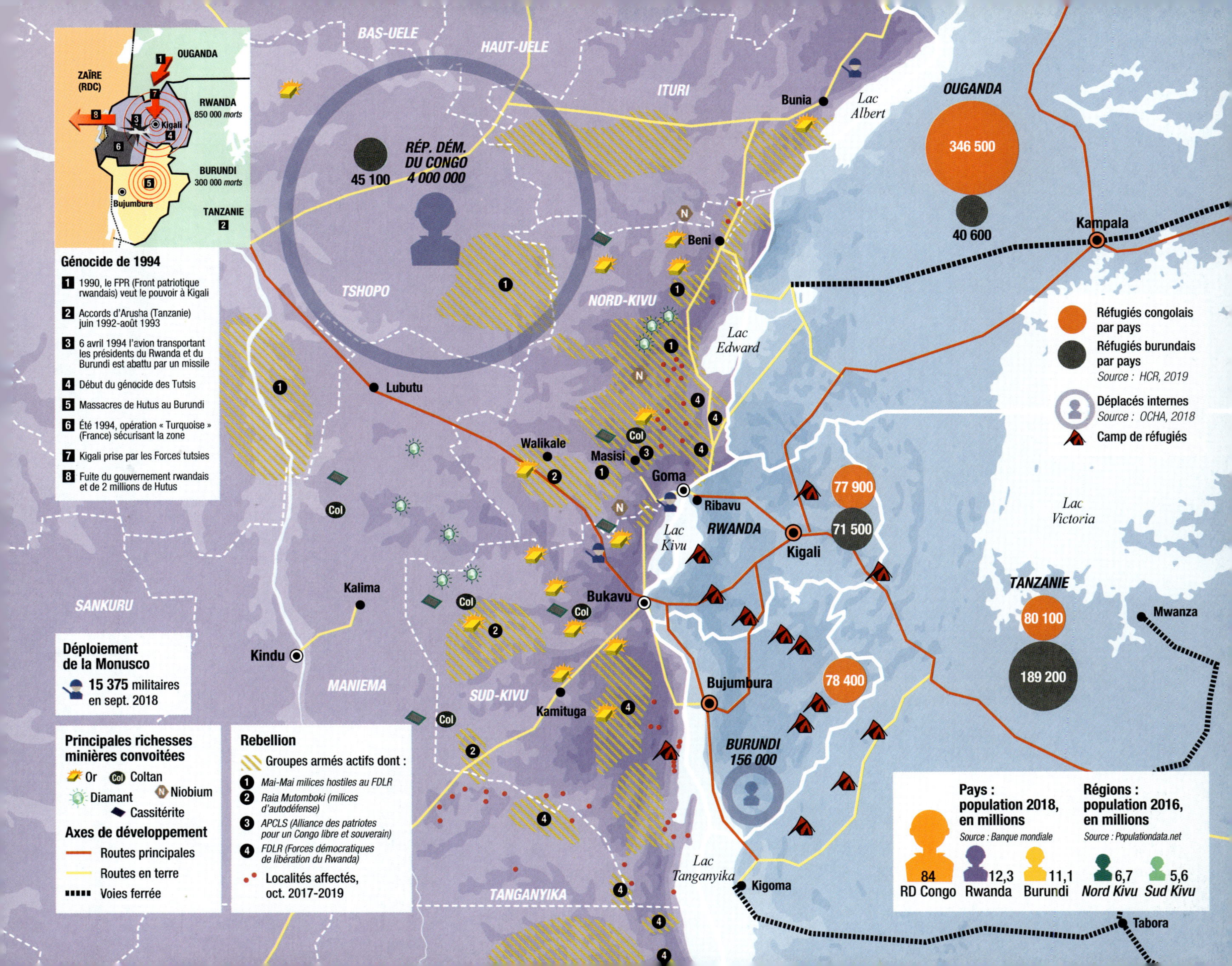

ZAÏRE (RDC)
OUGANDA
RWANDA
850 000 morts
Kigali
BURUNDI
300 000 morts
Bujumbura
TANZANIE
Génocide de 1994
1 1990, le FPR (Front patriotique rwandais) veut le pouvoir à Kigali
2 Accords d'Arusha (Tanzanie) juin 1992-août 1993
3 6 avril 1994 l'avion transportant les présidents du Rwanda et du Burundi est abattu par un missile
4 Début du génocide des Tutsis
5 Massacres de Hutus au Burundi
6 Été 1994, opération « Turquoise » (France) sécurisant la zone
7 Kigali prise par les Forces tutsies
8 Fuite du gouvernement rwandais et de 2 millions de Hutus
BAS-UELE
HAUT-UELE
ITURI
Bunia
Lac Albert
RÉP. DÉM. DU CONGO
4 000 000
45 100
TSHOPO
NORD-KIVU
Beni
Lac Edward
Lubutu
Walikale
Masisi
Goma
Ribavu
Lac Kivu
RWANDA
Kigali
Bukavu
Kalima
SANKURU
Kindu
MANIEMA
SUD-KIVU
Kamituga
Bujumbura
BURUNDI
156 000
Lac Tanganyika
Kigoma
TANGANYIKA
OUGANDA
346 500
40 600
Kampala
Réfugiés congolais par pays
Réfugiés burundais par pays
Source : HCR, 2019
Déplacés internes
Source : OCHA, 2018
Camp de réfugiés
77 900
71 500
78 400
Lac Victoria
TANZANIE
80 100
189 200
Mwanza
Tabora
Déploiement de la Monusco
15 375 militaires en sept. 2018
Principales richesses minières convoitées
Or
Col Coltan
Diamant
N Niobium
Cassitérite
Axes de développement
Routes principales
Routes en terre
Voies ferrée
Rebellion
Groupes armés actifs dont :
1 Mai-Mai milices hostiles au FDLR
2 Raia Mutomboki (milices d'autodéfense)
3 APCLS (Alliance des patriotes pour un Congo libre et souverain)
4 FDLR (Forces démocratiques de libération du Rwanda)
Localités affectés, oct. 2017-2019
Pays : population 2018, en millions
Source : Banque mondiale
Régions : population 2016, en millions
Source : Populationdata.net
84 RD Congo
12,3 Rwanda
11,1 Burundi
6,7 Nord Kivu
5,6 Sud Kivu

Soudan du Sud

Les origines

Le Soudan est le plus grand pays d'Afrique. Il est partagé entre le Nord arabo-musulman, qui domine le pays, et le Sud animiste et chrétien. Ce dernier a recherché l'indépendance par deux guerres civiles, 1956-1972 et 1983-2005, cette dernière ayant engendré 2 millions de morts et 4 millions de déplacés. En 2005, un accord est signé entre le gouvernement de Khartoum et l'Armée populaire de libération du Soudan (APLS), qui prévoit un référendum d'autodétermination pour le Sud, en janvier 2011. Le oui l'emporte avec 98,83 % des voix le 9 juillet 2011, entraînant la proclamation de l'indépendance de la République du Soudan du Sud, et son admission à l'ONU. Les États-Unis, Israël, le Rwanda et l'Éthiopie ont activement soutenu cette indépendance, notamment par opposition à Khartoum.

La richesse en pétrole du Soudan du Sud laisse alors augurer des perspectives heureuses pour le 193e État membre de l'ONU et 54e membre de l'Union africaine. Mais, très rapidement, l'absence de structures étatiques véritables, la corruption, les rivalités personnelles, la rapacité par rapport à la manne pétrolière, conduisent à de nouveaux affrontements entre Sud-Soudanais.

La crise actuelle

Le président Salva Kiir, d'ethnie Dinka, limoge son vice-président Riek Machar, d'ethnie Nuer, l'accusant de préparer un coup d'État. Le pays se retrouve alors plongé dans une guerre civile incontrôlable, où plusieurs accords de cessez-le-feu n'aboutissent à rien. Le Conseil de sécurité des Nations unies adopte en mars 2015 la résolution 2206, qui établit des sanctions individuelles à l'encontre de ceux qui font obstacle au Soudan du Sud, mais qu'il est impossible de mettre en œuvre, faute de prise sur ces personnes.

Khartoum accuse le gouvernement du Soudan du Sud de soutenir la rébellion soudanaise tandis que Kiir accuse Khartoum de soutenir son rival. Le conflit a déjà fait 400 000 morts, 4,5 millions de déplacés dont la moitié s'est réfugiée dans les pays voisins. Le viol est largement répandu, ainsi que les exactions (pendaisons, personnes brûlées vives, exécutions de masse) commises par des militaires des deux camps.

Alors que les réserves de pétrole sont au Sud et les oléoducs, au Nord, il avait été prévu, pour que Khartoum accepte l'indépendance, l'établissement d'un droit de transit initialement prévu à 25 dollars par baril et aujourd'hui fixé à 14 dollars. L'effondrement des cours du pétrole accentue l'appauvrissement du Soudan du Sud et son manque de moyens : il n'a aucune infrastructure, à peine 100 kilomètres de routes goudronnées et un quart de la population seulement sait lire et écrire. Le rêve d'un pays prospère grâce à ses ressources pétrolières a volé en éclats. Concrètement, la guerre est terminée suite à un accord signé en août 2015 et la « re-nomination » de Machar à la vice-présidence, mais les protagonistes sont incapables d'imposer leur autorité à leurs propres troupes. Il n'y a en fait pas d'armées dignes de ce nom mais des milices incontrôlées qui agissent en toute impunité.

La guerre civile du Soudan du Sud est emblématique de ces guerres que l'on dit oubliées : malgré les immenses ravages – 50 000 morts, 2,5 millions de déplacés et 700 000 réfugiés – elle attire peu les médias occidentaux.

Les scénarios

1 La guerre se poursuit dans l'oubli général, dans la mesure où il n'y a ni images ni conséquences extérieures. Les Soudanais sont trop démunis et trop éloignés pour tenter de se réfugier en Europe.

2 Pensant qu'ils y ont intérêt, les deux ennemis se réconcilient mais ne parviennent pas réellement à mettre en place des structures étatiques dignes de ce nom et se contentent de détourner à leur profit la rente pétrolière.

3 Une nouvelle génération arrive au pouvoir et, grâce à l'aide internationale, met en place des structures permettant un développement réel.

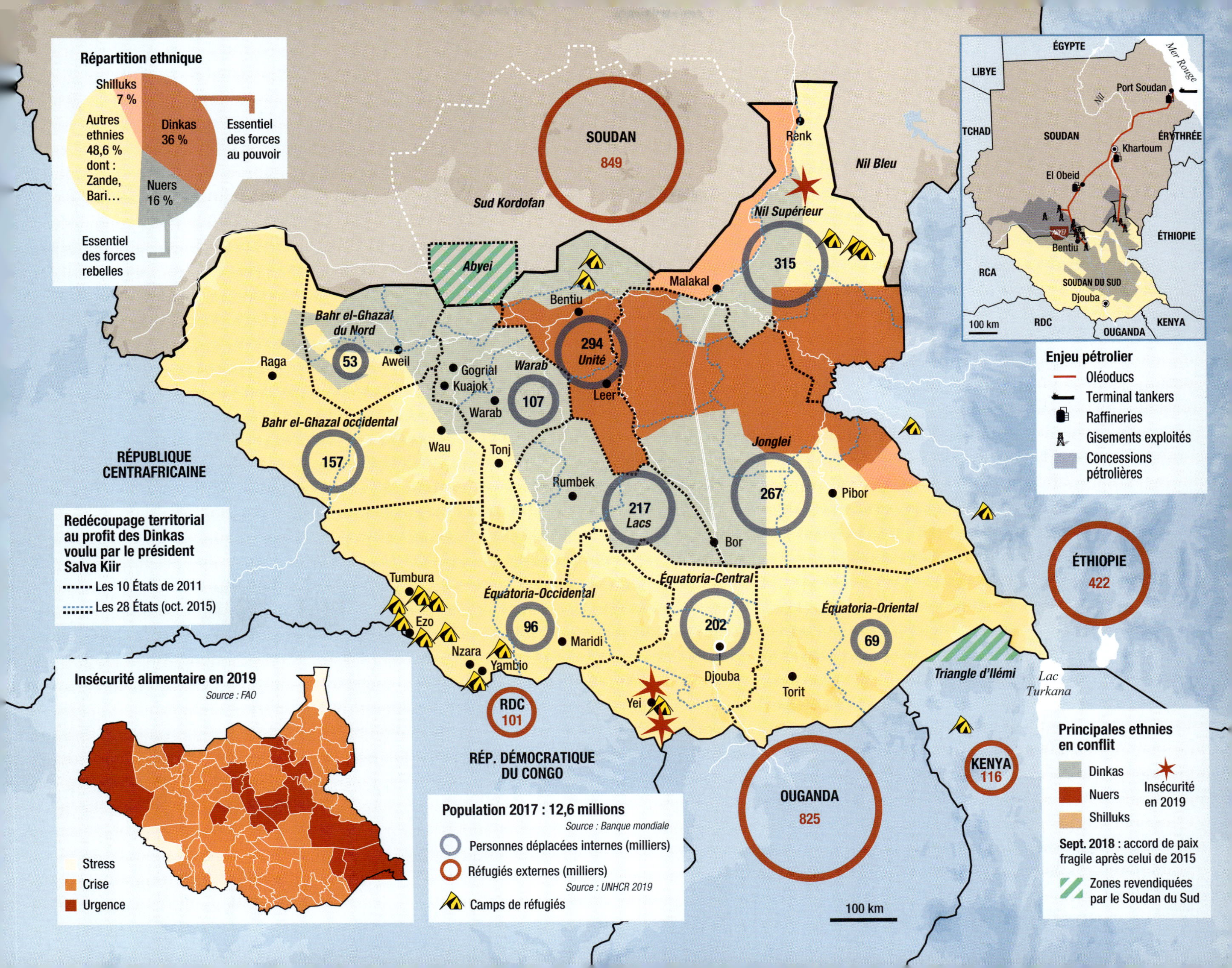
Répartition ethnique
Shilluks 7 %
Dinkas 36 %
Essentiel des forces au pouvoir
Autres ethnies 48,6 % dont : Zande, Bari…
Nuers 16 %
Essentiel des forces rebelles
SOUDAN
849
Sud Kordofan
Nil Bleu
Renk
Nil Supérieur
315
Abyei
Malakal
Bentiu
Bahr el-Ghazal du Nord
53
Aweil
Raga
Gogrial
Kuajok
Warab
107
294
Unité
Leer
Bahr el-Ghazal occidental
157
Wau
Tonj
Rumbek
217
Lacs
Jonglei
267
Pibor
Bor
RÉPUBLIQUE CENTRAFRICAINE
Redécoupage territorial au profit des Dinkas voulu par le président Salva Kiir
Les 10 États de 2011
Les 28 États (oct. 2015)
Tumbura
Ezo
Nzara
Yambio
Équatoria-Occidental
96
Maridi
Équatoria-Central
202
Djouba
Yei
Équatoria-Oriental
69
Torit
Triangle d'Ilémi
Lac Turkana
ÉTHIOPIE
422
RDC
101
KENYA
116
OUGANDA
825
RÉP. DÉMOCRATIQUE DU CONGO
Insécurité alimentaire en 2019
Source : FAO
Stress
Crise
Urgence
Population 2017 : 12,6 millions
Source : Banque mondiale
Personnes déplacées internes (milliers)
Réfugiés externes (milliers)
Source : UNHCR 2019
Camps de réfugiés
100 km
ÉGYPTE
LIBYE
Mer Rouge
Port Soudan
Nil
TCHAD
SOUDAN
ÉRYTHRÉE
Khartoum
El Obeid
ÉTHIOPIE
Bentiu
Abyei
RCA
SOUDAN DU SUD
Djouba
100 km
RDC
OUGANDA
KENYA
Enjeu pétrolier
Oléoducs
Terminal tankers
Raffineries
Gisements exploités
Concessions pétrolières
Principales ethnies en conflit
Dinkas
Nuers
Shilluks
Insécurité en 2019
Sept. 2018 : accord de paix fragile après celui de 2015
Zones revendiquées par le Soudan du Sud

République centrafricaine

Les origines

La République centrafricaine (RCA) est un pays potentiellement très riche, mais dramatiquement sous-développé. Faiblement peuplée (4,7 millions d'habitants), riche en matières premières (or, uranium, diamant, pétrole, bois), elle est l'un des pays les plus pauvres en termes de PIB par habitant : 189e rang sur 193, avec 382 dollars par habitant et par an.

En 1965, le premier président de la RCA indépendante, David Dacko, est renversé par son chef d'État-major, Jean-Bedel Bokassa. Celui-ci entreprend une réforme agraire, dénonce les élites, se rend populaire mais sombre dans la mégalomanie, au point de s'autoproclamer empereur en 1976 et de mettre en place un régime répressif, avec le silence complice de la France.

Le 20 septembre 1979, Paris lance l'opération « Barracuda » pour réinstaller Dacko au pouvoir.

Vont s'ensuivre une série de gouvernements instables, qui prennent le pouvoir par la force armée et la corruption. La France s'accommode de la situation et se sert du pays comme base arrière africaine. Mais aucune structure étatique ne se met en place.

Le pays est composé de 80 % de chrétiens, et 15 % de musulmans, le reste étant animiste.

La crise actuelle

L'ex-Seleka, groupe rebelle à majorité musulmane, entend faire valoir les droits de la minorité musulmane et profite de la faiblesse du pouvoir central pour contrôler des territoires et des ressources à l'est et au nord du pays. Elle recrute des jeunes désœuvrés, et se fait aider par des rebelles tchadiens et soudanais. Volonté de se venger des exactions passées contre les minorités musulmanes, soif de pillages, manque d'encadrement conduisent à des massacres et à des violences interethniques. L'ex-Seleka s'empare de Bangui en mars 2013.

La population chrétienne assimile pillards et musulmans, car les églises, lieux où se concentrent les richesses en RCA, sont les premières à être pillées. Pourtant, les pillards sont d'origine diverse et ne semblent pas avoir la religion pour motivation première.

Les « anti-balakas » à dominante chrétienne regroupent les forces fidèles au président Bozizé et les chrétiens désireux à leur tour de se venger des exactions subies. Affrontements, mêlant massacres ethniques et pillages de masses s'ensuivent de façon exponentielle et conduisent la communauté internationale à réagir, sous la crainte d'un nouveau génocide type Rwanda.

En décembre 2013, le Conseil de sécurité de l'ONU autorise le déploiement d'une force internationale (opération Sangaris, 2 000 soldats) dont les troupes françaises sont l'épine dorsale. Elle met fin aux plus graves affrontements mais les tensions interethniques demeurent profondes. L'opération française est relayée à partir de juin 2016 par des forces africaines. En 2018, la Russie signe un accord militaire avec Bangui prévoyant la formation de l'armée et la sécurité du Président. Un accord de paix est signé à Khartoum en 2019 entre les différentes factions sous l'égide de l'UA et l'ONU. Les 7 précédents accords n'ont pas été respectés.

Les scénarios

1 Faustin-Archange Touadéra, élu président le 14 février 2016, mène, encouragé par la France, une politique de réconciliation nationale. Il prend exemple sur le modèle sud-africain de la commission « Vérité et réconciliation ». Les plaies se referment d'autant plus que l'aide internationale est mieux utilisée. Le pays commence à se développer.

2 Le président reste prisonnier de ses partisans les plus déterminés et les violences sectaires reprennent. Les milices vivent grâce à l'exploitation des ressources minières.

3 La Russie, intéressée par les matières premières, gagne en influence dans le pays où elle rétablit un calme relatif.

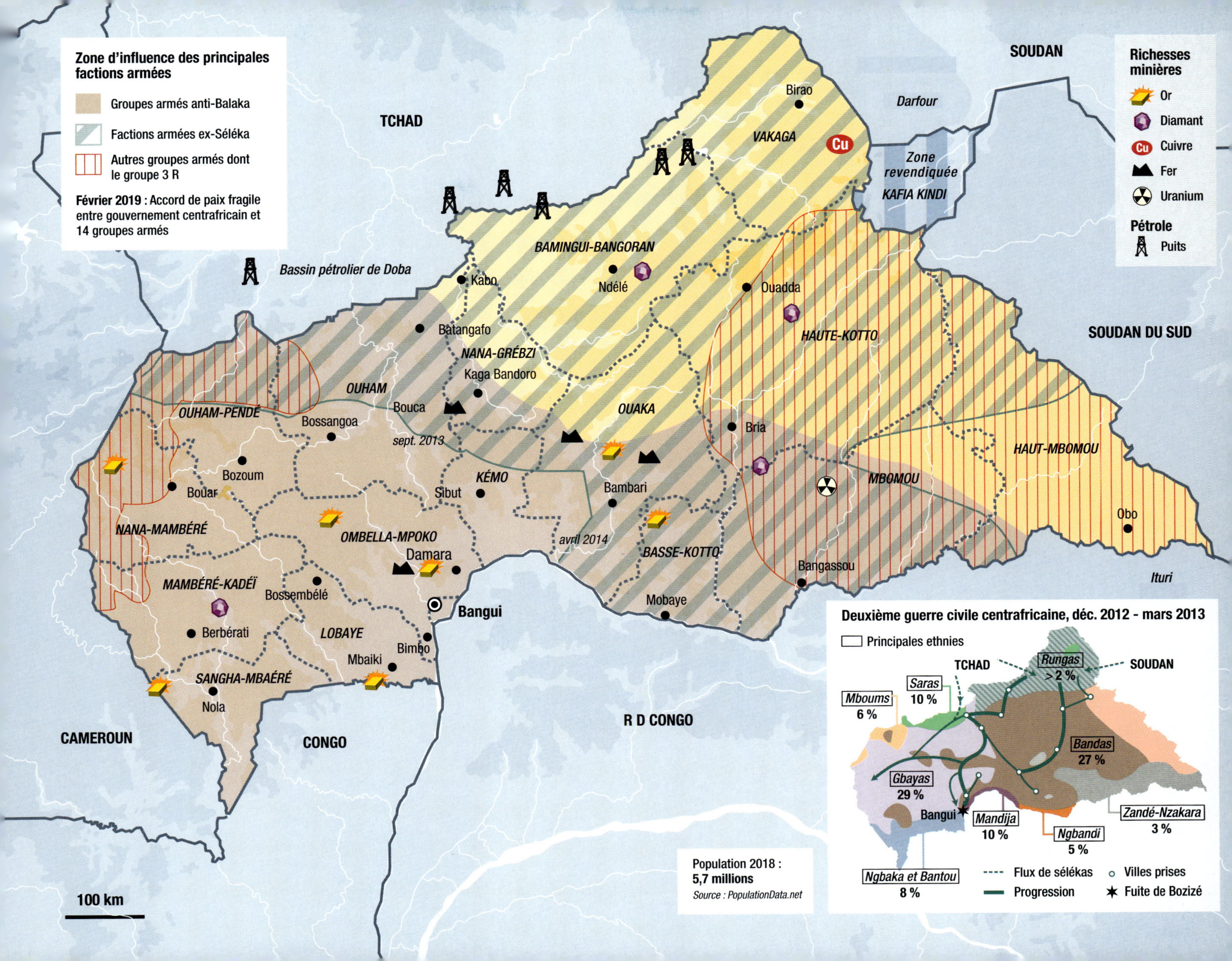

Zone d'influence des principales factions armées
Groupes armés anti-Balaka
Factions armées ex-Séléka
Autres groupes armés dont le groupe 3 R
Février 2019 : Accord de paix fragile entre gouvernement centrafricain et 14 groupes armés
Richesses minières
Or
Diamant
Cuivre
Fer
Uranium
Pétrole
Puits
TCHAD
SOUDAN
Darfour
Zone revendiquée
KAFIA KINDI
SOUDAN DU SUD
Bassin pétrolier de Doba
Birao
VAKAGA
Cu
BAMINGUI-BANGORAN
Ndélé
Ouadda
HAUTE-KOTTO
Kabo
Batangafo
NANA-GRÉBZI
Kaga Bandoro
OUHAM
Bouca
OUHAM-PENDÉ
Bossangoa
sept. 2013
OUAKA
Bria
HAUT-MBOMOU
MBOMOU
Obo
Bozoum
Bouar
KÉMO
Sibut
Bambari
NANA-MAMBÉRÉ
OMBELLA-MPOKO
avril 2014
Damara
BASSE-KOTTO
Bangassou
Ituri
MAMBÉRÉ-KADÉÏ
Bossembélé
Bangui
Mobaye
Berbérati
LOBAYE
Bimbo
Mbaiki
SANGHA-MBAÉRÉ
Nola
CAMEROUN
CONGO
R D CONGO
100 km
Population 2018 : 5,7 millions
Source : PopulationData.net
Deuxième guerre civile centrafricaine, déc. 2012 - mars 2013
Principales ethnies
TCHAD
SOUDAN
Rungas >2 %
Saras 10 %
Mboums 6 %
Bandas 27 %
Gbayas 29 %
Bangui
Mandjija 10 %
Ngbandi 5 %
Zandé-Nzakara 3 %
Ngbaka et Bantou 8 %
Flux de sélékas
Progression
Villes prises
Fuite de Bozizé

Éthiopie/Érythrée

Les origines

Avant la première guerre mondiale, l'Éthiopie est (avec le petit Liberia créé par des esclaves américains affranchis) le seul pays indépendant d'Afrique. Très ancien royaume, c'est la seule nation du continent à n'avoir jamais été colonisée, avec le Maroc jusqu'en 1912. Elle intègre la SDN en 1923, mais est annexée par Mussolini et occupée de 1935 à 1941.

Son empereur, Hailé Sélassié, cherche un débouché sur la mer et souhaite intégrer l'Érythrée, jusque-là occupée par les Britanniques. En 1952, en accord avec l'ONU, l'Érythrée est intégrée à l'Éthiopie tout en conservant un statut autonome dans le cadre d'une fédération. Hailé Sélassié abolit ce statut en 1962.

Face aux mouvements indépendantistes érythréens, Addis Abeba instaure la loi martiale en Érythrée. En 1974, l'empereur est renversé par des militaires qui se réclament du marxisme. L'Éthiopie passe d'une influence américaine à une influence soviétique. La dictature de Mengistu est très répressive, aussi bien en Éthiopie que dans la région de l'Érythrée. Le pays connaît en 1984-1985 une famine catastrophique due à la fois aux faibles précipitations et aux affrontements militaires, qui fait 400 000 morts.

En 1991, une guérilla soutenue par les États-Unis renverse le régime communiste. L'indépendance de l'Érythrée est reconnue en 1993, ces deux pays cohabitent pacifiquement jusqu'au déclenchement de la guerre en 1998, pour cause de désaccord frontalier. Elle va faire 80 000 morts et 600 000 déplacés.

La paix est signée sous l'égide de l'ONU en 2000. La guerre a ruiné les deux pays.

La crise actuelle

Malgré l'accord de paix, la question frontalière n'est toujours pas résolue et les relations diplomatiques ne sont pas rétablies. Même les liaisons téléphoniques sont suspendues.

En Érythrée, prenant pour prétexte la menace éthiopienne, Isaias Afwerki établit un régime quasi totalitaire : parti unique, absence de toute liberté, conscription obligatoire et à durée indéterminée, équivalent à un quasi-servage. De nombreux Érythréens fuient le pays.

L'Éthiopie a un régime autoritaire, sous l'égide d'une minorité, les Tigréens, mais l'économie se développe à un rythme très élevé. Elle est liée stratégiquement aux États-Unis, mais la Chine développe sa présence économique. Le caractère minoritaire de l'ethnie au pouvoir conduit à un durcissement du régime et les relations entre les différentes communautés se détériorent (les Tigréens au pouvoir représentent 6 % de la population éthiopienne (autant que l'ethnie Somali), contre près de 35 % pour l'ethnie Oromo, 26 % pour l'ethnie Amhara).

En 2018, Abiy Ahmed devient à 42 ans Premier ministre après sa victoire électorale obtenue à la surprise générale. Il appartient à l'ethnie majoritaire : les Oromo. Il rétablit la démocratie, libère les prisonniers politiques et tend la main à l'Érythrée en restituant la ville de Badmé, symbole du conflit frontalier. L'Érythrée accepte le dialogue. La frontière est rouverte et les relations diplomatiques rétablies.

Les scénarios

1 Abiy Ahmed parvient à apaiser les tensions communautaires en Éthiopie, qui poursuit son développement économique. Son image s'améliore nettement, et elle devient un pays leader du continent africain.

a. La paix avec l'Éthiopie ne permet plus au régime érythréen de justifier le système totalitaire. Le pays se démocratise.

b. Le régime érythréen ne se réforme pas et reste ultra-répressif sans pour autant reprendre la guerre.

2 Les tensions communautaires reprennent en Éthiopie, provoquant un durcissement du régime et la remise en cause de la paix avec l'Érythrée.

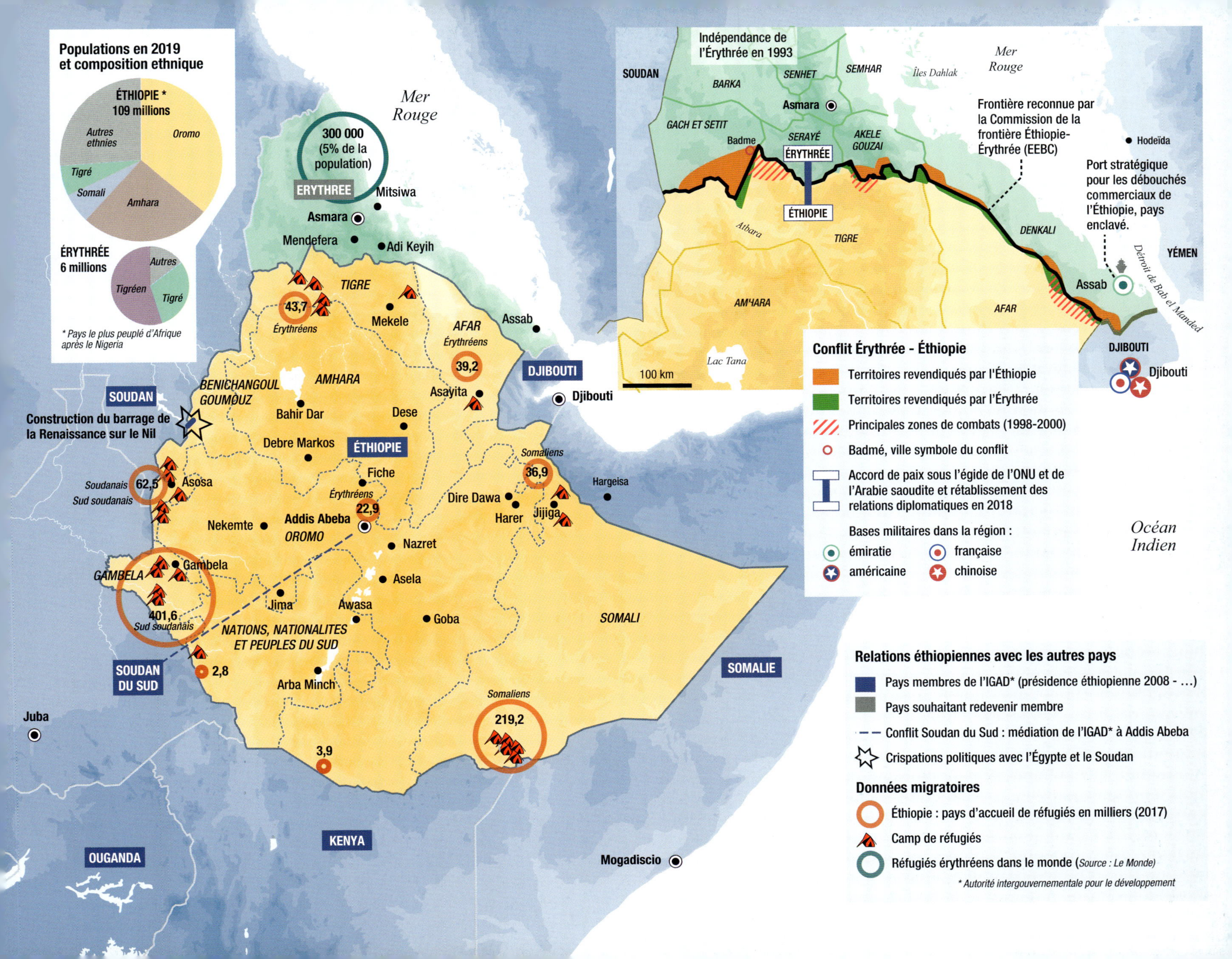

Populations en 2019 et composition ethnique
ÉTHIOPIE * 109 millions
Oromo
Amhara
Somali
Tigré
Autres ethnies
ÉRYTHRÉE 6 millions
Autres
Tigréen
Tigré
* Pays le plus peuplé d'Afrique après le Nigeria
Mer Rouge
300 000 (5% de la population)
ERYTHREE
Mitsiwa
Asmara
Mendefera
Adi Keyih
TIGRE
43,7
Érythréens
Mekele
AFAR
Érythréens
Assab
39,2
DJIBOUTI
Djibouti
Asayita
BENICHANGOUL GOUMOUZ
AMHARA
SOUDAN
Construction du barrage de la Renaissance sur le Nil
Bahir Dar
Dese
Debre Markos
ÉTHIOPIE
Somaliens
36,9
Hargeisa
Soudanais 62,5 Sud soudanais
Asosa
Fiche
Érythréens
22,9
Dire Dawa
Harer
Jijiga
Nekemte
Addis Abeba
OROMO
Nazret
GAMBELA
Gambela
Asela
Jima
Awasa
Goba
SOMALI
401,6
Sud soudanais
NATIONS, NATIONALITES ET PEUPLES DU SUD
2,8
SOUDAN DU SUD
Arba Minch
SOMALIE
Juba
Somaliens
219,2
3,9
KENYA
OUGANDA
Mogadiscio
Océan Indien
Indépendance de l'Érythrée en 1993
SOUDAN
BARKA
SENHET
SEMHAR
Îles Dahlak
Mer Rouge
Asmara
GACH ET SETIT
SERAYÉ
AKELE GOUZAI
Badme
ÉRYTHRÉE
ÉTHIOPIE
Frontière reconnue par la Commission de la frontière Éthiopie-Érythrée (EEBC)
Hodeïda
Port stratégique pour les débouchés commerciaux de l'Éthiopie, pays enclavé.
Atbara
TIGRE
DENKALI
YÉMEN
Détroit de Bab el Mandeb
Assab
AMHARA
AFAR
Lac Tana
100 km
DJIBOUTI
Djibouti
Conflit Érythrée - Éthiopie
Territoires revendiqués par l'Éthiopie
Territoires revendiqués par l'Érythrée
Principales zones de combats (1998-2000)
Badmé, ville symbole du conflit
Accord de paix sous l'égide de l'ONU et de l'Arabie saoudite et rétablissement des relations diplomatiques en 2018
Bases militaires dans la région :
émiratie
française
américaine
chinoise
Relations éthiopiennes avec les autres pays
Pays membres de l'IGAD* (présidence éthiopienne 2008 - ...)
Pays souhaitant redevenir membre
Conflit Soudan du Sud : médiation de l'IGAD* à Addis Abeba
Crispations politiques avec l'Égypte et le Soudan
Données migratoires
Éthiopie : pays d'accueil de réfugiés en milliers (2017)
Camp de réfugiés
Réfugiés érythréens dans le monde (Source : Le Monde)
* Autorité intergouvernementale pour le développement

Somalie

Les origines

La position stratégique de la Somalie dans la corne de l'Afrique attire les convoitises européennes à l'époque coloniale. Les Britanniques s'installent au Nord (actuel Somaliland), les Italiens au Sud autour de Mogadiscio, région qui se développe plus rapidement.

À la chute de Mussolini, Londres unifie les deux Somalie, restituée à l'Italie en 1950 et qui devient indépendante en 1960.

En 1969, Siad Barre prend le pouvoir après un coup d'État et prend une orientation marxiste. Il sera lâché en 1974 par l'URSS qui privilégie le rival éthiopien, bien plus important stratégiquement.

Siad Barre est renversé en 1991. Le Somaliland en profite pour proclamer son indépendance. À la fin de l'année, le pays est plongé dans le chaos – affrontements de milices rivales –, une famine provoque 220000 morts.

Georges Bush père lance alors – sous l'égide de l'ONU – l'opération Restore Hope. Il s'agit de montrer que les États-Unis peuvent intervenir militairement même s'il n'y a pas de facteur pétrole comme au Koweït, dans un but strictement humanitaire.

Mais l'intervention de 25000 soldats américains met fin à la médiation onusienne et les affrontements reprennent vite. 18 soldats américains sont tués dans un affrontement avec une milice somalienne en 1993. Le président Bill Clinton décide alors du retrait de toutes les forces américaines, ce qui plonge un peu plus le pays dans le chaos. Le Puntland, voisin du Somaliland, proclame son autonomie en 1998.

Plusieurs conférences de paix échouent. Le terme de « somalisation » vient désigner un pays déchiré entre plusieurs factions qui s'affrontent militairement, où règnent le désordre et la misère.

La crise actuelle

Dans les années 2007-2008 des pêcheurs réduits à l'inactivité du fait du pillage des ressources halieutiques du pays s'allient avec des milices terroristes pour pratiquer la piraterie contre les navires passant au large. L'Union européenne (opération Atalante en 2009) ainsi que les marines américaine, chinoise et russe patrouillent activement pour contrôler la zone. La piraterie est éradiquée après 2012. Mais, à terre, où les intérêts des puissances extérieures à la région sont inexistants, la situation ne s'améliore pas.

Un groupe armé, les tribunaux islamiques, prône l'application stricte de la charia. Ils deviennent populaires, car, au-delà de leur caractère répressif, ils apportent une forme d'ordre. Ils parviennent à contrôler une grande partie du territoire en 2006. L'Éthiopie intervient pour les contrer, avec l'aide des États-Unis, au nom de la lutte contre le terrorisme, sans obtenir la victoire. Mais elle provoque la montée en puissance d'un groupe encore plus radical et répressif, Al-Shebab, qui réussit à contrôler une grande partie du territoire entre 2009 et 2011, dont Mogadiscio.

Le Kenya, qui accueille 250000 réfugiés somaliens, intervient à son tour en 2011, avec plus d'efficacité, mais subit des attaques terroristes d'Al Shebab sur son territoire.

En 2017, Mohamed Abdullahi Mohamed est élu lors d'élections organisées par l'ONU. Mais, la Somalie est l'exemple même d'un État failli alors que le Somaliland – dont l'indépendance n'est reconnue par personne, par crainte d'encourager le sécessionnisme – présente un certain niveau de développement économique et de stabilité politique.

Scénarios

1 Une aide internationale raisonnable de la communauté permet la reconstruction du pays, le développement économique permet de mettre fin aux affrontements internes.

2 Des responsables de milices estiment que le chaos leur est au final bénéfique et torpillent les efforts de paix.

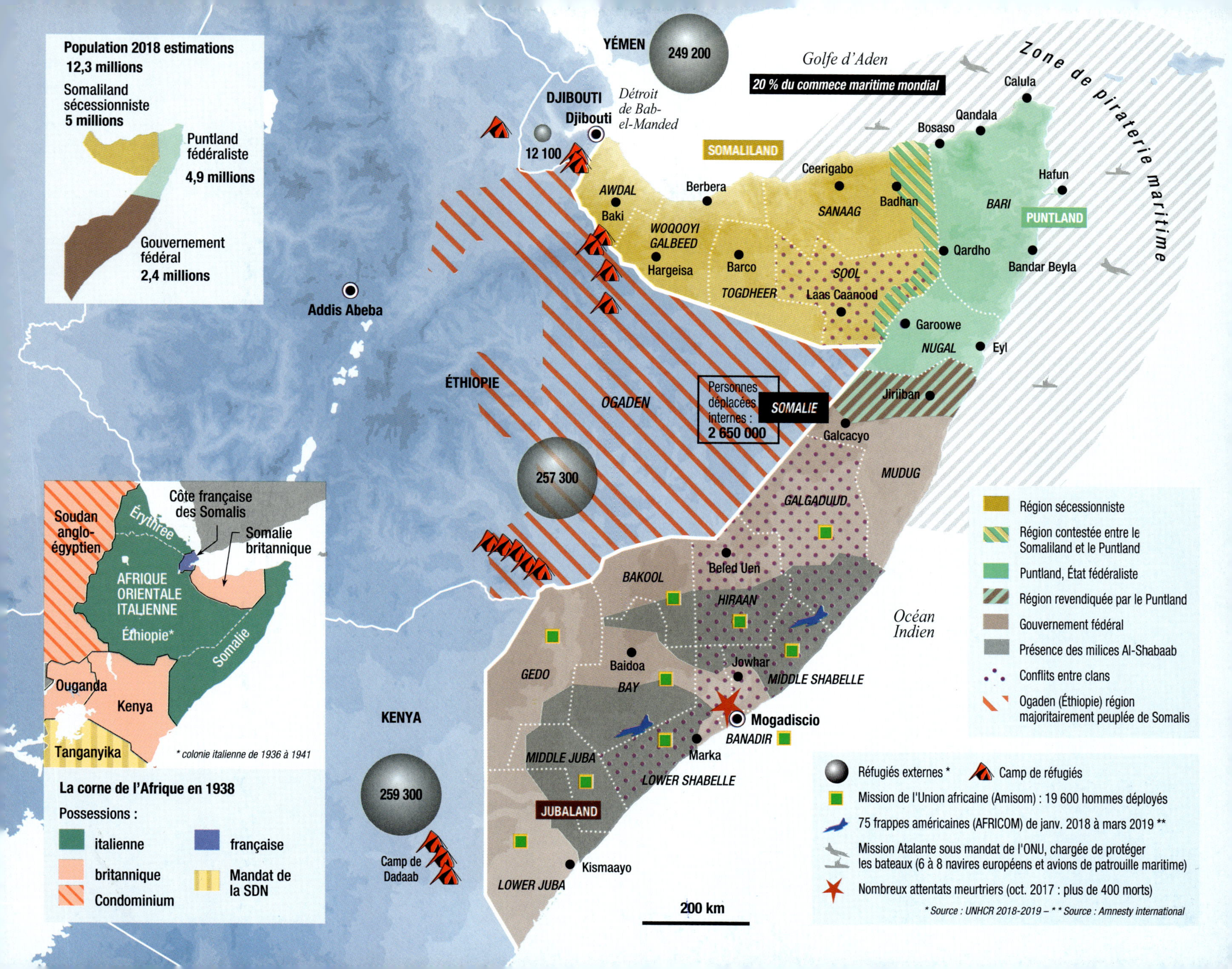

Population 2018 estimations
12,3 millions
Somaliland sécessionniste
5 millions
Puntland fédéraliste
4,9 millions
Gouvernement fédéral
2,4 millions
YÉMEN
249 200
Golfe d'Aden
20 % du commece maritime mondial
Zone de piraterie maritime
DJIBOUTI
Djibouti
Détroit de Bab-el-Manded
12 100
SOMALILAND
Calula
Qandala
Bosaso
Hafun
AWDAL
Berbera
Ceerigabo
Baki
WOQOOYI GALBEED
SANAAG
Badhan
BARI
PUNTLAND
Qardho
Bandar Beyla
Hargeisa
Barco
SOOL
TOGDHEER
Laas Caanood
Addis Abeba
Garoowe
NUGAL
Eyl
ÉTHIOPIE
OGADEN
Personnes déplacées internes : 2 650 000
SOMALIE
Jiriiban
Galcacyo
MUDUG
257 300
GALGADUUD
Beled Uen
BAKOOL
HIRAAN
Océan Indien
GEDO
Baidoa
Jowhar
BAY
MIDDLE SHABELLE
KENYA
Mogadiscio
BANADIR
Marka
MIDDLE JUBA
LOWER SHABELLE
259 300
JUBALAND
Camp de Dadaab
Kismaayo
LOWER JUBA
200 km
Région sécessionniste
Région contestée entre le Somaliland et le Puntland
Puntland, État fédéraliste
Région revendiquée par le Puntland
Gouvernement fédéral
Présence des milices Al-Shabaab
Conflits entre clans
Ogaden (Éthiopie) région majoritairement peuplée de Somalis
Réfugiés externes *
Camp de réfugiés
Mission de l'Union africaine (Amisom) : 19 600 hommes déployés
75 frappes américaines (AFRICOM) de janv. 2018 à mars 2019 **
Mission Atalante sous mandat de l'ONU, chargée de protéger les bateaux (6 à 8 navires européens et avions de patrouille maritime)
Nombreux attentats meurtriers (oct. 2017 : plus de 400 morts)
* Source : UNHCR 2018-2019 – * * Source : Amnesty international
Soudan anglo-égyptien
Côte française des Somalis
Érythrée
Somalie britannique
AFRIQUE ORIENTALE ITALIENNE
Éthiopie*
Somalie
Ouganda
Kenya
Tanganyika
* colonie italienne de 1936 à 1941
La corne de l'Afrique en 1938
Possessions :
italienne
française
britannique
Mandat de la SDN
Condominium

Oulan-Bator
MONGOLIE
Ouïghour
Mongolie intérieure
Pékin
CORÉE DU NORD
Pyongyang
Île Dokdo / Takeshima
Séoul
CORÉE DU SUD
Mer du Japon
Tokyo
JAPON
Mer Jaune
CHINE
AFGHANISTAN
Kaboul
Cachemire
Taliban
Islamabad
Tibet
Récif Leodo
Mer de Chine orientale
PAKISTAN
NÉPAL
Katmandou
BHOUTAN
Thimphou
Arunachal Pradesh septentrional
New-Dehli
Îles Senkaku / Diaoyu
Kachins
Dacca
Taïpei
MYANMAR
Hmong
Hanoi
TAIWAN
INDE
BANGLADESH
LAOS
Vientiane
Rohingyas
Rangoon
Îles Paracels
Manille
THAÏLANDE
Karens
Bangkok
VIETNAM
Mer de Chine méridionale
CAMBODGE
Phnom Penh
Îles Spratleys
PHILIPPINES
Pattani
Temple Preah Vihear
Front Moro de Libération nationale
Colombo
SRI LANKA
BRUNEI
Kuala Lumpur
MALAISIE
MALDIVES
SINGAPOUR
Djakarta
INDONÉSIE
Dili
TIMOR LESTE
Conflit maritime
Pays concernés
Lutte pour l'autonomie, séparatisme
Affrontements interethniques
Litige frontalier
Émeutes de minorité ethnique
Piraterie maritime
Conflit majeur
Reprise du dialogue
Mots-clés

L'Asie des crises et des conflits

L'émergence (pacifique ?) de la Chine

Pendant plus de 40 ans, la Chine connaît une croissance économique extraordinairement forte. En raison de la taille du pays et de l'ampleur du phénomène de globalisation, cette croissance a un impact sans précédent sur l'état du monde.

La Chine a déjà doublé le Japon en 2011 pour devenir le deuxième PIB mondial et les États-Unis pour devenir la première puissance commerciale mondiale (importations et exportations) en 2013. La question n'est plus de savoir si la Chine deviendra la première puissance économique mondiale doublant les États-Unis (avec lesquels elle a un excédent commercial de 400 milliards de dollars) mais de savoir quand cela surviendra.

Si les dirigeants chinois évoquent la montée en puissance de leur pays comme un phénomène d'« émergence pacifique », les voisins de la Chine craignent que le bouleversement du rapport de force n'amène Pékin à vouloir dicter sa loi dans la région. Les États-Unis, de leur côté, voient la Chine comme un rival qui s'affirme de plus en plus et qui met en cause leur leadership mondial, même si on ne peut pas comparer les relations américano- chinoises aux relations soviéto-américaines. La Chine ne propose pas un modèle antagoniste à celui des États-Unis ; elle veut être la première puissance. Mais, pour n'être qu'une rivalité classique entre nations et non une guerre idéologique, elle est néanmoins porteuse de fortes tensions. Celles-ci sont exacerbées depuis l'élection de Donald Trump qui pense pouvoir empêcher la Chine de surpasser les États-Unis tandis que Xi Jinping veut nettement affirmer l'ambition de la Chine à devenir la première puissance mondiale. Au début du XIXe siècle, la Chine est la première puissance mondiale, représentant à peu près 30 % du PIB et de la population de la planète. Mais il s'agit alors d'un monde segmenté, d'avant la globalisation. L'incurie de son propre gouvernement et les ingérences occidentales font perdre à la Chine son rang. Le XIXe siècle est vécu comme un siècle d'humiliations (guerres de l'opium, traités inégaux) et de déclin. Cette période marque la conscience collective : les Chinois pensent qu'il est nécessaire d'avoir un régime fort à Pékin, à la fois autoritaire sur son territoire et respecté par l'étranger.

La prise de pouvoir de Mao Zedongen 1949 est basée sur des ressorts à la fois communiste et nationaliste. C'est bien une rivalité nationale qui est ensuite à la base de la rupture sino-soviétique. Exploitée par les États-Unis, la querelle idéologique n'est qu'un faux-semblant.

À partir des années 1980, sous la houlette de Deng Xiaoping, la Chine rompt avec l'isolement, s'ouvre à l'économie de marché et adhère à l'Organisation mondiale du commerce (OMC) en 2001. L'économie chinoise passe de 2 à 15 % dans l'économie mondiale entre 1980 et aujourd'hui, et le PIB par habitant, de 200 à 8 200 dollars : 700 millions de Chinois sont sortis de la pauvreté.

La Chine obtient la restitution de Hong Kong et de Macao, passés sous contrôle anglais et portugais à la fin du XIXe siècle. Elle revendique le retour de Taïwan (où les nationalistes se sont réfugiés en 1949 et qui bénéficie d'une indépendance de fait) sous souveraineté chinoise.

Constamment à la recherche de matières premières pour nourrir sa croissance, elle est très active en Afrique, au Proche-Orient et en Amérique latine, par le biais d'investissements et d'accords commerciaux.

Elle modernise son armée et augmente ses dépenses militaires.

La Chine se heurte cependant à des difficultés nouvelles : le vieillissement de sa population, du fait de la politique de l'enfant unique qui a assuré son décollage économique – désormais abolie – ; le défi écologique qui commence à peser sur son développement et la santé publique ; la croissance des inégalités entre territoires urbains et ruraux, et entre les nouveaux riches et le reste de la population ; et la corruption, le pouvoir central ayant fixé son éradication comme une priorité. L'augmentation du coût de la main-d'œuvre vient également remettre en cause son statut d'« atelier du monde » et la combinaison, réussie jusque-là, d'un régime politique communiste et d'une économie de marché agressive.

Selon les cas, elle se comporte comme un pays développé ou, au contraire, comme un pays émergent. Elle veut sécuriser ses approvisionnements et exportations terrestres et maritimes (les « nouvelles routes de la soie »), ce qui inquiète ses voisins.

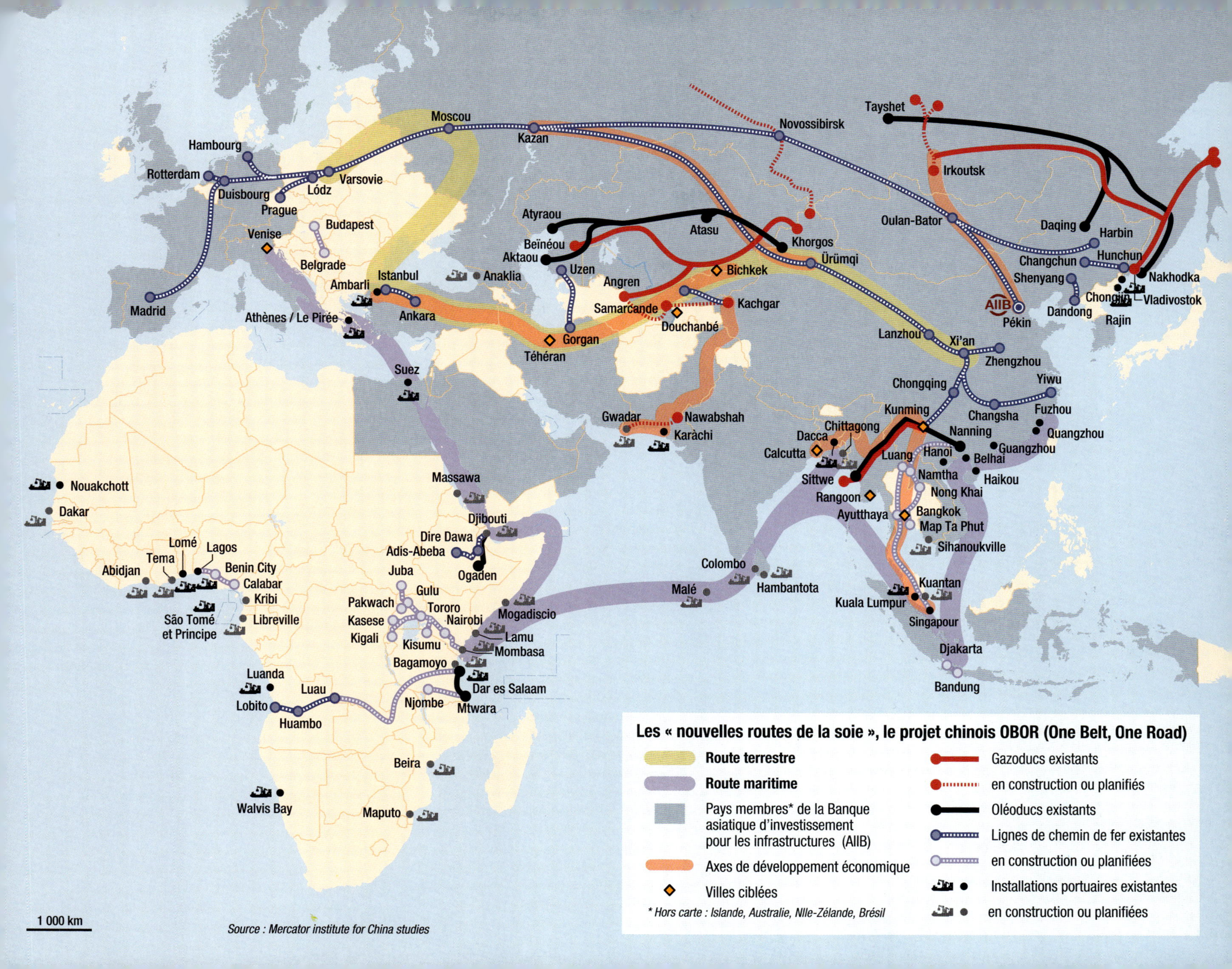

Source : Mercator institute for China studies

Tensions en mer de Chine

Les origines

Les tensions sont croissantes en mer de Chine, du fait d'initiatives de plus en plus nombreuses de Pékin qui bousculent des revendications territoriales contradictoires.

La Chine estime que la mer de Chine méridionale est une « question d'intérêt national ». Elle considère cet espace comme un bouclier face aux États-Unis. Elle en revendique 80 %. Au nom de l'Histoire, il s'agit surtout de prendre le contrôle d'une voie de passage importante par laquelle transitent 80 % de ses importations et entre 30 et 40 % du commerce maritime mondial. La mer de Chine méridionale recèle de réserves de gaz et de pétrole, même s'il demeure de grandes divergences sur l'estimation de leur importance réelle. Les ressources halieutiques sont également un enjeu important. Il s'agit enfin d'un lieu de passage stratégique pour les sous-marins chinois.

La crise actuelle

Si les désaccords entre les pays riverains sont anciens, il y a eu récemment une montée des tensions. Sur les îles Paracels et Spratleys, Brunei, la Malaisie, le Vietnam et les Philippines accusent la Chine de ne pas respecter les principes de la Convention des Nations unies sur le droit de la mer et d'avoir fixé arbitrairement ses frontières maritimes. En 1988 déjà, un accrochage naval entre la Chine et le Vietnam a provoqué la mort de 70 marins vietnamiens. La Chine occupe entièrement l'archipel des Paracels et une partie des Spratleys. La création d'une île artificielle dans les secondes, comprenant des installations militaires pour renforcer le contrôle de Pékin, est en cours.

En 2016, Pékin a refusé de reconnaitre la décision de la Cour permanente d'arbitrage, saisie par les Philippines, qui invalide ses principales revendications maritimes

Si la Thaïlande, le Cambodge et le Laos ne s'opposent pas à Pékin, d'autres pays de l'Association des nations de l'Asie du Sud-Est (Association of Southeast Asian Nations, ASEAN) se sont rapprochés de Washington afin de contrebalancer les ambitions chinoises. La taille et le poids de la Chine mettent en difficulté l'établissement d'autres piliers stratégiques régionaux, ce qui rend plus que jamais nécessaire, aux yeux de ses voisins, la présence maritime des États-Unis, qui entendent rester les garants de la libre circulation en haute mer.

En mer de Chine orientale, le litige oppose le Japon et la Chine (ainsi que Taïwan) à propos d'îles inhabitées : Senkaku pour le Japon, Diaoyu pour la Chine. Cédées par les États-Unis au Japon en 1972, elles sont achetées en 2012 par la ville de Tokyo pour éviter que d'éventuels propriétaires privés n'organisent des provocations à l'égard de Pékin. Mais cette dernière estime que cet acte constitue une nationalisation et un acte hostile. En 2013, la Chine crée une zone de défense aérienne, au sein de laquelle elle exige des avions civils et militaires qu'ils annoncent leur passage. Les États-Unis apportent leur soutien au Japon, ce qui donne potentiellement une dimension mondiale. Ce différend concerne également la délimitation de la zone économique exclusive, potentiellement très riche.

Les scénarios

1 La Chine poursuit sa politique du fait accompli, malgré les protestations des pays riverains qui estiment cependant qu'ils n'ont pas les moyens de faire plier Pékin, que le soutien américain est trop aléatoire et que, par ailleurs, l'enjeu ne mérite pas un conflit.

2 La Chine comprend qu'elle a besoin de développer une politique moins menaçante à l'égard de ses voisins, afin de délégitimer la présence stratégique américaine. Elle se lance dans une série de négociations bilatérales.

3 Poussées par leurs opinions publiques respectives, Pékin et Tokyo haussent le ton. Un incident naval dégénère et provoque un affrontement armé. Les États-Unis volent militairement au secours du Japon. C'est l'engrenage incontrôlable qui débouche sur un affrontement élargi aux conséquences très dangereuses.

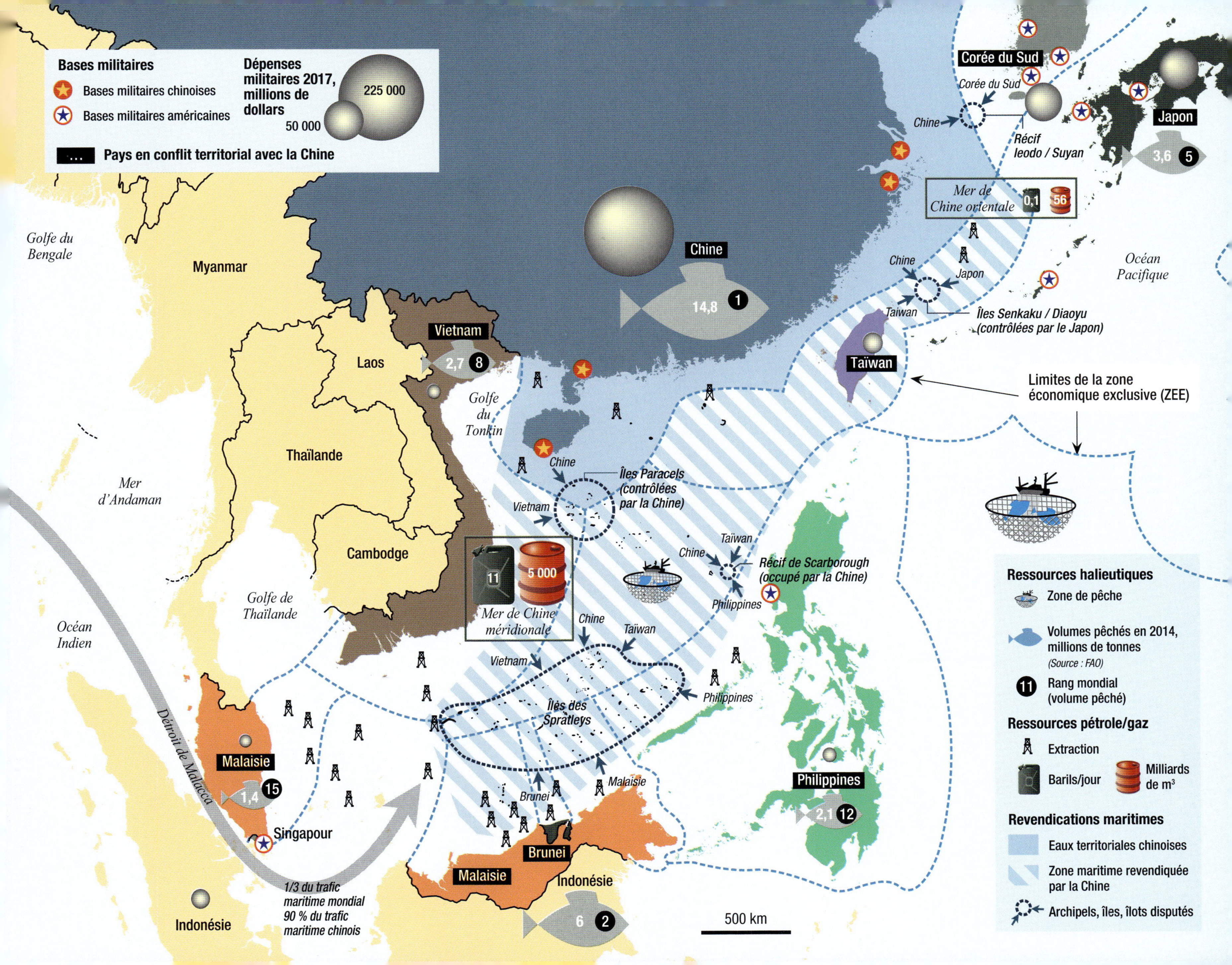

Bases militaires
Bases militaires chinoises
Bases militaires américaines
Dépenses militaires 2017, millions de dollars
225 000
50 000
Pays en conflit territorial avec la Chine
Corée du Sud
Corée du Sud
Chine
Récif Ieodo / Suyan
Japon
3,6
5
Mer de Chine orientale
0,1
56
Chine
Japon
Taïwan
Îles Senkaku / Diaoyu (contrôlées par le Japon)
Océan Pacifique
Golfe du Bengale
Myanmar
Chine
14,8
1
Vietnam
2,7
8
Laos
Golfe du Tonkin
Taïwan
Limites de la zone économique exclusive (ZEE)
Thaïlande
Mer d'Andaman
Chine
Îles Paracels (contrôlées par la Chine)
Vietnam
Cambodge
11
5 000
Mer de Chine méridionale
Taïwan
Chine
Récif de Scarborough (occupé par la Chine)
Philippines
Golfe de Thaïlande
Océan Indien
Chine
Taïwan
Vietnam
Philippines
Îles des Spratleys
Détroit de Malacca
Malaisie
1,4
15
Singapour
Brunei
Malaisie
Brunei
Malaisie
Indonésie
Philippines
2,1
12
1/3 du trafic maritime mondial
90 % du trafic maritime chinois
Indonésie
6
2
500 km
Ressources halieutiques
Zone de pêche
Volumes pêchés en 2014, millions de tonnes
(Source : FAO)
11
Rang mondial (volume pêché)
Ressources pétrole/gaz
Extraction
Barils/jour
Milliards de m³
Revendications maritimes
Eaux territoriales chinoises
Zone maritime revendiquée par la Chine
Archipels, îles, îlots disputés

Chine/Taïwan

Les origines

L'île chinoise de Taïwan est annexée par le Japon de 1910 à 1945 avant de revenir à la Chine. À la suite de la victoire de Mao Zedong et de la mise en place d'un régime communiste en Chine continentale en 1949, les nationalistes de Tchang Kaï-chek se réfugient sur cette île. Chacun revendique le fait de représenter la Chine dans son intégralité. Soutenue par les États-Unis, malgré son caractère géographiquement et démographiquement minoritaire, Taïwan occupe le siège de membre permanent au Conseil de sécurité des Nations unies jusqu'en 1971, année où elle sera remplacée par Pékin suite à un changement de politique américaine. Au départ, chacun espère pouvoir conquérir l'autre. Mais la faiblesse démographique de Taïwan lui interdit de procéder à une réunification par la force et la protection américaine dissuade Pékin d'annexer l'île.

Après une formidable réussite économique, Taïwan se démocratise dans les années 1980. Elle abandonne l'idée de reconquête du continent et de représentation unique de la Chine, se contentant d'exister. Pékin n'entretient des relations diplomatiques avec un pays qu'à condition qu'il ne reconnaisse pas Taïwan, considérée comme une province renégate qui doit lui revenir en vertu du principe d'une « seule Chine ». Taïwan n'est plus reconnue officiellement que par 17 États.

La crise actuelle

Le développement économique de la Chine à partir des années 1980 a modifié le rapport de force en faveur de Pékin. Devenu une véritable démocratie, Taïwan reste riche mais est isolé. La proclamation éventuelle de l'indépendance par Taïwan est présentée comme un casus belli par Pékin qui dit vouloir reconquérir pacifiquement l'île, mais ne veut pas exclure officiellement l'option militaire. En dépit de l'affrontement politique, de fortes relations économiques unissent ces deux parties de la Chine, Taïwan étant le premier investisseur en Chine devant le Japon et les États-Unis. La Chine prône pour Taïwan, le modèle d'« un État, deux systèmes » en place à Hong Kong, ce que refusent les Taïwanais, inquiets par ailleurs du contrôle de plus en plus étroit de Hong Kong par Pékin. En 2010, un accord-cadre de coopération économique, traité de libre-échange, est signé entre Pékin et Taipei. En 2015, les présidents chinois et taïwanais se rencontrent officiellement pour la première fois à Singapour. Tsai Ing-wen est élue présidente à Taïwan en 2016. Sans revendiquer l'indépendance, elle prône une prise de distance avec Pékin, ce qui crispe la relation.

Les scénarios

1 La Chine entreprend la reconquête de l'île délibérément ou en réaction à une proclamation d'indépendance. Un bras de fer aux conséquences incalculables s'engage avec les États-Unis. Ces derniers font face à un dilemme : ils ne peuvent, sauf à perdre toute crédibilité, rester sans réagir, mais mesurent les dangers d'un affrontement avec la Chine. C'est la plus grave crise militaire depuis la crise de Cuba de 1962.

2 Le développement économique de la Chine et son ouverture politique progressive permettent les conditions du rattachement graduel de Taïwan à la Chine continentale. L'île conserve une certaine autonomie administrative et économique.

3 Le statu quo se perpétue. Sans être reconnu par la communauté internationale, Taïwan existe de fait de façon indépendante et garde un profil bas politique pour ne pas provoquer la volonté de puissance de Pékin.

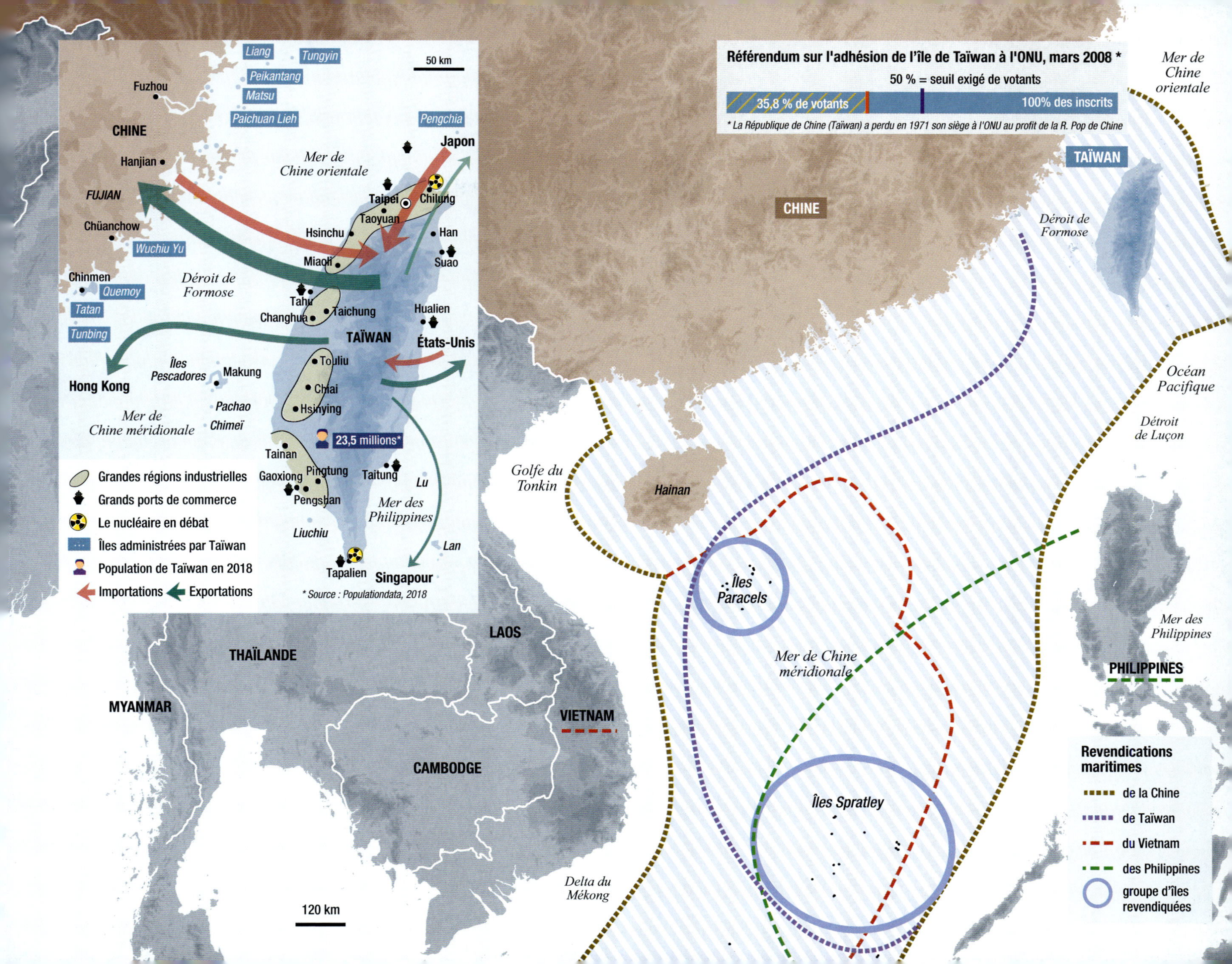
Référendum sur l'adhésion de l'île de Taïwan à l'ONU, mars 2008 *
50 % = seuil exigé de votants
35,8 % de votants
100% des inscrits
* La République de Chine (Taïwan) a perdu en 1971 son siège à l'ONU au profit de la R. Pop de Chine
Liang
Tungyin
Peikantang
Matsu
Paichuan Lieh
Pengchia
50 km
Fuzhou
CHINE
Hanjian
FUJIAN
Chüanchow
Wuchiu Yu
Chinmen
Quemoy
Tatan
Tunbing
Mer de Chine orientale
Japon
Taipei
Chilung
Taoyuan
Hsinchu
Han
Suao
Miaoli
Déroit de Formose
Tahu
Changhua
Taichung
Hualien
TAÏWAN
États-Unis
Hong Kong
Îles Pescadores
Makung
Touliu
Chiai
Hsinying
Pachao
Chimeï
Mer de Chine méridionale
23,5 millions*
Tainan
Gaoxiong
Pingtung
Taitung
Lu
Pengshan
Mer des Philippines
Liuchiu
Lan
Tapalien
Singapour
Grandes régions industrielles
Grands ports de commerce
Le nucléaire en débat
Îles administrées par Taïwan
Population de Taïwan en 2018
Importations
Exportations
* Source : Populationdata, 2018
Mer de Chine orientale
TAÏWAN
CHINE
Déroit de Formose
Océan Pacifique
Détroit de Luçon
Golfe du Tonkin
Hainan
Îles Paracels
Mer de Chine méridionale
Mer des Philippines
PHILIPPINES
LAOS
THAÏLANDE
MYANMAR
VIETNAM
CAMBODGE
Îles Spratley
Delta du Mékong
120 km
Revendications maritimes
de la Chine
de Taïwan
du Vietnam
des Philippines
groupe d'îles revendiquées

Chine/Japon

Les origines

La Chine a longtemps été en avance sur le Japon. Pendant des siècles, le pays du Soleil Levant s'est reconnu vassal de l'empereur de Chine. Mais, à la fin du XIXe siècle, l'empereur Meiji réforme et modernise son pays en s'inspirant des pays européens et le lance dans un développement accéléré qui lui permet de rattraper et de dépasser la Chine, alors en proie aux querelles internes et aux appétits coloniaux des puissances occidentales. Dans les années 1930, le Japon militariste occupe une grande partie de la Chine et inflige humiliations et atrocités à sa population. La défaite du Japon en 1945 et la victoire de Mao Zedong en 1949 ne modifient pas totalement le rapport de force. À partir de la guerre de Corée de 1950, le Japon devient le porte-avions insubmersible des États-Unis en Asie et connaît un développement économique fulgurant. Néanmoins, il ne peut se passer d'une protection américaine contre les menaces soviétique et chinoise. Pour sa part, la Chine communiste stagne, n'arrive pas à créer un modèle exportable et traverse, sous le maoïsme, de très graves crises politiques.

La crise actuelle

L'extraordinaire développement économique de la Chine à partir du début des années 1980, sous l'impulsion de Deng Xiaoping, modifie la donne. À sa puissance démographique, le pays ajoute une puissance économique immense et devient un acteur stratégique majeur. La disparition de la menace soviétique ne modifie pas le sentiment d'insécurité du Japon et son besoin de protection américaine. Les États-Unis n'envisagent d'ailleurs pas de se retirer. L'URSS n'est plus, mais Tokyo se sent menacée par la Chine et la Corée du Nord. Même si le Japon est la troisième économie mondiale, il traverse depuis le début des années 1990 une crise économique rampante. En 2011, le PIB chinois dépasse celui du Japon. La Chine rappelle régulièrement les atrocités commises par l'armée impériale nippone pendant la Seconde Guerre mondiale. Les pays asiatiques, même pro-occidentaux, estiment que Tokyo n'a pas suffisamment reconnu ses torts au cours de ce conflit. Les plaies sont dès lors mal refermées. Le Japon s'inquiète du développement des relations bilatérales entre la Chine et les États-Unis, dont il craint qu'elles ne se fassent à son détriment. Il participe au développement économique de la Chine en y investissant, espérant améliorer leurs relations, dans un intérêt mutuel. Un conflit de souveraineté concernant les iles Senkaku/Diaoyu fait monter les tensions, sur fond de poussée nationaliste des opinions dans les deux pays. La tension monte encore d'un cran après le retour au pouvoir, suite aux élections du 16 décembre 2012, de Shinzo Abe qui adopte une ligne assez nationaliste et ouvre un débat sur une réforme de la Constitution pacifiste nippone. C'est chose faite en 2015 avec l'adoption par le gouvernement de nouvelles lois qui permettent de réinterpréter la Constitution au nom de la sécurité de l'archipel. Cette nouvelle doctrine de défense collective permet de venir militairement en aide aux pays alliés. En 2018, le Japon fait l'acquisition d'avions F35 et commande deux portes-avions. La Chine voit d'un très mauvais œil ces changements.

Les scénarios

1 La montée en puissance de la Chine et la montée des tensions entre les deux pays poussent leurs voisins à se rapprocher du Japon et des États-Unis. Le Japon se renforce militairement.

2 La rivalité sino-japonaise pour le leadership en Asie s'intensifie. La Chine joue sur les rancœurs antijaponaises d'une partie des pays asiatiques pour isoler Tokyo, et impose une hégémonie régionale. Le Japon durcit ses positions.

3 Chinois et Japonais travaillent de concert pour stabiliser la région et garantir leur prospérité mutuelle. Le Japon reconnaît ses torts historiques, ce qui permet une réconciliation avec la Chine et l'ASEAN et prive la Chine d'un d'influence anti-japonaise.

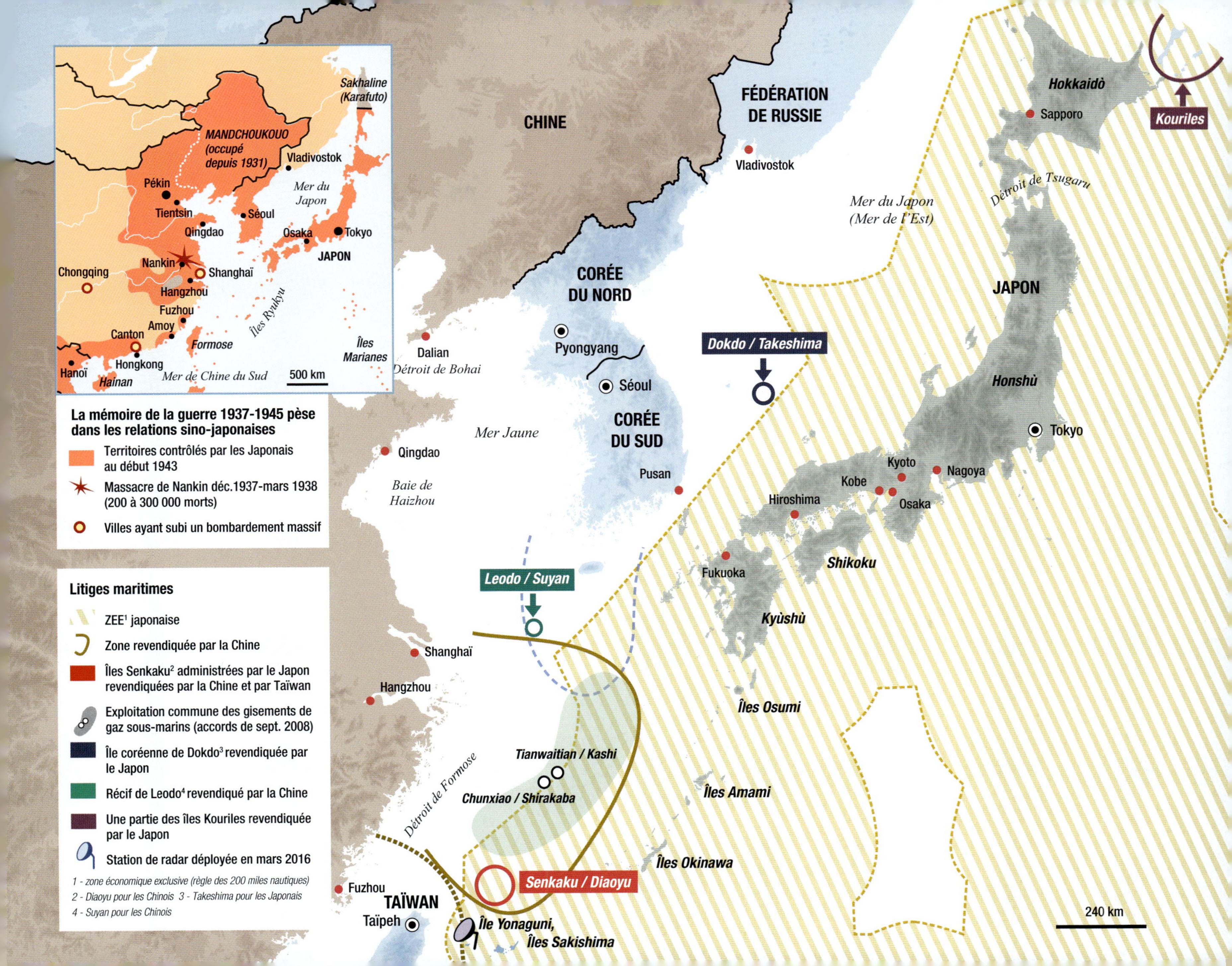

Sakhaline (Karafuto)
MANDCHOUKOUO (occupé depuis 1931)
Vladivostok
Pékin
Tientsin
Mer du Japon
Séoul
Qingdao
Osaka
Tokyo
JAPON
Nankin
Shanghaï
Chongqing
Hangzhou
Fuzhou
Îles Ryukyu
Amoy
Canton
Formose
Îles Marianes
Hanoi
Hongkong
Hainan
Mer de Chine du Sud
500 km
La mémoire de la guerre 1937-1945 pèse dans les relations sino-japonaises
Territoires contrôlés par les Japonais au début 1943
Massacre de Nankin déc.1937-mars 1938 (200 à 300 000 morts)
Villes ayant subi un bombardement massif
Litiges maritimes
ZEE[1] japonaise
Zone revendiquée par la Chine
Îles Senkaku[2] administrées par le Japon revendiquées par la Chine et par Taïwan
Exploitation commune des gisements de gaz sous-marins (accords de sept. 2008)
Île coréenne de Dokdo[3] revendiquée par le Japon
Récif de Leodo[4] revendiqué par la Chine
Une partie des îles Kouriles revendiquée par le Japon
Station de radar déployée en mars 2016
1 - zone économique exclusive (règle des 200 miles nautiques)
2 - Diaoyu pour les Chinois 3 - Takeshima pour les Japonais
4 - Suyan pour les Chinois
CHINE
FÉDÉRATION DE RUSSIE
Vladivostok
Hokkaidò
Sapporo
Kouriles
Détroit de Tsugaru
Mer du Japon (Mer de l'Est)
CORÉE DU NORD
JAPON
Dalian
Détroit de Bohai
Pyongyang
Dokdo / Takeshima
Séoul
CORÉE DU SUD
Honshù
Tokyo
Mer Jaune
Qingdao
Pusan
Kyoto
Nagoya
Kobe
Osaka
Hiroshima
Baie de Haizhou
Fukuoka
Shikoku
Leodo / Suyan
Kyùshù
Shanghaï
Hangzhou
Îles Osumi
Tianwaitian / Kashi
Détroit de Formose
Chunxiao / Shirakaba
Îles Amami
Îles Okinawa
Fuzhou
Senkaku / Diaoyu
TAÏWAN
Taïpeh
Île Yonaguni, Îles Sakishima
240 km

Tibet

Les origines

Les autorités de Pékin considèrent que le Tibet fait partie de l'empire chinois depuis le VIIe siècle, suite au mariage d'une princesse chinoise et du roi du Tibet. Culturellement, du fait de la diffusion du bouddhisme au VIIIe siècle, la région est en fait plutôt sous influence indienne. Le Tibet devient au fur et à mesure une véritable théocratie. Au XVIIIe siècle, les Lamas se reconnaissent comme vassaux de l'empereur de Chine. Ils ne constituent pas une entité étatique indépendante mais ne sont pas non plus formellement rattachés à la Chine. Plus tard, à la chute de la dynastie mandchoue en 1911, les Chinois sont chassés du Tibet. Après la prise du pouvoir par les communistes en 1949, les forces chinoises rentrent au Tibet et l'annexent officiellement. Ils dénoncent le « servage » auxquels les Tibétains sont réduits au profit du clergé, et imposent leur propre dictature. En 1959, après la répression violente d'un soulèvement, le dalaï-lama, autorité religieuse et politique suprême, s'enfuit du Tibet et se réfugie en Inde où il constitue un gouvernement en exil. Lors de la Révolution culturelle (1965-1975), toutes les activités religieuses sont interdites et des milliers de temples détruits.

La crise actuelle

À la fin des années 1970, Deng Xiaoping lance une politique de modernisation économique du Tibet qui s'accompagne de l'installation de nombreux Chinois Han – vus par les Tibétains comme des colons – pour modifier l'équilibre démographique de la région. Le dalaï-lama reçoit le Prix Nobel de la paix en 1989. Il ne peut rentrer au Tibet mais bénéficie d'un vaste soutien dans l'opinion occidentale, en Inde, chez les adversaires stratégiques de la Chine et chez tous ceux qui partagent ses options philosophiques (bouddhisme, non-violence). Les autorités chinoises font tout pour réduire cette audience internationale.

En mars 2016, des dizaines de milliers de Tibétains dans le monde élisent leur nouveau dirigeant politique (*Sikyong*) Lobsang Sangay, déjà élu en 2011, obtient 57% des voix. Il prône la voie du dialogue avec Pékin, demandant la reconnaissance des droits culturels sans exiger l'indépendance comme le revendique le dalaï-lama. Mais une nouvelle génération pourrait se montrer moins patiente.

Les scénarios

1 À la suite d'un soulèvement violent, le Tibet arrache son indépendance avec des soutiens occidentaux, scénario très improbable et complètement inacceptable pour Pékinqui craint la contagion de cette sécession dans les immenses régions non-Han de la Chine (au Xinjiang notamment, pour les Ouïghours musulmans) et veut garder le contrôle de cette région frontière et stratégique.

2 À la mort de l'actuel dalaï-lama, les Chinois font désigner un successeur qui leur est soumis, espérant étouffer ainsi la protestation tibétaine. Ce « dalaï-lama des Chinois » serait privé de toute légitimité auprès des Tibétains.

3 La Chine se modernise, commence à respecter les droits de l'homme, accepte les autonomies politique et religieuse au sein de la République populaire, au Tibet et ailleurs. Le développement économique aidant, la situation s'apaise.

4 Le statu quo : la Chine ne relâche pas la pression sur le Tibet. Les protestations internationales se poursuivent. Des incidents ont lieu régulièrement au niveau des opinions publiques. Pour préserver leurs relations économiques avec Pékin, les gouvernements étrangers s'accommodent de la situation.

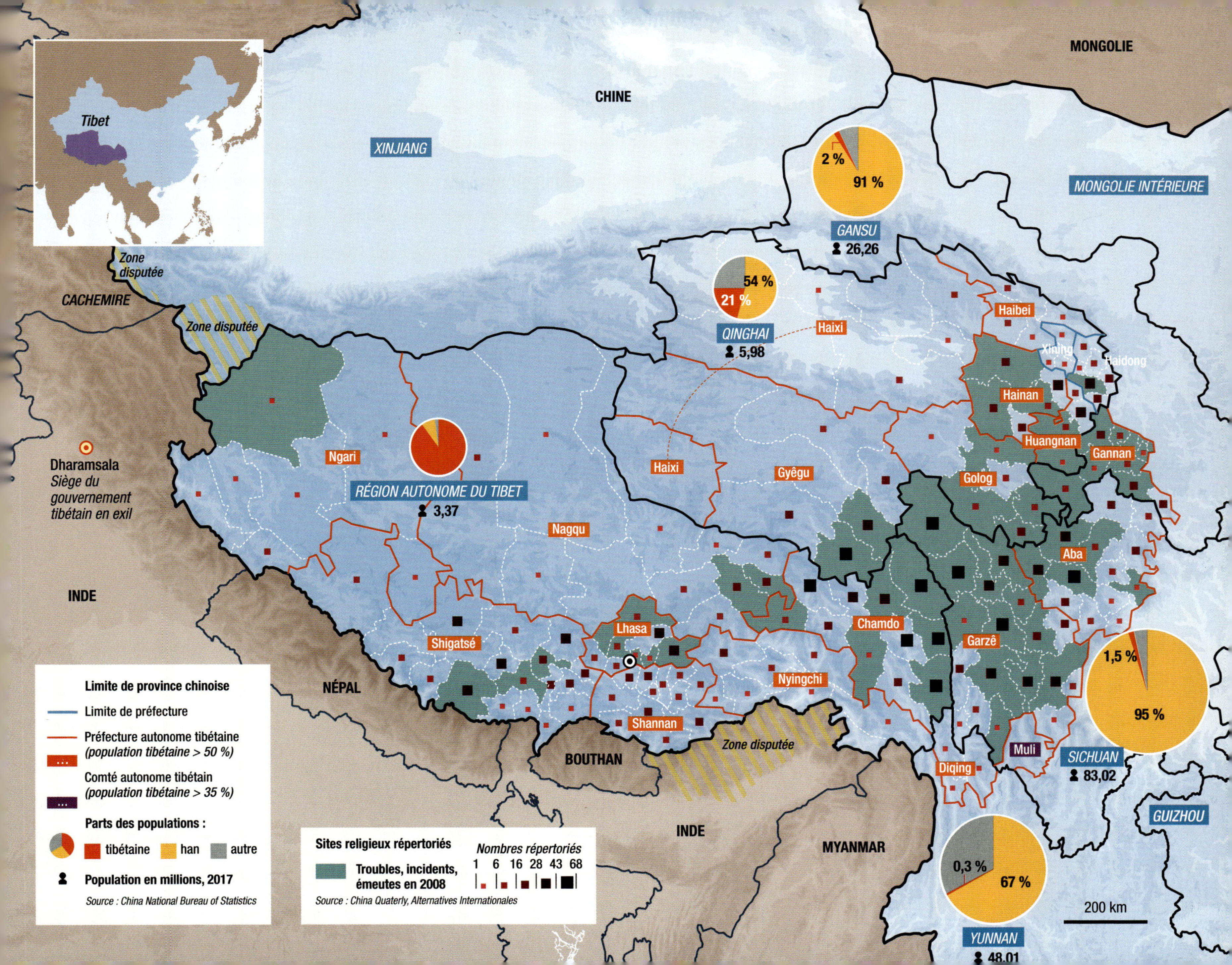

Tibet
CHINE
MONGOLIE
XINJIANG
MONGOLIE INTÉRIEURE
GANSU
26,26
2 %
91 %
QINGHAI
5,98
54 %
21 %
Zone disputée
CACHEMIRE
Zone disputée
Haixi
Haibei
Xining
Haidong
Hainan
Huangnan
Gannan
Golog
Aba
Ngari
RÉGION AUTONOME DU TIBET
3,37
Haixi
Gyêgu
Nagqu
Dharamsala
Siège du gouvernement tibétain en exil
INDE
Chamdo
Garzê
Lhasa
Shigatsé
Nyingchi
Shannan
NÉPAL
BOUTHAN
Zone disputée
Muli
Diqing
SICHUAN
83,02
1,5 %
95 %
GUIZHOU
INDE
MYANMAR
YUNNAN
48,01
0,3 %
67 %
200 km
Limite de province chinoise
Limite de préfecture
Préfecture autonome tibétaine (population tibétaine > 50 %)
Comté autonome tibétain (population tibétaine > 35 %)
Parts des populations :
tibétaine
han
autre
Population en millions, 2017
Source : China National Bureau of Statistics
Sites religieux répertoriés
Troubles, incidents, émeutes en 2008
Nombres répertoriés
1 6 16 28 43 68
Source : China Quaterly, Alternatives Internationales

Xinjiang

Les origines

Faiblement peuplé (22 millions d'habitants), le Xinjiang est une immense région qui couvre un sixième du territoire chinois, dans l'Est du pays.

Appartenant à l'aire culturelle d'Asie centrale, elle a été rattachée à la Chine à trois périodes historiques : au IIe siècle avant Jésus-Christ (dynastie Han), au VIIe siècle après Jésus-Christ (dynastie Tang) et, pour la période actuelle, à partir du XVIIIe siècle (dynastie Qing). Xinjiang signifie « nouvelle frontière » en mandarin.

Après la victoire de Mao en 1949, la souveraineté chinoise est définitivement établie sur la région qui contient 40 % des réserves de charbon de la Chine. La population y est majoritairement musulmane.

Les différences culturelles, ethniques et religieuses, ainsi que l'immensité du territoire, ont empêché Pékin d'établir un contrôle total de la région. Tout en déclarant vouloir respecter le statut des minorités, le Parti communiste a souhaité resserrer son emprise sur la région. Le développement économique du pays n'a pas conduit à plus de souplesse mais à une volonté accrue de ne pas la voir s'autonomiser. La hantise des dirigeants chinois, pour des raisons historiques, est le relâchement du contrôle du pouvoir central, facteur d'affaiblissement national.

La crise actuelle

Pékin met en place une politique de colonisation de la région afin d'y modifier les équilibres démographiques. Les Ouïghours musulmans représentent 46 % de la population, les Han (ethnie majoritaire de la Chine) 40 %. Les autres ethnies présentes sont également musulmanes. Pékin déclare combattre les « trois fléaux » (séparatisme, extrémisme et terrorisme). Elle présente sa lutte comme une branche de cette formation, globale, contre le terrorisme. La majorité des Ouïghours revendique la préservation de leurs droits culturels et politiques, mais des djihadistes commettent régulièrement des attaques.

Au nom de la lutte contre le terrorisme, Pékin durcit la répression contre la minorité musulmane. En 2019, 1 million de musulmans sont détenus dans des camps « d'éducation politique ».

Les scénarios

1 Des attentats ont lieu à intervalles réguliers, qui ne remettent pas en cause le contrôle de Pékin. La Chine accentue sa politique de peuplement Han et un contrôle étroit et répressif des musulmans.

2 Pékin accepte de garantir les droits culturel et politique des Ouïghours sur fond de développement économique et de projet des routes de la soie. Le terrorisme disparaît presque complètement.

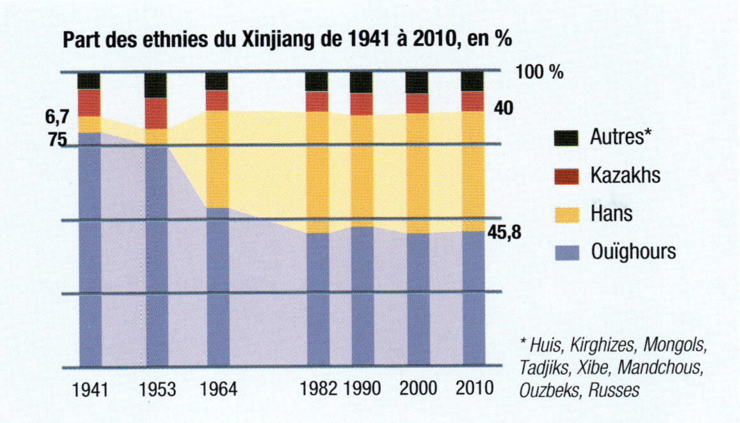

Part des ethnies du Xinjiang de 1941 à 2010, en %
100 %
6,7
75
40
45,8
1941
1953
1964
1982
1990
2000
2010
Autres*
Kazakhs
Hans
Ouïghours
* Huis, Kirghizes, Mongols, Tadjiks, Xibe, Mandchous, Ouzbeks, Russes

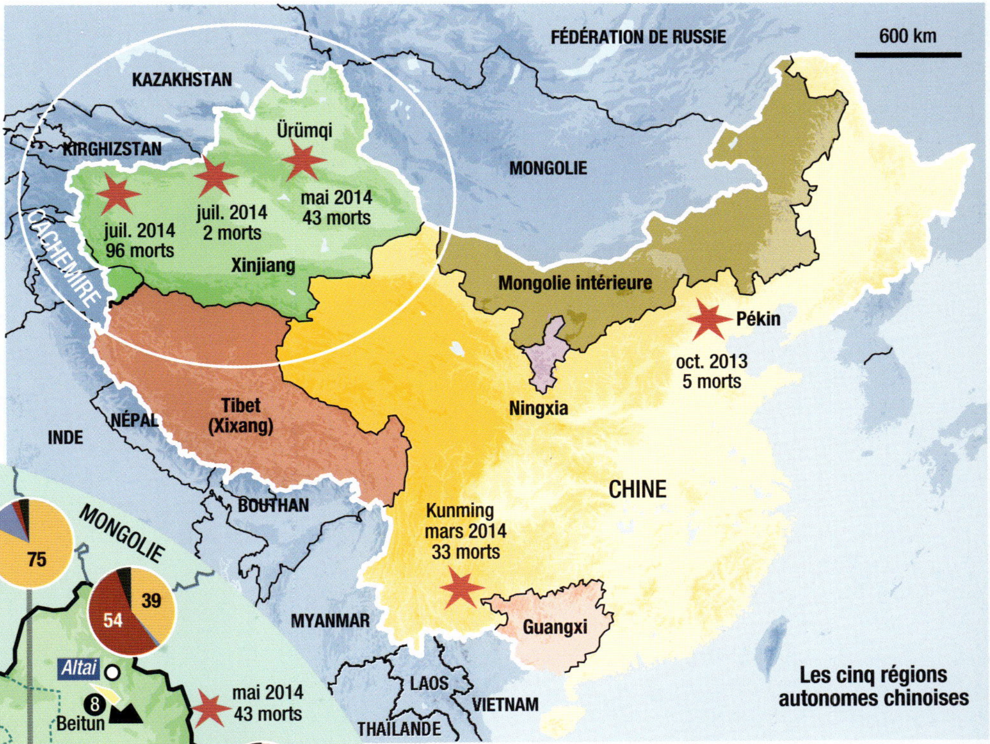

FÉDÉRATION DE RUSSIE
600 km
KAZAKHSTAN
KIRGHIZSTAN
CACHEMIRE
Ürümqi
juil. 2014
96 morts
juil. 2014
2 morts
mai 2014
43 morts
Xinjiang
MONGOLIE
Mongolie intérieure
Pékin
oct. 2013
5 morts
Ningxia
Tibet
(Xixang)
INDE
NÉPAL
BOUTHAN
CHINE
Kunming
mars 2014
33 morts
MYANMAR
Guangxi
LAOS
VIETNAM
THAÏLANDE
Les cinq régions autonomes chinoises

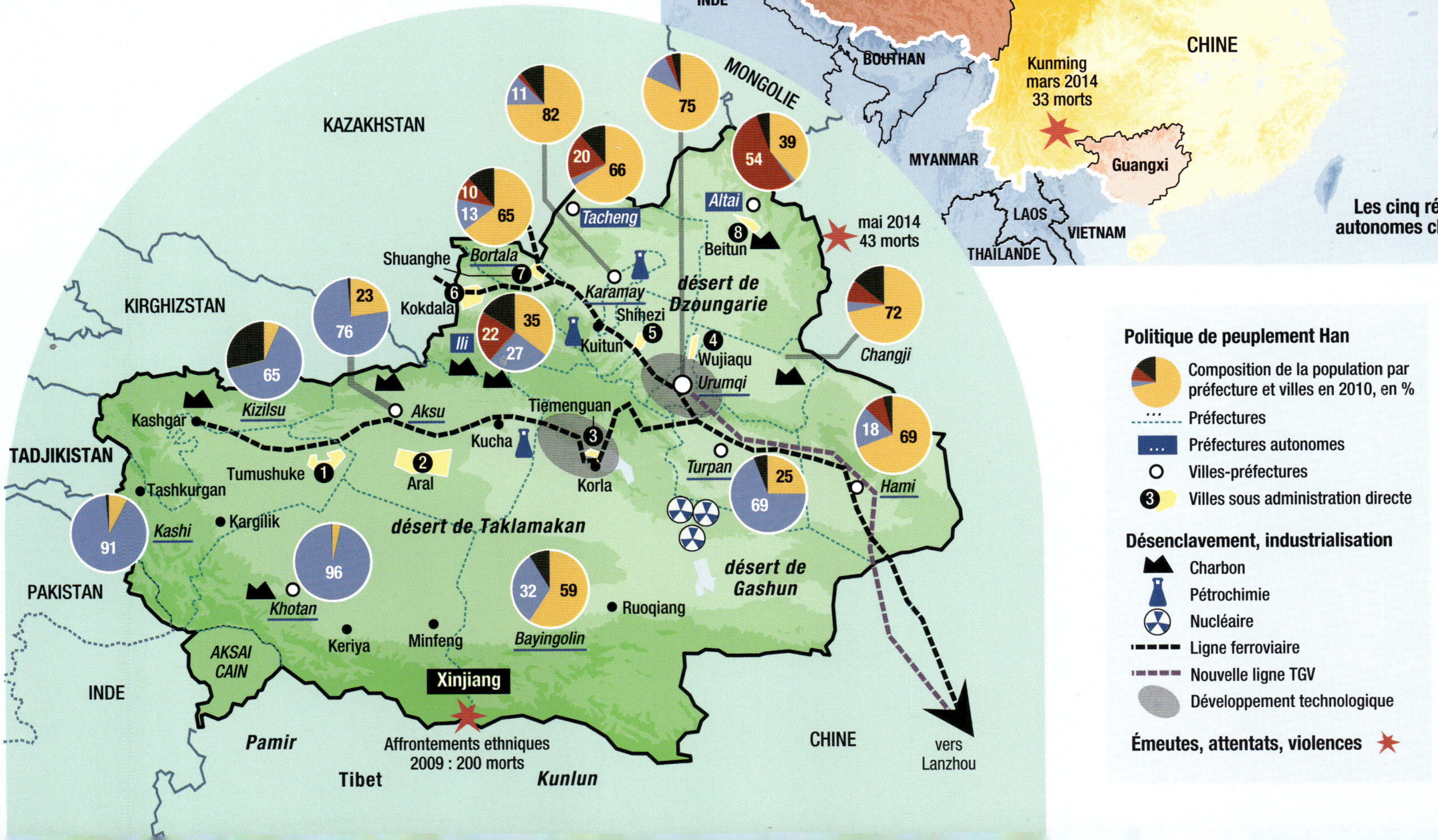

KAZAKHSTAN
MONGOLIE
KIRGHIZSTAN
TADJIKISTAN
PAKISTAN
INDE
CHINE
82
11
75
20
66
54
39
10
13
65
Tacheng
Altai
mai 2014
43 morts
Beitun
Bortala
Shuanghe
Karamay
désert de Dzoungarie
23
76
Kokdala
22
35
27
Ili
Shihezi
Kuitun
Wujiaqu
72
Changji
65
Kizilsu
Aksu
Urumqi
Kashgar
Tiemenguan
Kucha
18
69
Hami
Tumushuke
Aral
Korla
Turpan
25
69
Tashkurgan
91
Kashi
Kargilik
désert de Taklamakan
96
Khotan
32
59
Bayingolin
Ruoqiang
désert de Gashun
AKSAI CAIN
Keriya
Minfeng
Xinjiang
Affrontements ethniques
2009 : 200 morts
Pamir
Tibet
Kunlun
vers Lanzhou
Politique de peuplement Han
Composition de la population par préfecture et villes en 2010, en %
Préfectures
Préfectures autonomes
Villes-préfectures
Villes sous administration directe
Désenclavement, industrialisation
Charbon
Pétrochimie
Nucléaire
Ligne ferroviaire
Nouvelle ligne TGV
Développement technologique
Émeutes, attentats, violences

Corée

Les origines

De 1895 à 1945, la Corée est occupée par le Japon qui maltraite et exploite la population. En 1945, Soviétiques et Américains se partagent – au 38e parallèle – la Corée qu'ils ont libérée. Chacun d'eux y installe un régime allié. En 1950, la Corée du Nord essaie, avec l'aide de la Chine, d'envahir la Corée du Sud, défendue par les États-Unis. Cette « guerre de Corée », le plus grave conflit de la guerre froide, s'achève en 1953 par la confirmation du statu quo territorial. Deux régimes dictatoriaux émergent l'un, communiste, au nord (soutenu par Pékin et Moscou) ; l'autre, militaire, au sud, protégé par Washington.

Dans les années 1980, la Corée du Sud devient une démocratie. Les deux Corées sont admises ensemble à l'ONU en 1991.

La Corée du Sud connaît un très fort développement économique, devient le 11e PNB mondial et fait partie du G20. La Corée du Nord a conservé un régime totalitaire autarcique et de pénurie. L'essentiel de ses moyens sert à la constitution d'une capacité balistique et nucléaire qui sert de garantie à la survie du régime. En 2011, Kim Jung-un succède à son père, Kim Jung-il, qui a lui-même succédé à son père, fondateur du règne, Kim Il-sung.

La crise actuelle

À partir de 1998, la Corée du Sud mène une politique de rapprochement prudent avec la Corée du Nord (*sunshine policy*), politique mise en sommeil après 2007. Elle (51 millions d'habitants) vise un « atterrissage en douceur » de la Corée du Nord (25 millions d'habitants) qui s'ouvrirait et se moderniserait très progressivement, en évitant les deux chocs brutaux que seraient l'affrontement militaire et la réunification rapide (insupportable économiquement pour Séoul) par implosion du régime nord-coréen. Après une série d'essais nucléaires en 2016, le Conseil de sécurité des Nations unies vote des sanctions à l'égard de la Corée du Nord avec le soutien de Pékin.

En 2017, de nouveaux essais nucléaires nord-coréens font monter les tensions et suscitent une vive réaction de Donald Trump. Le spectre d'un affrontement nucléaire est évoqué tant à Pyongyang qu'à Washington. Trois sommets spectaculaires (2018, 2019), dont un dans la zone dénucléarisée en juin 2019, entre Donald Trump et Kim Jong-un, voulus par le président américain, permettent un rapprochement sans déboucher sur un accord de dénucléarisation de la Corée du Nord. Kim Jong-un ne peut renoncer aux armes nucléaires, estimant que Saddam Hussein et Kadhafi seraient encore au pouvoir s'ils les avaient conservées. L'affrontement serait coûteux pour la Corée du Sud et le Japon, mais fatal au régime nord-coréen qui ne pourrait que perdre cette guerre.

Les scénarios

1 Le régime nord-coréen implose, sous l'effet des sanctions maximales décidées par Trump contraignant la Corée du Sud à une réunification rapide et à la prise en charge d'une population de 26 millions de personnes démunie de tout. La péninsule coréenne est déstabilisée économiquement et politiquement et même détruite si dans un mouvement désespéré Kim tente l'option militaire.

2 La Corée du Sud, les États-Unis et la Chine, ainsi que le reste de la communauté internationale, manient la carotte et le bâton avec la Corée du Nord. Cette dernière fait le pari qu'elle risque moins en s'ouvrant progressivement et en bénéficiant de l'aide internationale qu'en demeurant autarcique. Le développement économique et l'ouverture politique progressent de concert, permettant une diminution progressive des tensions et la timide naissance d'une société civile en Corée du Nord.

3 Dernier régime totalitaire de la planète, la Corée du Nord reste fermée de peur de voir le régime tomber en cas d'ouverture. La Chine prend ses distances avec Pyongyang. La situation, entre crises à répétition et statu quo, se poursuit.

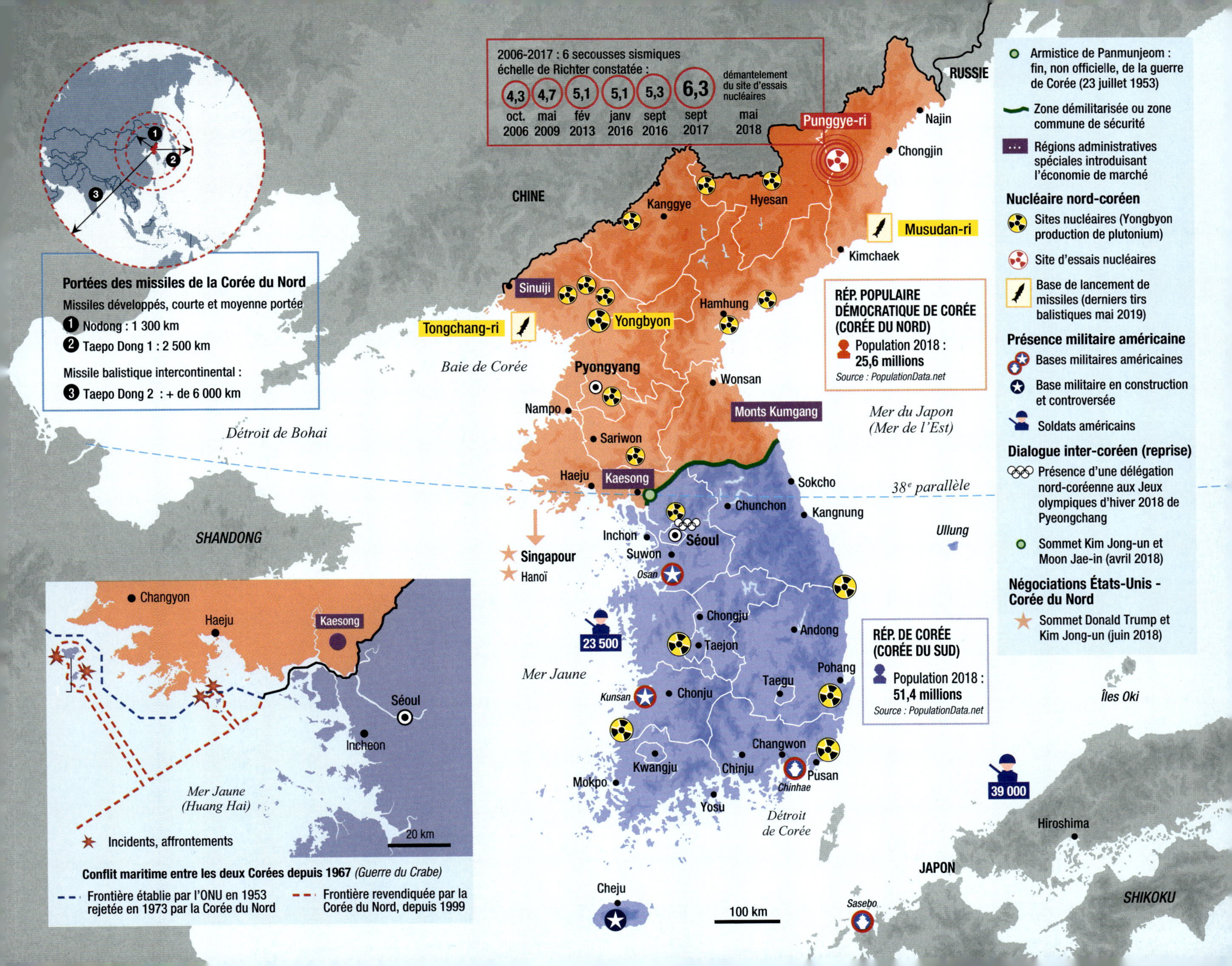
2006-2017 : 6 secousses sismiques échelle de Richter constatée :
4,3 oct. 2006
4,7 mai 2009
5,1 fév 2013
5,1 janv 2016
5,3 sept 2016
6,3 sept 2017
démantelement du site d'essais nucléaires mai 2018
Portées des missiles de la Corée du Nord
Missiles développés, courte et moyenne portée
1 Nodong : 1 300 km
2 Taepo Dong 1 : 2 500 km
Missile balistique intercontinental :
3 Taepo Dong 2 : + de 6 000 km
RUSSIE
CHINE
Punggye-ri
Najin
Chongjin
Kanggye
Hyesan
Musudan-ri
Kimchaek
Sinuiji
Hamhung
Yongbyon
Tongchang-ri
Baie de Corée
Pyongyang
Wonsan
Nampo
Monts Kumgang
Sariwon
Haeju
Kaesong
Détroit de Bohai
RÉP. POPULAIRE DÉMOCRATIQUE DE CORÉE (CORÉE DU NORD)
Population 2018 : 25,6 millions
Source : PopulationData.net
Mer du Japon (Mer de l'Est)
38e parallèle
Sokcho
Chunchon
Kangnung
Ullung
SHANDONG
Inchon
Séoul
Suwon
Osan
Singapour
Hanoï
Chongju
Andong
23 500
Taejon
RÉP. DE CORÉE (CORÉE DU SUD)
Population 2018 : 51,4 millions
Source : PopulationData.net
Mer Jaune
Pohang
Taegu
Kunsan
Chonju
Îles Oki
Changwon
Kwangju
Chinju
Pusan
Chinhae
Mokpo
Yosu
Détroit de Corée
39 000
Hiroshima
JAPON
SHIKOKU
Cheju
100 km
Sasebo
Changyon
Haeju
Kaesong
Séoul
Incheon
Mer Jaune (Huang Hai)
20 km
Incidents, affrontements
Conflit maritime entre les deux Corées depuis 1967 (Guerre du Crabe)
Frontière établie par l'ONU en 1953 rejetée en 1973 par la Corée du Nord
Frontière revendiquée par la Corée du Nord, depuis 1999
Armistice de Panmunjeom : fin, non officielle, de la guerre de Corée (23 juillet 1953)
Zone démilitarisée ou zone commune de sécurité
Régions administratives spéciales introduisant l'économie de marché
Nucléaire nord-coréen
Sites nucléaires (Yongbyon production de plutonium)
Site d'essais nucléaires
Base de lancement de missiles (derniers tirs balistiques mai 2019)
Présence militaire américaine
Bases militaires américaines
Base militaire en construction et controversée
Soldats américains
Dialogue inter-coréen (reprise)
Présence d'une délégation nord-coréenne aux Jeux olympiques d'hiver 2018 de Pyeongchang
Sommet Kim Jong-un et Moon Jae-in (avril 2018)
Négociations États-Unis - Corée du Nord
Sommet Donald Trump et Kim Jong-un (juin 2018)

Myanmar

Les origines

En 1937, le Royaume-Uni sépare la Birmanie de l'Empire britannique des Indes et en fait une colonie britannique distincte. En 1945, l'armée birmane, dirigée par le général Aung San, déclare la guerre à l'occupant japonais. Aung San est assassiné en 1947, mais la Birmanie devient indépendante le 4 janvier 1948. C'est une démocratie parlementaire. Des tensions entre les divers groupes ethniques (130) amènent l'armée birmane à intervenir régulièrement dans la vie politique et en 1962 elle instaure, par un coup d'État, un régime dictatorial.

En 1989, le régime militaire renomme le pays « Myanmar ».

En 1988, de très nombreux étudiants manifestent pour réclamer l'instauration de la démocratie. Une grève générale est organisée. Elle est violemment réprimée par l'armée. La fille du général Aung San, Aung San Suu Kyi, fondatrice de la Ligue nationale pour la démocratie (LND), est arrêtée et assignée à résidence. Elle reçoit le prix Nobel de la paix en 1991. En 1990, les élections générales organisées par la junte militaire sont gagnées par la LND, mais le scrutin est annulé par la junte. En 2005, afin de se protéger d'une intervention militaire et reproduisant une vieille tradition birmane, les généraux créent une nouvelle capitale à Naypyidaw au centre du pays et quittent Rangoon, trop près des côtes.

La crise actuelle

Une nouvelle contestation, menée par des moines bouddhistes en 2007, est violemment réprimée par l'armée birmane (forte de 500 000 hommes). En mai 2008, un cyclone ravage le sud-ouest du pays, faisant 150 000 victimes et 1 000 000 sinistrés. Par crainte d'espionnage, le pouvoir refuse l'aide internationale. Par ses liens économiques avec la junte et son refus de remise en cause de la souveraineté nationale par le Conseil de sécurité, la Chine aide *de facto* le régime birman contre d'éventuelles sanctions internationales. Celles-ci sont surtout envisagées en période de crise, car en temps ordinaire la junte birmane ne menace pas ses voisins. Le quasi-État indépendant que la guérilla Karen (4 à 7 millions de chrétiens) avait établi à la frontière de Thaïlande a été, avec le temps, réduit par l'armée birmane. Un tournant a finalement lieu quand le général Thein Sein devient président en mars 2011, après dissolution de la junte. Il décide une vague de libération de prisonniers politiques, dont Ang Saun Suu Kyi qui devient députée aux élections partielles de 2012. Son parti, la LND, gagne les élections législatives de 2015 et un de ses proches, Htin Kyaw, devient président en mars 2016. Mais cette ouverture politique n'empêche pas les répressions des minorités ethniques, notamment les Rohingyas (musulmans), qui fuient en masse le pays. En 1982, ils avaient déjà été exclus de la nationalité birmane.

En juillet 2018, l'ONU publie un rapport très critique, estimant que les Rohingyas ont été victimes de génocide, planifié par les responsables militaires. Un million d'entre eux est réfugié au Bangaldesh. Aug Saun Suu Kyi est très critiquée pour être restée silencieuse face à cette répression ethnique. Les tensions communautaires entre bouddhistes radicaux et musulmans sont retombées d'un cran depuis juin 2016.

Les scénarios

1 La Birmanie normalise progressivement son régime politique et intensifie ses relations avec le monde extérieur. Grâce à ses ressources naturelles et aux investissements étrangers, elle rejoint le club des pays émergents. Les Rohingyas ne peuvent rentrer chez eux mais sont oubliés par le reste du monde. Aung San Suu Kyi évite de se prononcer sur cette répression.

2 Bien que son régime soit en cours d'ouverture, la Birmanie n'arrive pas à résoudre pacifiquement le problème de ses minorités Kachin, Rohingya (musulmans) et Karen. Les violences reprennent sur fond de poussées sécessionnistes. L'ampleur des répressions marginalise de nouveau Myanmar.

3 Un mélange de pression internationale et de changement générationnel à la tête du pays amène à une ouverture sur la crise des Rohingyas.

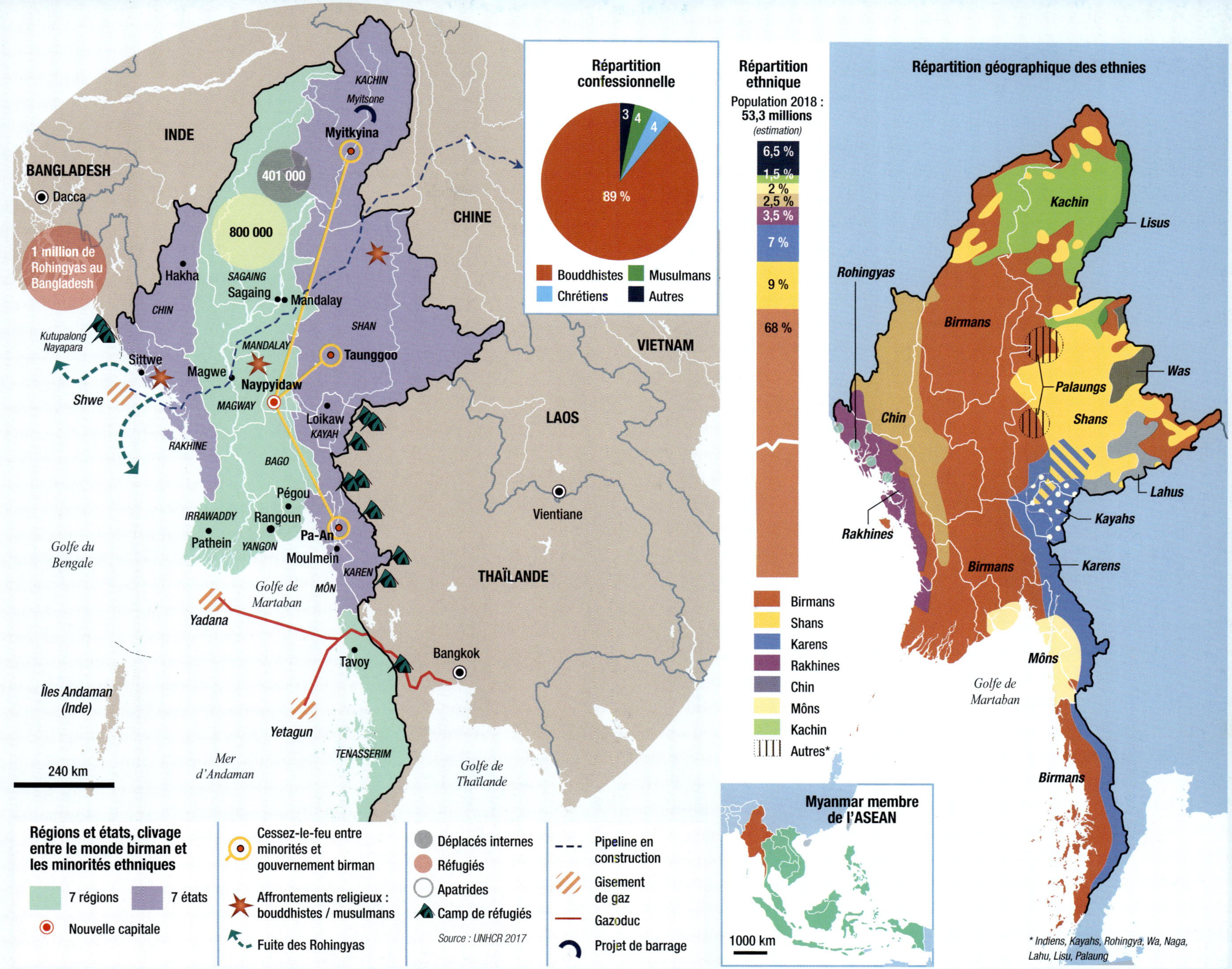
INDE
BANGLADESH
Dacca
1 million de Rohingyas au Bangladesh
Kutupalong
Nayapara
Sittwe
Shwe
KACHIN
Myitsone
Myitkyina
401 000
800 000
Hakha
CHIN
SAGAING
Sagaing
Mandalay
MANDALAY
SHAN
Taunggoo
Magwe
Naypyidaw
MAGWAY
Loikaw
KAYAH
RAKHINE
BAGO
Pégou
IRRAWADDY
Rangoun
Pathein
YANGON
Pa-An
Moulmein
KAREN
MÔN
Golfe du Bengale
Golfe de Martaban
Yadana
Tavoy
Yetagun
TENASSERIM
Îles Andaman (Inde)
Mer d'Andaman
Golfe de Thaïlande
240 km
CHINE
VIETNAM
LAOS
Vientiane
THAÏLANDE
Bangkok
Régions et états, clivage entre le monde birman et les minorités ethniques
7 régions
7 états
Nouvelle capitale
Cessez-le-feu entre minorités et gouvernement birman
Affrontements religieux : bouddhistes / musulmans
Fuite des Rohingyas
Déplacés internes
Réfugiés
Apatrides
Camp de réfugiés
Source : UNHCR 2017
Pipeline en construction
Gisement de gaz
Gazoduc
Projet de barrage
Répartition confessionnelle
3
4
4
89 %
Bouddhistes
Musulmans
Chrétiens
Autres
Répartition ethnique
Population 2018 : 53,3 millions
(estimation)
6,5 %
1,5 %
2 %
2,5 %
3,5 %
7 %
9 %
68 %
Birmans
Shans
Karens
Rakhines
Chin
Môns
Kachin
Autres*
Répartition géographique des ethnies
Kachin
Lisus
Rohingyas
Birmans
Palaungs
Was
Chin
Shans
Lahus
Kayahs
Rakhines
Karens
Birmans
Môns
Golfe de Martaban
Birmans
Myanmar membre de l'ASEAN
1000 km
* Indiens, Kayahs, Rohingya, Wa, Naga, Lahu, Lisu, Palaung

Afghanistan

Les origines

Au XIXe siècle, l'Afghanistan est l'objet d'une lutte d'influence entre le Royaume-Uni, surnommée le « grand jeu », qui y connaît sa première défaite du XIXe siècle, et la Russie. Au cours de la guerre froide, l'Afghanistan se déclare non aligné, tout en ayant des relations étroites avec l'URSS.

En 1978, un coup d'État communiste a lieu à Kaboul. Moscou, voulant empêcher la chute du régime communiste, intervient militairement en 1979, mais cette guerre va l'affaiblir et sera considérée comme étant, pour l'URSS, l'équivalent de la guerre du Vietnam. Les Occidentaux, États-Unis en tête, et les pays musulmans, soutiennent les Moudjahidins, considérés comme des combattants de la liberté contre le communisme, mais dont beaucoup deviendront communistes. Mikhaïl Gorbatchev, conscient que cette guerre est sans issue, décide un retrait en 1988. S'ouvre alors une période d'anarchie et d'affrontements internes opposant ethnies et seigneurs de la guerre.

Les talibans (Pachtounes) prennent le pouvoir en 1996, et imposent un régime islamiste particulièrement rigoriste et répressif, interdisant aux femmes de se dévoiler et de travailler. La musique, le sport, les loisirs considérés comme futiles sont bannis. Face à une population épuisée et à la recherche de stabilité et de calme, ils restaurent la paix, la sécurité et l'ordre. Le mouvement est appuyé par le Pakistan qui vit dans l'angoisse de voir ce pays tomber dans la sphère d'influence indienne. L'Afghanistan sert alors de refuge à Al-Qaïda.

La crise actuelle

Les talibans ayant refusé de livrer Oussama Ben Laden après le 11 septembre, les États-Unis entrent en guerre contre l'Afghanistan avec l'approbation du Conseil de sécurité de l'ONU et renverse le régime des talibans. Hamid Karzaï, d'origine pachtoune, est installé au pouvoir, mais a du mal à asseoir son autorité. Une Force Internationale d'Assistance à la Sécurité (FIAS) est mise en place le 20 décembre 2001 par un mandat du Conseil de sécurité : 70 000 hommes, dont 38 000 soldats américains, sont déployés. Les États-Unis mènent l'opération Enduring Freedom (Liberté immuable) pour combattre le terrorisme, mais de nombreuses bavures les rendent impopulaires. Ils n'ont aucun contact avec la population. En mai 2011, Ben Laden est tué dans un raid au Pakistan. Le mollah Mansour, à la tête du mouvement taliban depuis juillet 2015, l'est en mai 2016 par des frappes de drones américaines. Mais les talibans regagnent du terrain et les affrontements continuent avec le gouvernement de Kaboul. L'Afghanistan reste le principal producteur d'opium et d'héroïne au monde. Alors que le retrait des troupes devait être total, Obama, puis Donald Trump, décident de maintenir une force d'environ 5 000 soldats. En 2014, Ashraf Ghani est élu et partage le pouvoir avec son rival, Abdulah Abdullah. La guerre est désormais la plus longue jamais menée par les États-Unis qui y ont perdu 2 400 hommes.

Les talibans contrôlent près de la moitié du territoire afghan. Des négociations entre Américains et talibans s'ouvrent.

Les scénarios

1 Donald Trump décide d'un retrait total des troupes américaines. Les talibans reprennent rapidement le pouvoir. Ils imposent la charia mais ne provoquent pas les États-Unis.

2 Les négociations entre les talibans et les États-Unis prévoient un retrait des troupes américaines, mais les talibans s'engagent à ce que l'Afghanistan n'héberge plus de djihadistes voulant commettre des attentats contre les États-Unis. On revient donc à la situation pré-2001.

3 Les États-Unis maintiennent une force résiduelle qui leur permet de contrôler Kaboul et une partie du territoire afghan. Le conflit perdure en basse intensité.

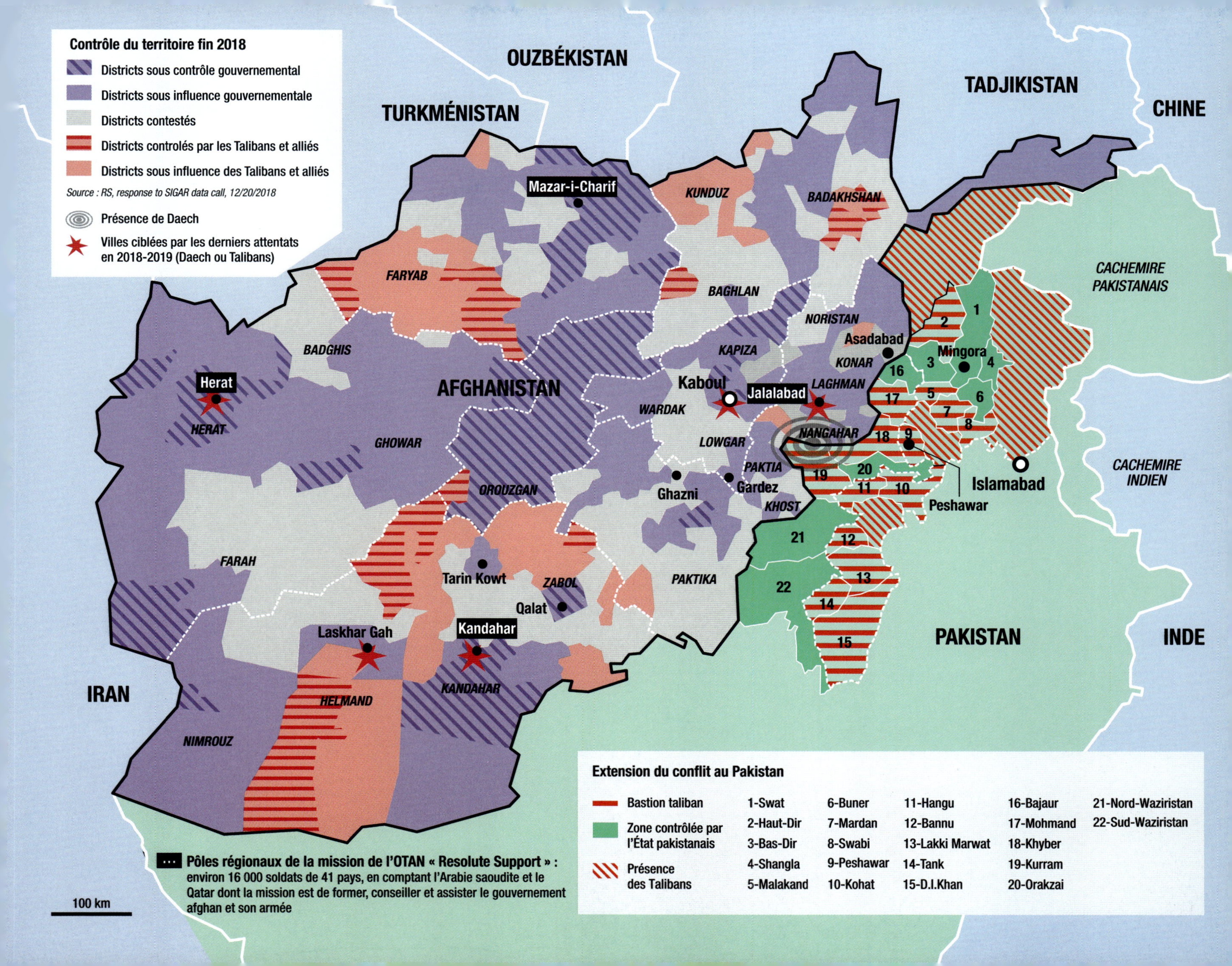

Contrôle du territoire fin 2018
Districts sous contrôle gouvernemental
Districts sous influence gouvernementale
Districts contestés
Districts controlés par les Talibans et alliés
Districts sous influence des Talibans et alliés
Source : RS, response to SIGAR data call, 12/20/2018
Présence de Daech
Villes ciblées par les derniers attentats en 2018-2019 (Daech ou Talibans)
OUZBÉKISTAN
TADJIKISTAN
CHINE
TURKMÉNISTAN
CACHEMIRE PAKISTANAIS
CACHEMIRE INDIEN
IRAN
PAKISTAN
INDE
AFGHANISTAN
Mazar-i-Charif
KUNDUZ
BADAKHSHAN
FARYAB
BAGHLAN
NORISTAN
BADGHIS
KAPIZA
Asadabad
KONAR
Mingora
Herat
HERAT
Kaboul
Jalalabad
LAGHMAN
WARDAK
GHOWAR
NANGAHAR
LOWGAR
PAKTIA
Gardez
Ghazni
KHOST
Islamabad
Peshawar
OROUZGAN
FARAH
Tarin Kowt
ZABOL
PAKTIKA
Qalat
Laskhar Gah
Kandahar
KANDAHAR
HELMAND
NIMROUZ
1
2
3
4
5
6
7
8
9
10
11
12
13
14
15
16
17
18
19
20
21
22
Extension du conflit au Pakistan
Bastion taliban
Zone contrôlée par l'État pakistanais
Présence des Talibans
1-Swat
2-Haut-Dir
3-Bas-Dir
4-Shangla
5-Malakand
6-Buner
7-Mardan
8-Swabi
9-Peshawar
10-Kohat
11-Hangu
12-Bannu
13-Lakki Marwat
14-Tank
15-D.I.Khan
16-Bajaur
17-Mohmand
18-Khyber
19-Kurram
20-Orakzai
21-Nord-Waziristan
22-Sud-Waziristan
Pôles régionaux de la mission de l'OTAN « Resolute Support » : environ 16 000 soldats de 41 pays, en comptant l'Arabie saoudite et le Qatar dont la mission est de former, conseiller et assister le gouvernement afghan et son armée
100 km

Asie centrale

Les origines

En s'étendant à l'est et au sud-est, la Russie impériale coupe pendant longtemps l'Asie centrale de ses sources et de son environnement turco-persan. La colonisation s'accompagne d'une certaine modernisation de la région, d'un début d'industrialisation et du développement des infrastructures permettant l'extraction des hydrocarbures. Pendant la période communiste, un islam informel et clandestin se maintient. À l'époque de l'URSS, les subventions de Moscou représentent entre 20 et 40 % du budget de chacun des États d'Asie centrale. Les républiques slaves considèrent ainsi que celles d'Asie centrale sont un fardeau pour elles. Le désir de se débarrasser de cette charge attise la volonté de certains dirigeants russes de faire éclater l'Union soviétique.

La crise actuelle

Les facteurs de crises potentielles sont : le tracé des frontières, à l'origine de tensions entre les Républiques ; les tendances claniques ; la faiblesse structurelle des États qui permet différents trafics, dont celui de la drogue, et l'émergence d'une économie parallèle ; un certain degré de corruption et une situation économique et sociale délicate. L'absence de liberté politique et religieuse ainsi que la répression dans plusieurs de ces pays n'empêchent pas le développement des mouvements islamiques radicaux. Un mouvement de ce type est à l'origine d'une guerre civile (1992-1997) au Tadjikistan qui a fait 60 000 morts. Le 11 Septembre et la guerre en Afghanistan transforment la région en base arrière américaine. Mais les pays d'Asie centrale mettent en place des contre-assurances auprès de la Russie et de la Chine. La guerre contre le terrorisme est utilisée par certains pouvoirs pour se renforcer et repousser les réformes démocratiques. En Ouzbékistan, en 2005, le régime invoque la « lutte contre le terrorisme » pour réprimer violemment des manifestations pacifiques de l'opposition, mais il connaît une réelle ouverture après la mort de Karimov en 2016. En 2010, un mouvement de contestation populaire au Kirghizistan se transforme en affrontement ethnique entre Kirghizes et Ouzbeks. Parmi ces derniers, 300 000 fuient le pays mais pour la première fois des élections à peu près libres sont organisées. En 2019, Nazarbaïev, à la tête du Kazakhstan depuis l'indépendance, passe la main tout en gardant le contrôle de la situation. L'importance des gisements pétroliers et gaziers ainsi que la proximité avec l'Afghanistan entraînent un nouveau « grand jeu entre la Russie et les États-Unis. Mais en 2013, le président Xi Jinping lance la « nouvelle route de la soie » qui veut relier la Chine à l'Europe *via* l'Asie centrale et prévoit de construire d'importantes infrastructures dans la région, partagée donc entre l'influence russe ancienne et l'influence récente de la Chine.

La gestion et le partage de l'eau représentent également un enjeu géostratégique très sensible dans cette région. Le Kazakhstan et l'Ouzbékistan fournissent le Kirghizistan et le Tadjikistan en hydrocarbures, ces derniers les approvisionnant en eau. La construction de centrales hydroélectriques au Kirghizistan menace cet équilibre.

Les scénarios

1 Les régimes continuent à mettre en avant la lutte contre le terrorisme pour maintenir leur pouvoir et leur contrôle de la société. Trafics et tensions islamistes persistent, entravant le développement de la région qui s'enrichit malgré tout, sur fond de rivalité entre Russie et Chine qui étend son influence.

2 Une relève générationnelle, un *modus vivendi* dans la région entre Pékin et Moscou favorisent le développement économique et l'ouverture progressive des régimes, Washington perdant une partie de son influence.

FÉDÉRATION DE RUSSIE
OUZBÉKISTAN
32,6 millions
80
90
KAZAKHSTAN
18,4 millions
13
24
63
20
75
KIRGHIZISTAN
6,3 millions
12
14
66
20
75
TADJIKISTAN
8,9 millions
15
80
95
TURKMÉNISTAN
8,5 millions
85
9
85
Omsk
Kurgan
Chelyabinsk
Petropavlosk
Oufa
Magnitogorsk
Kustanay
Pavlodar
Samara
Astana
Atbasar
Semipalatinsk
Ust-Kamenogorsk
Orenbourg
Karaganda
Orsk
KAZAKHSTAN
Atasou
Lac Balkach
Karamay
Taldykorgan
Dashang
Yining
Aralsk
Kulsary
Atyraou
Astrakhan
Dzhusaly
Alma-Ata
Korla
Lunnan
Kyzylorda
Mer d'Aral
Taraz
Bishkek
KIRGHIZISTAN
Chemkent
Aktau
Kungrad
Fergana
CHINE
Grozny
Mer Caspienne
OUZBÉKISTAN
Tachkent
Kashi
Ourghantch
Boukhara
AZERBAÏDJAN
Samarcande
Douchanbé
Bakou
Chardzhou
TADJIKISTAN
TURKMÉNISTAN
Ashgabat
Mary
Mazar-i-Charif
Neka
Mashhad
IRAN
AFGHANISTAN
100 km
Enjeux énergétiques
Gazoduc
Oléoduc
Exploitation pétrolière
Projet stratégique de la Chine pour l'approvisionnement en hydrocarbures
Bassin gazéifère
Bassin pétrolifère
Terminal pétrolier
Populations 2018 en milliers (Source : PopulationData)
Kazakhs
Kirghizes
Turkmènes
Ouzbeks
Tajiks
Russes
Ethnies et confessions en %
Sunnites
Orthodoxes
Chiites
Autres

Inde/Pakistan

Les origines

Ces deux pays naissent de la partition douloureuse, en 1947, de l'Empire britannique des Indes, puis d'une guerre qui les oppose non pas au colonisateur, mais entre eux. Le Pakistan est fondé sur un critère religieux, offrir une patrie aux musulmans d'Inde alors qu'au contraire Gandhi et Nehru rêvent d'une grande nation indienne reposant sur des bases laïques, rassemblant les hindous, les musulmans et les autres. Le Cachemire les oppose. Situé entre l'Inde et le Pakistan, sa population est majoritairement musulmane, mais est dirigée par un maharajah hindou qui veut rester indépendant. Face à la révolte de sa population, soutenue par le Pakistan, le maharajah fait appel à l'Inde, qui en annexe la majeure partie. La question du Cachemire a une dimension sacrée, insoluble. Pour le Pakistan, musulman, il doit lui être rattaché. Pour l'Inde, l'intégration des musulmans du Cachemire symbolise le principe d'universalité proclamé par l'Union indienne. Les deux pays se font la guerre, en 1965 puis en 1971, avec pour conséquence une indépendance du Bengladesh (jusque-là « Pakistan oriental ») vis-à-vis du Pakistan. Ils se dotent ensuite de l'arme nucléaire, l'Inde d'abord, le Pakistan ensuite, n'empêchant pourtant pas les incursions militaires et les actes terroristes d'origine pakistanaise d'être perpétrés au Cachemire mais aussi sur le territoire indien, à Bombay.

La crise actuelle

L'invasion soviétique en Afghanistan puis les attentats du 11 septembre donnent au Pakistan une importance stratégique qui empêche les États-Unis de l'abandonner complètement au profit de l'Inde.

L'Inde refuse d'internationaliser le conflit, estimant que le rapport de force lui est favorable au Cachemire, tout comme elle refuse l'autodétermination, par peur que celle-ci ne remette en cause son contrôle. Le Pakistan, et notamment l'armée, vit dans la crainte d'une volonté indienne de domination. Il est isolé et instable. La possession d'armes nucléaires pour chacun des deux pays empêche un affrontement majeur, mais pas des escarmouches et des attentats (dont celui de Bombay en 2008 qui a fait 137 victimes) ni même un conflit à Kargil en 1999. L'Inde se développe économiquement et diplomatiquement, contrairement au Pakistan, qui conserve cependant un rôle stratégique majeur, du fait de l'importance de la question afghane.

En mai 2014, le nationaliste Narendra Modi prend le pouvoir à New Dehli. À la surprise générale, il propose un dialogue à Islamabad.

La reprise des relations diplomatiques indo-pakistanaises est ponctuée de ruptures. Modi accentue le nationalisme hindou. En 2019, un attentat suicide au Cachemire indien est attribué à un groupe pakistanais, l'armée indienne opère des frappes aériennes au Pakistan.

Les scénarios

1 Le statu quo : le conflit reste de basse intensité. La montée en puissance de l'Inde lui permet de maintenir son contrôle sur le Cachemire. Le Pakistan continue à réagir sporadiquement, sans modifier le rapport de force global, mais en empêchant une stabilisation.

2 Soucieux de se tourner vers l'avenir, et d'accélérer sa modernisation pour l'Inde et de la commencer pour le Pakistan, les deux pays acceptent un dialogue qui fait baisser la tension grâce au programme chinois des routes de la soie, le Pakistan se développe économiquement.

3 Sur fond de dénonciation du régime pakistanais pour ses liens avec les États-Unis et de mécontentement social, des islamistes radicaux prennent le pouvoir à Islamabad et mettent la main sur l'arme nucléaire pakistanaise, ouvrant une crise internationale.

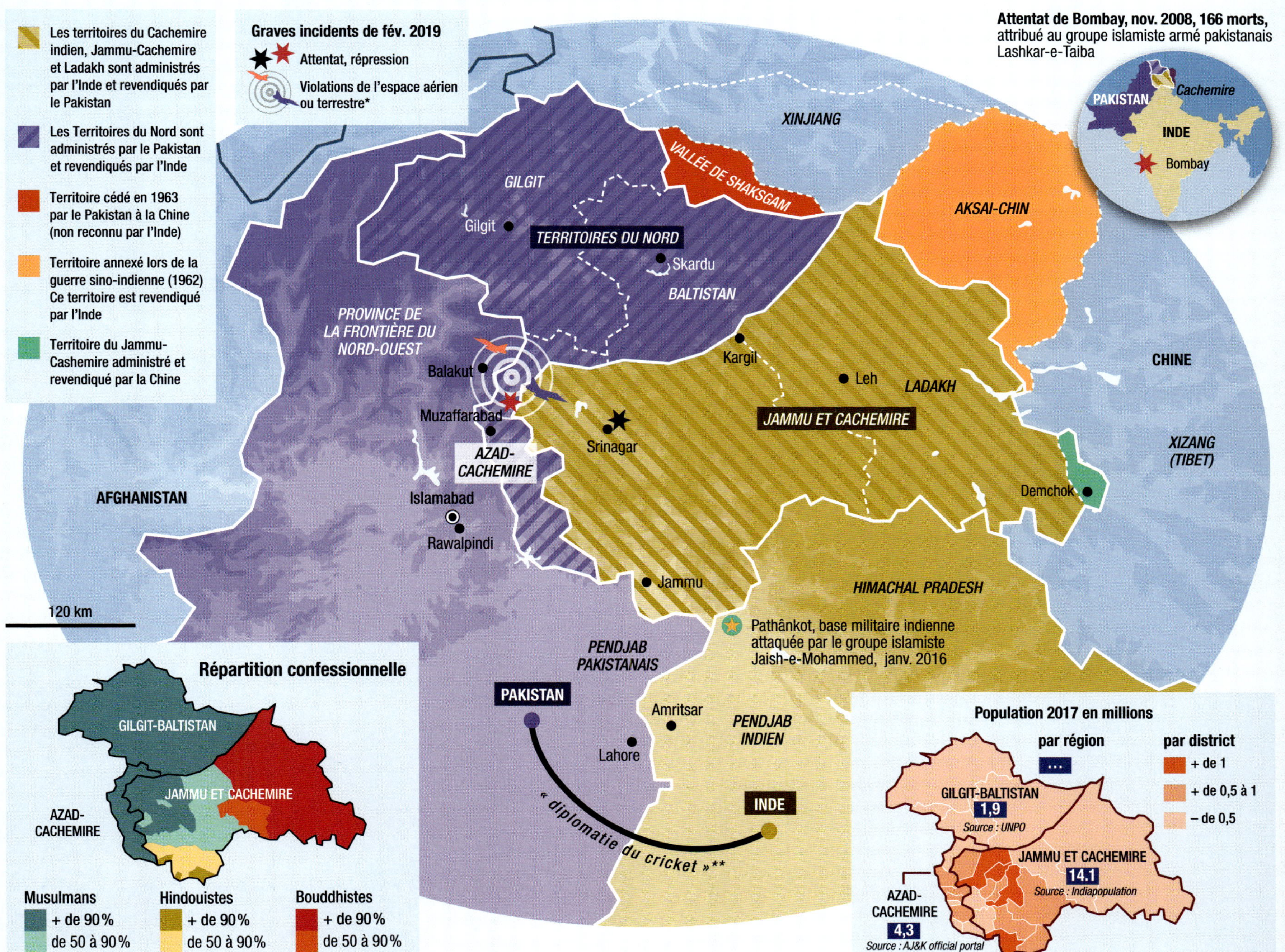

** faite de ruptures et de rapprochements (dialogue rétabli en fév. 2015)

Les scénarios d'avenir

Près de trois décennies après la fin de la guerre froide et une fois dissipées les illusions occidentales de la décennie 90, les crises et les conflits font toujours partie du paysage. Leur déclenchement a été, et restera, le plus souvent interne et local, mais les interférences extérieures jouent plus souvent un rôle d'aggravation des problèmes que d'apaisement. Terminer un conflit est plus difficile que de le déclencher !

Leur solution dépendra des acteurs locaux et régionaux, mais aussi de nombreux acteurs internationaux extérieurs, États ou organisations, entités variées beaucoup plus que d'une mythique « communauté internationale », qui reste à bâtir, ou d'une « gouvernance mondiale » plus imparfaite que jamais. En 2019, trois grandes interrogations dominent : l'avenir du bras de fer sino-américain dans les mers de Chine et l'Asie-Pacifique et pour la maîtrise mondiale des nouvelles technologies numériques, l'enchaînement des affrontements au Moyen-Orient et la relation Otan/Russie.

Le premier des acteurs sera encore longtemps les États-Unis

L'élection de Donald Trump en 2016 a provoqué un choc mondial, et pris de court la plupart des observateurs, qui avaient sous-estimé aux États-Unis comme ailleurs, le décrochage des peuples en occident. Il déclarait vouloir refonder la politique extérieure des États-Unis sur la base de leurs seuls intérêts, reprochant à Obama d'avoir affaibli les États-Unis auxquels il veut rendre leur grandeur.

L'élection de Barack Obama en 2008 avait séduit le monde. Succédant à un George W. H. Bush déconsidéré, son talent, son intelligence et son charisme étaient éclatants. Sa volonté de mener une politique étrangère aux antipodes de celle de son prédécesseur était explicite, en particulier vis-à-vis du monde arabo-musulman, de la Russie, et dans son ton général. Sans être un « multilatéraliste » à l'européenne, il a évité de recourir à la brutalité unilatérale et provocatrice de l'Administration précédente. Il a échoué à obtenir un accord de paix entre Israël et la Palestine, et n'a pu mettre en place un partenariat avec la Russie. Barack Obama refusa de réengager son pays au Moyen-Orient, notamment en Syrie, et estima que le défi asiatique – en fait chinois – était prioritaire (le « pivot »). Finalement, il laissa un peu le monde sur sa faim. Les Américains élurent en 2016, selon leur étrange système, Donald Trump plutôt qu'Hillary Clinton. Aux *midterms* de novembre 2018, les démocrates gagnèrent la chambre des représentants mais les Républicains se renforcèrent au Sénat. Trump peut espérer être réélu en 2020.

Sur le plan international, D. Trump, guidé par un slogan simpliste « Make America Great Again ! » pratique un unilatéralisme brutal et égoïste, parfois pris à tort pour de l'isolationnisme mais veut surtout se dégager de tout engagement multilatéral contraignant (avec un doute sur l'OTAN) et réimposer l'hégémonie américaine sur tous les terrains : militaire, monétaire et commerciale (*America first*), y compris face à la Chine qu'il veut endiguer. C'est d'ailleurs le seul point sur lequel il est assez largement soutenu, y compris des démocrates. C'est la fin de la longue politique Kissinger/Deng XiaoPing. L'issue du bras de fer est imprévisible. Les velléités de D. Trump d'établir des relations plus rivalistes avec la Russie n'ont pas été facilitées par Poutine et ont été torpillées par l'état profond américain. La présidence de Trump plonge les « progressistes » du monde entier, au-delà même de l'Occident, dans un profond désarroi.

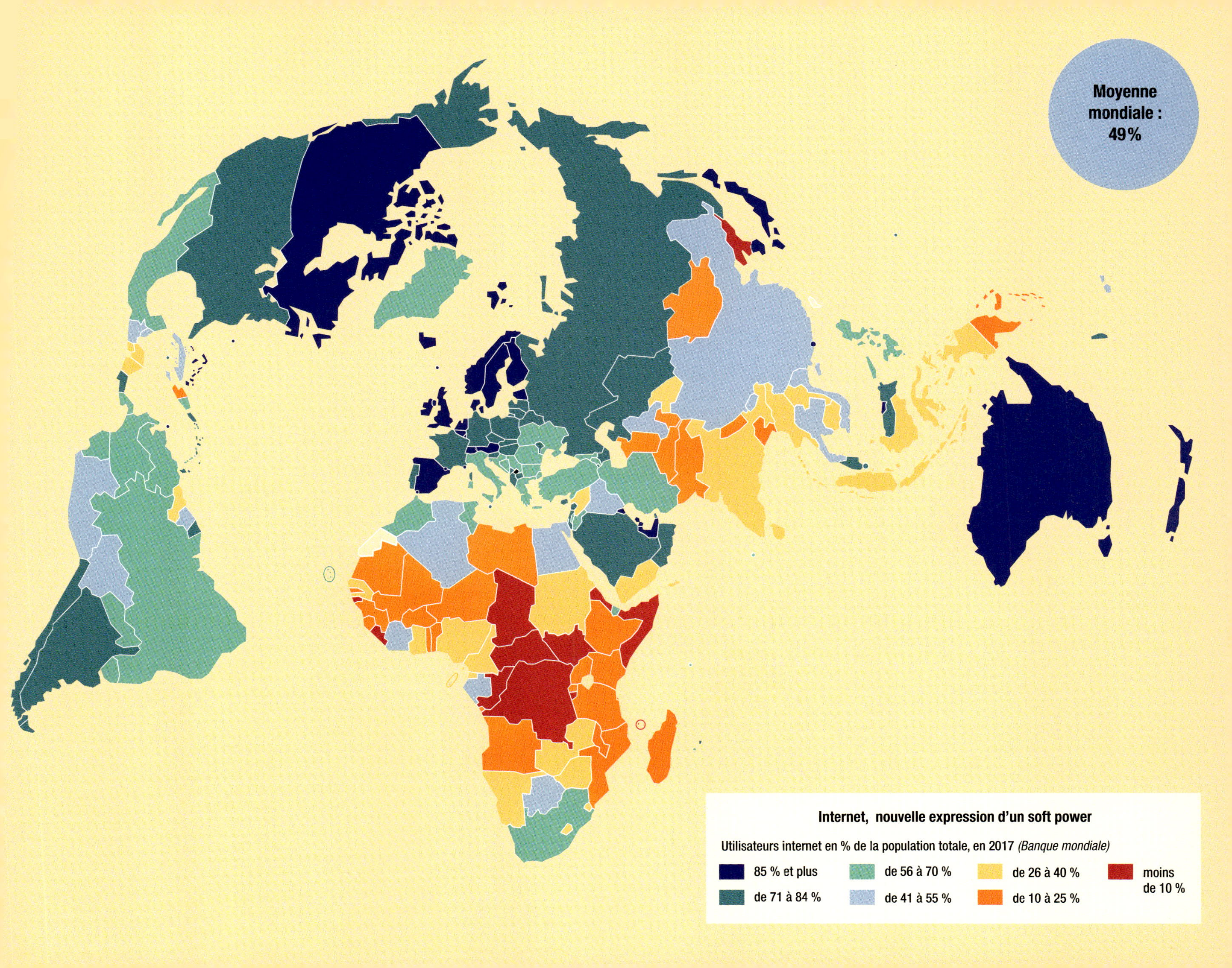
Moyenne mondiale : 49 %
Internet, nouvelle expression d'un soft power
Utilisateurs internet en % de la population totale, en 2017 (Banque mondiale)
85 % et plus
de 71 à 84 %
de 56 à 70 %
de 41 à 55 %
de 26 à 40 %
de 10 à 25 %
moins de 10 %

L'Union européenne avait confiance dans son *soft power*

Jusqu'en 2016, date du Brexit, en dépit des signes déjà anciens de décrochage des peuples, les dirigeants de l'Union européenne affichaient encore une confiance dans son *soft power*, à défaut d'en faire une vraie puissance, ce qui n'a jamais été le projet. Et l'on pouvait se demander si l'Union n'allait pas, forte de cette puissance économique, devenir une puissance stratégique, globale, au lieu de se contenter de jouer un rôle moral, caritatif et philanthropique. On se plaisait à croire que son modèle de « fédération d'États-nations » (formule de Jacques Delors) était exportable. Avec le recul, la réponse est que « l'Union européenne » ne deviendra une puissance que si les Européens considèrent que c'est la seule façon de défendre leurs intérêts vitaux dans la foire d'empoigne mondiale. Même face aux provocations et aux brutalités de Trump, ce n'est pas encore le cas, ils restent divisés et inhibés. Déjà minée par le désaccord profond entre une infime minorité activement intégrationniste et la grande majorité des citoyens (qui se partagent entre vrais antieuropéens, euro-allergiques ou sceptiques, majoritaires, et une minorité d'européistes), l'Union a été confrontée en 2015-2016 à de violents chocs déstabilisateurs : crise grecque, désaccord sur l'accueil des très nombreux demandeurs d'asiles ou immigrants et la société multiculturelle (en partie musulmane), asthénie de la zone euro, menace terroriste, vote du Brexit, etc. En sortir supposerait à la fois une clarification institutionnelle – plus convaincante que le traité de Lisbonne –, une clarification géographique et identitaire – que la question turque exacerbe et qui reste à faire – et une clarification politique sur ce que l'Europe veut être dans le monde : une puissance ou non ? L'élargissement de l'Union, inévitable et légitime, a néanmoins rendu encore plus difficile l'unification des vues sur les questions stratégiques, éloignant de ce fait encore un peu plus la perspective d'une Europe puissance. Il reste à voir si le nouvel exécutif désigné en juillet 2019 permet un nouvel élan.

La Russie se réveille

La Russie, qui avait été traitée avec négligence, voire condescendance, dans les années 1990, n'avait pas disparu. Depuis le début du XXIe siècle, elle effectue un retour en force, notamment en Ukraine, en Syrie et désormais en Afrique. Si un nouveau partenariat avait été établi avec les États-Unis – sans exclure la vigilance mutuelle –, au début des années 2000 si les principales puissances européennes avaient clarifié leur politique russe, ce qu'elles acceptent, ce qu'elles refusent – on peut penser même si c'est invérifiable, que la Russie aurait trouvé moins d'intérêt à entretenir de nombreux conflits périphériques et de s'opposer à leur résolution. De toute façon, les Américains ont continué à traiter ce pays comme le vaincu de la guerre froide et les Européens de l'Est la craignent toujours comme une puissance possiblement agressive. C'est un climat de quasi-guerre froide qui s'est réinstallé en Europe. Et ce retour en force de la Russie a porté la popularité interne de Poutine au-dessus de 80 %. Ce dernier a été facilement réélu à la présidence en 2018, alors qu'il exerce – directement ou indirectement – le pouvoir depuis 2000. S'il est contesté, c'est pour des raisons sociales, pas géopolitiques. Du côté américain et de l'OTAN, Trump dit vouloir « s'entendre bien » avec la Russie, mais tout le système américain est braqué contre cette éventualité.

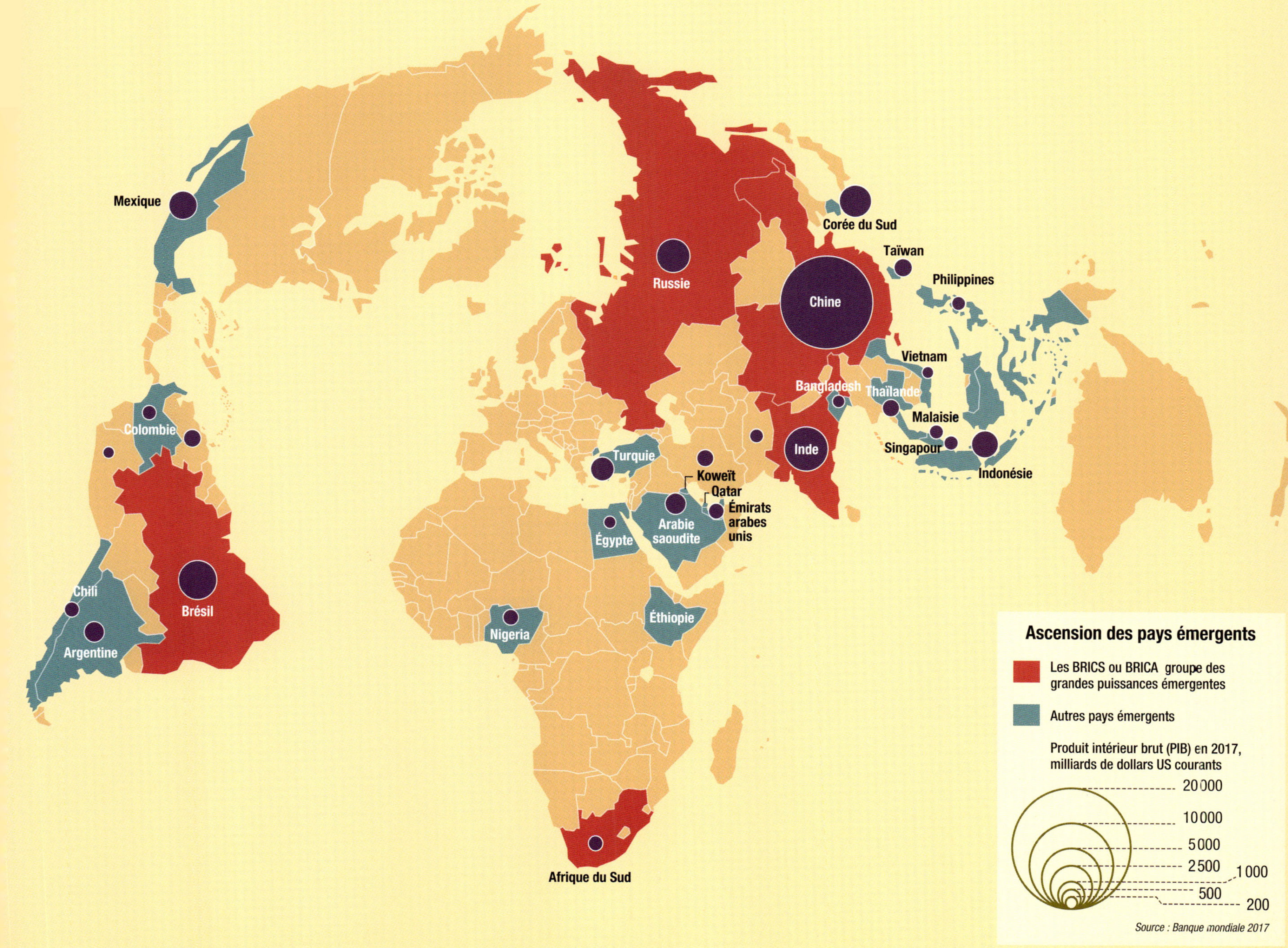

Mexique
Colombie
Brésil
Chili
Argentine
Russie
Corée du Sud
Taïwan
Philippines
Chine
Vietnam
Bangladesh
Thaïlande
Malaisie
Singapour
Indonésie
Inde
Turquie
Koweït
Qatar
Émirats arabes unis
Arabie saoudite
Égypte
Éthiopie
Nigeria
Afrique du Sud
Ascension des pays émergents
Les BRICS ou BRICA groupe des grandes puissances émergentes
Autres pays émergents
Produit intérieur brut (PIB) en 2017, milliards de dollars US courants
20 000
10 000
5 000
2 500
1 000
500
200
Source : Banque mondiale 2017

Les pays émergents, Chine en tête, poursuivent leur ascension

Jusqu'à la baisse brutale de croissance des années 2015-2016, on se demandait comment la Chine, et les émergents : l'Inde, le Brésil, l'Afrique du Sud, le Mexique, sans oublier tous les autres, allaient gérer leur puissance nouvelle. En se contentant de la seule puissance économique ou en recherchant une capacité stratégique ? Dans un esprit de revanche historique, voire de vengeance après des siècles de colonisation, ou en cherchant à peser dans le sens de leurs intérêts et de nouveaux compromis, voire dans le cas de la Chine une ambition hégémonique, mais au sein des différentes enceintes multilatérales, en les modifiant ? En tout cas, ils vont peu à peu changer le rapport des forces au sein de l'ONU, du Conseil de sécurité, de l'OMC, du FMI, etc.

Les quatre principaux émergents, les BRIC (Brésil, Russie, Inde, Chine), s'étaient réunis en juin 2009 en Russie, pour la première fois. Ils se sont ensuite adjoint l'Afrique du Sud et tiennent depuis un sommet annuel. Leurs stratégies ne coïncident pas vraiment, sauf à contester la domination occidentale. Mais, un fait majeur, la spectaculaire émergence de la Chine assumée depuis l'arrivée au pouvoir de Xi Jinping en 2012 domine le paysage mondial. Forte de son incroyable ascension depuis Deng, elle affirme sa puissance sur tous les plans et le manifeste par ses « nouvelles routes de la soie ». La Chine commence même à développer de nouvelles institutions financières pour contourner le verrouillage du statu quo par les Occidentaux dans les institutions de 1945. Un gigantesque mouvement ascensionnel entraîne ce monde sans les Occidentaux. Pendant un temps, la contribution globale des émergents à la réduction de conflits restera limitée sauf avec leur voisinage. Cependant la Russie et la Chine, comme membres permanents du Conseil de sécurité, pourraient faire bouger les lignes. L'Inde ne cherche pas à peser sur la scène internationale et, après les années fastes de Lula, le Brésil de Bolsonaro est rentré dans le rang. Ce ne sont pas eux qui rendront le monde moins instable et incertain.

Quel est l'avenir du multilatéralisme ?

Tout le système multilatéral mis en place après 1945, ONU, FMI, Banque mondiale, GATT (OMC), est fragilisé par D. Trump. Déjà, avant Trump, on avait pu penser que les cinq membres permanents, et les nouvelles puissances allaient enfin se mettre d'accord pour élargir le Conseil de sécurité de l'ONU et lui donner une légitimité nouvelle en faisant mieux correspondre sa composition à l'état du monde actuel. L'esprit de la charte de San Francisco aurait alors été retrouvé et les Nations unies auraient pu exercer, en cas d'accord des membres permanents, les responsabilités prévues par ce texte fondateur en matière de sécurité collective, domaine dans lequel le G20 ne peut pas et ne prétend pas agir. On aurait alors pu parler de « communauté internationale ». Mais la Chine comme les États-Unis se sont opposés à toute réforme du Conseil de sécurité, que leur droit de véto leur permet de bloquer. Les rivalités entre les divers pôles, anciens et nouveaux, font qu'un consensus sur ce point est improbable. De toute façon, ces espérances (très européennes) se sont envolées avec l'élection de Trump : il s'affranchit des contraintes, toutes relatives, du multilatéralisme et de la coopération internationale dont la France rappelle le caractère irremplaçable... Néanmoins, les cadres multilatéraux demeureront et des formes de coopération renaîtront sans doute sous une autre forme de coalition ad hoc pour une mission précise.

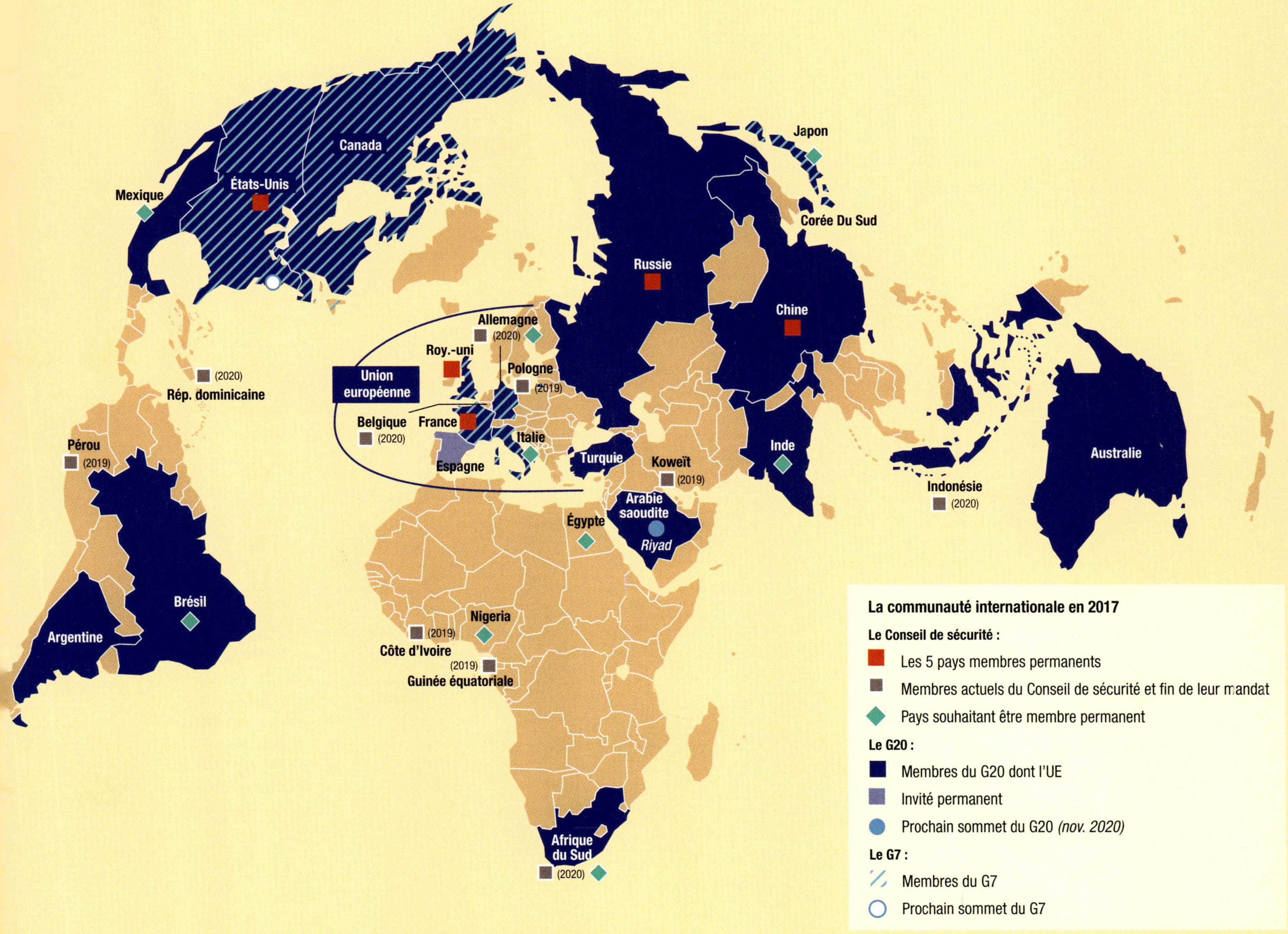
Canada
États-Unis
Mexique
Japon
Corée Du Sud
Russie
Chine
Allemagne
(2020)
Roy.-uni
Pologne
(2019)
Union européenne
Belgique
(2020)
France
Italie
Espagne
(2020)
Rép. dominicaine
Pérou
(2019)
Turquie
Koweït
(2019)
Inde
Indonésie
(2020)
Australie
Arabie saoudite
Riyad
Égypte
Brésil
Argentine
Nigeria
(2019)
Côte d'Ivoire
(2019)
Guinée équatoriale
Afrique du Sud
(2020)
La communauté internationale en 2017
Le Conseil de sécurité :
Les 5 pays membres permanents
Membres actuels du Conseil de sécurité et fin de leur mandat
Pays souhaitant être membre permanent
Le G20 :
Membres du G20 dont l'UE
Invité permanent
Prochain sommet du G20 (nov. 2020)
Le G7 :
Membres du G7
Prochain sommet du G7

Le poids des opinions publiques est de plus en plus important

Dans les démocraties médiatisées modernes, et même au-delà dans tous les pays informés et connectés, les opinions publiques pèsent de plus en plus, en permanence. Pour résoudre un conflit quel qu'il soit, il devient de plus en plus difficile pour des gouvernements d'aller contre leur opinion publique et même contre celles d'autres pays influents, sauf à en payer un prix de plus en plus élevé. Ce mouvement, perçu par beaucoup d'Occidentaux ou par les sociétés civiles des pays émergents, comme un progrès démocratique, est en fait à double tranchant. L'inflammation des opinions en temps de tragédie, accrue par la transparence, sans parler des manipulations de l'information, les font vivre, comme le marché, dans le très court terme.

De plus, contrairement aux idées reçues, la démocratie, le meilleur des systèmes pour ceux qui en bénéficient, même s'ils le contestent, n'est pas toujours synonyme de paix pour les autres. Les peuples sont évidemment demandeurs de sécurité. Mais ils sont sensibles à la surenchère sécuritaire et parfois plus séduits par l'usage expéditif de la force que par la voie incertaine et longue de la négociation. Les peurs identitaires, du fait de la mondialisation, se sont accrues et peuvent constituer des facteurs de crises ou d'aggravation de ces dernières.

Les nouvelles menaces se mondialisent

La mondialisation permet aux acteurs « non étatiques, gris » – groupes terroristes, mafias, trafiquants divers – d'élargir leurs marges de manœuvre. Faut-il rappeler que les attentats du 11 septembre n'ont coûté à Al-Qaïda que 100 000 dollars, à comparer aux 300 milliards de dollars que représentent les dépenses américaines militaires de l'époque, chiffre qui a doublé depuis ? Ceux de Paris, le 13 novembre 2015, auraient coûté 30 000 euros. Certaines activités criminelles tirent profit de la stabilité et de l'absence de conflits. Le trafic de drogue est une source de financement en Colombie, au Sahel, en Asie centrale ainsi que les trafics d'êtres humains (la nouvelle traite migratoire en Afrique), d'œuvres d'art, d'animaux en voie de disparition, etc. Tout cela représenterait 5 % du PIB mondial. Les NTIC (Nouvelles Technologies de l'Information et de la Communication) sont à la fois un facteur de facilitation des échanges et de fragilité accrue des sociétés et des nations. Les rivalités s'étendent au nouvel espace du cyber, source d'éventuelles attaques, parfois non identifiables, pouvant constituer un facteur supplémentaire de décisions erronées.

Comment trouver des solutions nouvelles ?

Au total, la diversification et la multiplication des États – quatre fois plus nombreux que lors de la création de l'ONU en 1945 (193 contre 51) –, le développement des ONG, le poids des opinions, le rôle accru des firmes globales, l'impact déterminant des groupes infra-étatiques illégaux, etc., aboutissent à des processus de décisions internationales plus lents, plus complexes, plus indéterminés, moins prévisibles, et parfois à la paralysie. Alors que les évènements, les informations, les réactions vont plus vite. Certaines ONG apportent une contribution remarquable à la préparation des solutions aux conflits, ou à leur mise en œuvre ; mais elles n'ont pas le pouvoir de décider de la solution, ni de l'imposer. Le monde est chaotique.

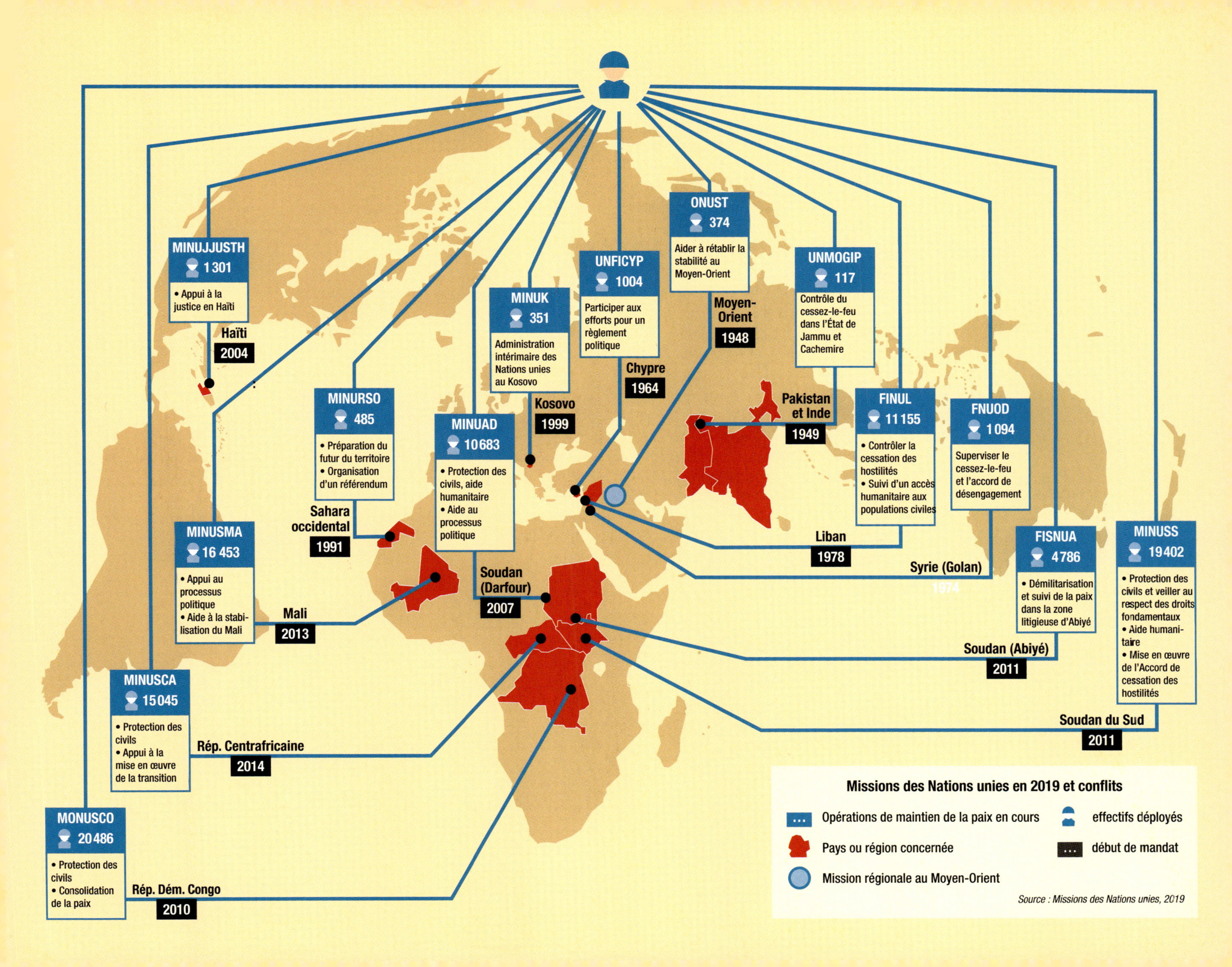
MINUJJUSTH
1 301
• Appui à la justice en Haïti
Haïti
2004
MINURSO
485
• Préparation du futur du territoire
• Organisation d'un référendum
Sahara occidental
1991
MINUAD
10 683
• Protection des civils, aide humanitaire
• Aide au processus politique
Soudan (Darfour)
2007
MINUK
351
Administration intérimaire des Nations unies au Kosovo
Kosovo
1999
UNFICYP
1004
Participer aux efforts pour un règlement politique
Chypre
1964
ONUST
374
Aider à rétablir la stabilité au Moyen-Orient
Moyen-Orient
1948
UNMOGIP
117
Contrôle du cessez-le-feu dans l'État de Jammu et Cachemire
Pakistan et Inde
1949
FINUL
11 155
• Contrôler la cessation des hostilités
• Suivi d'un accès humanitaire aux populations civiles
Liban
1978
FNUOD
1 094
Superviser le cessez-le-feu et l'accord de désengagement
Syrie (Golan)
1974
FISNUA
4 786
• Démilitarisation et suivi de la paix dans la zone litigieuse d'Abiyé
Soudan (Abiyé)
2011
MINUSS
19 402
• Protection des civils et veiller au respect des droits fondamentaux
• Aide humanitaire
• Mise en œuvre de l'Accord de cessation des hostilités
Soudan du Sud
2011
MINUSMA
16 453
• Appui au processus politique
• Aide à la stabilisation du Mali
Mali
2013
MINUSCA
15 045
• Protection des civils
• Appui à la mise en œuvre de la transition
Rép. Centrafricaine
2014
MONUSCO
20 486
• Protection des civils
• Consolidation de la paix
Rép. Dém. Congo
2010
Missions des Nations unies en 2019 et conflits
Opérations de maintien de la paix en cours
effectifs déployés
Pays ou région concernée
début de mandat
Mission régionale au Moyen-Orient
Source : Missions des Nations unies, 2019

La solution aux crises et aux conflits recensés dans cet atlas nécessitera donc, outre l'épuisement ou la volonté des protagonistes directs, une des combinaisons suivantes :

• Les différents pays impliqués dans une crise ou un conflit s'entendent pour surmonter leurs divergences et y mettre fin. Le terme de « communauté internationale » prendrait alors son sens. Ce n'est presque jamais le cas.

• Les États-Unis, aidés ou non de leurs alliés, réussissent à enclencher, voire à imposer, un processus de solution en utilisant au mieux les mécanismes et les enceintes multilatérales. Trump fait l'inverse.

• Les États-Unis, dans le cadre d'une négociation stratégique renouée avec Moscou, trouvent une solution au chapelet de conflits gelés qui flanquent l'ancienne frontière soviétique. Trump le souhaiterait. L'« état profond » américain l'en a pour le moment empêché.

• Des coalitions *ad hoc* imposent, à coups de bâtons et de carottes, des solutions aux conflits africains et autres, mais elles ne seront pérennes que si des États forts sont mis en place. Cela reste possible.

Dans tous ces cas, ce n'est pas la « communauté internationale » ni la « société civile » qui agit, mais des États forts, ou des groupes *ad hoc* (ce que la France favorise), qui agissent en son nom et qui inscrivent plus ou moins clairement leur démarche dans les cadres ou les procédures multilatérales.

Il faut, pour pérenniser la solution des conflits, des États forts, coopérant entre eux. Ce n'est pas la tendance américaine mais ce n'est pas impossible

Globalement, les Occidentaux, qui ont perdu le *monopole* de la puissance et de l'influence, devraient se préparer à une grande négociation ou à une suite de compromis avec la Chine et les émergents sur l'organisation du monde de demain et, d'ici là, rechercher leur coopération pour la solution de la cinquantaine de conflits examinés dans le présent atlas.

Malgré les apparences, les conflits diminuent !

Cependant, en dépit d'une augmentation apparente ou d'une permanence du nombre de conflits, ceux-ci, en réalité, diminuent et font moins de morts qu'il y a une ou deux générations, y compris en prenant en compte la remontée très récente des violences. Si on définit les conflits majeurs comme ceux qui font plus de 1 000 morts par an, et les conflits mineurs, comme ceux qui en font entre 25 et 999, on constate qu'il y a une demi-douzaine de conflits majeurs en cours (Syrie, Irak, Libye, Afghanistan, Pakistan, RDC, Nigeria, Soudan du Sud) et une trentaine de « petites » guerres. Ces chiffres en 1991 étaient respectivement de 13 et 51, cela ne veut pas dire que le monde soit stable, mais c'est relativement encourageant.

Table des matières

Crédits photographiques

p. 11 © David Tonelson/Shutterstock
p. 31 © Gorodenkoff/Shutterstock
p. 33 © lonndubh/Shutterstock
p. 47 © paparazzza/Shutterstock
p. 59 © Bloomberg/Getty Images
p. 71 © anasalhajj/Shutterstock
p. 95 © Spencer Platt/Getty Images
p. 115 © Koichi Kamoshida/Getty Images
p. 139 © AJP/Shutterstock

Des mêmes auteurs

262496-(I)-CDM 150°-SOF-GCO
Dépôt légal : Septembre 2019
Imprimé en Espagne par Graficas Estella